3訂版

わかりやすい信託登記の手続

日本法令不動産登記研究会　編

JN026896

日本法令

はしがき

　本書は、平成 20（2008）年に初版が発行されましたが、この度、第 3 訂版を刊行することができました。これも読者のみなさまのご支援のたまものであり、読者のみなさまには厚く御礼申し上げます。

　日本では、信託が導入されたのは明治の終わり頃です。信託というと日本では商事信託を中心に発達してきましたが、最近では家族が信託の当事者となる民事信託に注目が集まるようになりました。

　その背景は、高齢化に伴い、相続対策、認知症対策、障害者の生活の安定化のために信託を活用できないか、という考えがあるようです。しかし、民事信託では家族が信託の当事者となることが多く、信託を充分に理解しないまま信託をする危険性をはらんでいます。したがって、信託をしようと考えている場合には、専門家に相談するのがよいのですが、ある程度の基本的な知識を身に付けておく必要もあるかと思います。そこで、本書は信託の基本事項をわかりやすく説明することに心がけました。

　信託は、一度契約等をすればそれでよいというものではありません。信託が終了するまでは長い時間が経過します。その間、信託の当事者が亡くなることもあるでしょうし、また、諸々の事情が生じ、信託を継続することが困難になることもあるでしょう。そうした場合においても対応できる信託を設計する必要があると思います。そこで、本書では、なるべく民事信託を念頭において執筆しました。

　また、信託登記の方法について、登記官によって見解の相違する問題もあります。その点については、本書でも問題点を指摘しました。

　終わりに、本書の発行までに株式会社日本法令の八木正尚氏に大変お世話になり、第 3 訂版刊行の運びになったことを感謝しております。また、司法書士の後藤基氏からは貴重なアドバイスを受けたことを感謝し、この場を借りて御礼を申し上げます。

　なお、本書の執筆は、元東京法務局港出張所統括登記官の玉山一男氏にお願いしました。記して御礼申し上げます。

令和 6 年 5 月

日本法令不動産登記研究会

目　　次

第 4 章　受益者・信託管理人・信託監督人・受益者代理人・受益者指定権者 …… 46

第2編　登記手続

第3編　関係法令・通達等

▎第 1 章　関係法令 ……………………………………………… 312

▎第 2 章　関係通達等 …………………………………………… 337

＜国税庁文書回答＞

凡　例

本書の法令、書籍の略語は次のとおりです。

信託法	信託法（平成 18 年 12 月 15 日法律第 108 号）
法	不動産登記法（平成 16 年 6 月 18 日法律第 123 号）
令	不動産登記令（平成 16 年 12 月 1 日政令第 379 号）
規則	不動産登記規則（平成 17 年 2 月 18 日法務省令第 18 号）
準則	不動産登記事務取扱手続準則（平成 17 年 2 月 25 日法務省民二第 456 号通達）
施行通達	信託法等の施行に伴う不動産登記事務の取扱いについて（平成 19 年 9 月 28 日法務省民二第 2048 号通達）
旧信託法	信託法（大正 11 年 4 月 21 日法律第 62 号）
登記研究	「登記研究」（テイハン）
記録例集	平成 28 年 6 月 8 日法務省民二第 386 号通達

遠藤	遠藤英嗣著『増補　新しい家族信託』（日本加除出版・2014）
新井	新井誠著『信託法　第 4 版』（有斐閣・2014）
寺本	寺本昌広著『逐条解説　新しい信託法』（商事法務・2007）
樋口	樋口範雄著『入門　信託と信託法　第 2 版』（弘文堂・2014）
藤原	藤原勇喜著『信託登記の理論と実務　第 3 版』（民事法研究会・2014）
藤原初版	藤原勇喜著『信託登記の理論と実務　初版』（民事法研究会・1994）
渋谷	渋谷陽一郎著『信託目録の理論と実務』（民事法研究会・2014）
清水	清水響編著『Q＆A 不動産登記法』（商事法務・2007）
信託登記の実務	信託登記実務研究会編『信託登記の実務（第三版）』（日本加除出版・2016）
村松	村松秀樹・富澤賢一郎・鈴木秀昭・三木原聡著『概説新信託法』（社団法人金融財政事情研究会・2008）
横山	横山亘著『信託に関する登記（第二版）』（テイハン・2013）
道垣内	道垣内弘人著『信託法　第 2 版』（有斐閣・2022）
補足説明	法務省民事局参事官室『信託法改正要綱試案　補足説明』
新基本法コンメンタール	鎌田薫・寺田逸郎・村松秀樹編『新基本法コンメンタール第 2 版　不動産登記法』（日本評論社・2023）

その他、執筆に際しては次の書籍も参考にさせていただきました。
一般社団法人民事信託推進センター編『有効活用事例にみる民事信託の実務指針』

（民事法研究会・2016）

成田一正・金森健一・鈴木望著『賃貸アパート・マンションの民事信託実務』（日本法令・2019）

菊永将浩・平尾政嗣・門馬良典共著『事例でわかる家族信託契約書作成の実務』（日本法令・2020）

川田光子著『信託の終了に伴い、受託者が帰属権利者として残余財産を取得する場合の登記についての考察』（『信託フォーラム Vol.14』33 頁）

渋谷陽一郎著『「受託者＝帰属権利者」型の家族信託登記の利益相反リスク』（『信託フォーラム Vol.14 』109 頁）

第1編 総論

第1章
信託の基礎知識

1 信託とは

　信託とは、その言葉のとおり、信じて自己の財産を託すことといえます。託す人を委託者、託される人を受託者といい、信託から利益を受ける人を受益者といいます。

　たとえば、アメリカ映画の名作である「市民ケーン」では、貧しい宿屋の夫婦が宿泊客から宿賃代わりにもらった権利書が莫大な資産を生み出したため、息子のケーン少年の養育を銀行に任せ、ケーン少年が25歳になった時に莫大な資産を引き継ぐ契約にサインをしました。この場合、夫婦は土地の所有権を銀行に移転します。しかし、それは完全な移転ではなく、ある一定の目的の範囲で処分、運用ができる権利ということになります。銀行はケーン少年の教育費に充てるという目的の範囲でその財産を扱わなければなりません。この夫婦を委託者、銀行を受託者、利益を受けるケーン少年を受益者といいます。

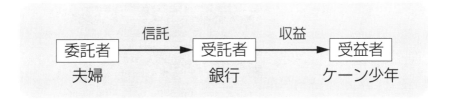

　信託法では、信託の定義として、①信託契約をする方法、②遺言による方法、③自己信託による方法のいずれかにより、特定の者が一定の目的（専らその者の利益を図る目的を除く）に従い財産の管理または処分およびその他の当該目的の達成のために必要な行為をなすべきものとすることをいう、とされています（信託法2条1項）。特定の者とは、受

託者のことをいいます。

② 信託の方法

1. 信託の方法と信託行為

信託は次の方法のいずれかによってします（信託法 3 条）。

① 信託契約を締結する方法（同条 1 号）

② 遺言による方法（同条 2 号）

③ 自己信託による方法（同条 3 号）

「信託行為」とは、信託を設定する法律行為であり、信託法 3 条各号に掲げる信託の区分に応じ「信託契約」、「遺言」、「公正証書その他の書面または電磁的記録（電子的方式、磁気的方式その他人の知覚によっては認識することができない方式で作られる記録であって、電子計算機による情報処理の用に供されるものとして法務省令で定めるもの）によってする意思表示」のことをいいます（信託法 2 条 2 項）。

2. 信託契約を締結する方法

委託者となるべき者と受託者となるべき者との間で、受託者となるべき者に対し財産の譲渡、担保権の設定その他の財産の処分をする旨並びに受託者となるべき者が一定の目的（専らその者の利益を図る目的を除く）に従い財産の管理または処分およびその他の当該目的の達成のために必要な行為をなすべき旨の契約を締結する方法による信託のことです（信託法 3 条 1 号）。この場合、受益者は信託契約の当事者ではありません。そして、信託契約成立のためには、実際の財産の移転等は必要ではなく、委託者と受託者との間の信託契約の締結によって契約の効力が生じます（信託法 4 条 1 項）。

ただし、信託契約に停止条件または始期が付されている場合は、当該停止条件の成就または当該始期の到来によって効力が生じます（信託法 4 条 4 項）。

3. 遺言による方法

　受託者となるべき者に対し財産の譲渡、担保権の設定その他の財産の処分をする旨並びに受託者となるべき者が一定の目的（専らその者の利益を図る目的を除く）に従い財産の管理または処分およびその他の当該目的の達成のために必要な行為をすべき旨の遺言をする方法による信託のことです（信託法3条2号）。すなわち、遺言者は、遺言によって受託者を指定して、受託者に一定の目的に従い財産の管理または処分およびその他の当該目的の達成のために必要な行為をすべき旨を命じることができます。

　遺言信託は、遺言の効力が発生することによって効力が生じます（信託法4条2項）。すなわち、受託者が指定されていない場合または指定されていても引受の承諾をしていない場合においても、委託者の死亡によって遺言信託の効力が発生します。

　ただし、遺言に停止条件または始期が付されているときは、当該停止条件の成就または当該始期の到来によってその効力が生じます（信託法4条4項）。

　なお、信託法では、遺言の方式については何も規定していませんので、民法の遺言の方式に従うことになります（民法960条以下）。

　　※　遺言信託と類似するものとして遺言代用信託がありますが、詳細は第1編第8章**5**（74頁以下）を参照してください。

4. 自己信託をする方法

　自己信託とは、特定の者が一定の目的に従い自己の有する一定の財産の管理または処分およびその他の当該目的の達成のために必要な行為を自らすべき旨の意思表示を、①公正証書その他の書面[※1]または、②電磁的記録[※2]で当該目的、当該財産の特定に必要な事項その他の法務省令で定める事項[※3]を記載しまたは記録したものによってする方法のことです（信託法3条3号）。

　すなわち、委託者が自己の財産を信託財産として提供し自分自身を受託者とする信託です。自己信託は別名「信託宣言」ともいわれています。

※ 1　公正証書その他の書面とは次の書面をいいます。
　ア　公正証書
　　　公証人が内容等をチェックして作成した文書です。
　イ　公証人に認証を受けた書面等
　　　公証人が、その文書の署名、記名押印の真正を証明した文書と電磁的記録
　　ですが、内容の真実性、正確性までを保証するものではありません。
　ウ　公正証書等以外の書面
　　　確定日付を受けた書面のことです（信託法 4 条 3 項参照）。「確定日付のあ
　　る証書」とは、民法施行法 5 条に列挙されているものであり、具体的には、
　　内容証明郵便等です（寺本 46 頁）。
※ 2　電磁的記録とは、電子的方式、磁気的方式その他人の知覚によっては認識
　　することができない方式で作られる記録であって、電子計算機による情報処
　　理の用に供されるものとして法務省令で定めるものをいいます。法務省令で
　　定めるものは、磁気ディスクその他これに準ずる方法により一定の情報を確
　　実に記録しておくことができる物をもって調製するファイルに情報を記録し
　　たものです（信託法施行規則 25 条）。
※ 3　法務省令で定める事項は次のものです（信託法施行規則 3 条）。
　①　信託の目的
　②　信託をする財産を特定するために必要な事項
　③　自己信託をする者の氏名または名称および住所
　④　受益者の定め（受益者を定める方法の定めを含む）
　⑤　信託財産に属する財産の管理または処分の方法
　⑥　信託行為に条件または期限を付すときは、条件または期限に関する定め
　⑦　信託法 163 条 9 号の事由（当該事由を定めない場合にあっては、その旨）
　⑧　前各号に掲げるもののほか、信託の条項

(1)　自己信託の自益信託は可能か

　確定日付による委託者（受託者）兼当初受益者の信託設定はできない
とされています（遠藤 326 頁）。その理由は、信託法 4 条 3 項 2 号で、「公
正証書等以外の書面又は電磁的記録によってされる場合には、受益者と
なるべき者として指定された第三者に対する確定日付のある証書による
当該信託がされた旨及びその内容の通知があったとき」と定めてあり、
受益者は第三者であることが求められているからです。したがって、委
託者（受託者）が当初全受益者となる自己信託の設定は、公正証書も
しくは公証人の認証によることになるという意見があります（遠藤 327
頁）。

　しかし、信託法2条1項では「専らその者の利益を図る目的を除く」となっていることから、受託者＝当初全受益者の構造は、まさしく「専らその者の利益を図る」目的となっていると評価をせざるを得ないと考え（新井145頁）、受託者が全受益者となる自己信託を認めない考えもあります。

(2) 自己信託の効力

　自己信託は、それがなされた事実、内容および日時等が客観的に明確になるよう、次の区分に応じ、各号によって定めるものによって効力が生じるとされています（信託法4条3項）。ただし、いずれも信託行為に停止条件または始期が付されているときは、当該停止条件の成就または当該始期の到来によってその効力が生じます（信託法4条4項）。

① 　公正証書または公証人の認証を受けた書面もしくは電磁的記録（以下「公正証書等」という）によってされる場合は、当該公正証書等を作成した時

② 　公正証書等以外の書面または電磁的記録によってされる場合は、受益者となるべき者として指定された第三者（第三者が2人以上ある場合には、その1人に）に対して確定日付のある証書による当該信託がされた旨およびその内容の通知をした時

第2章

信託財産

1　信託財産とは

　信託財産は受託者に属する財産であって、信託により管理または処分をすべき一切の財産のことをいいます（信託法2条3項）。それは受託者の固有財産※とは別扱いとなります。たとえば、不動産が信託された場合、その不動産は受託者の所有になりますが、受託者は自分の利益のために用いるのではなくて、信託の目的に従って管理・処分・運用等をすることになります。

　※　固有財産とは、受託者に属する財産であって、信託財産に属する財産でない
　　　一切の財産をいいます（信託法2条8項）。

　財産の中には、金銭、不動産、有価証券、特許権等の知的財産はもちろん、特許を受ける権利、外国の財産権等も含まれますが、委託者の生命、身体、名誉等の人格権は含まれないとされています。

〈債務〉

　債務については、債務の信託は認められないとするのが通説です。ただし、信託法21条1項3号によって、信託前に生じた委託者に対する債権であって、当該債権に係る債務を信託財産責任負担債務※とする旨の信託行為の定めがあるものは、信託財産責任負担債務となるとされています。これは、債務自体が信託財産に含まれることになったのではなく、信託財産で負担する債務を信託行為によって当初から引き受けることができることを意味するといわれています。すなわち、委託者に属する積極財産と消極財産の集合体である特定の事業自体を信託したのと同様の状態を作り出すことが可能になるということです。

〈工場財団〉

　工場財団については、工場財団は抵当権を設定するために組成した財

団だから、これに信託を設定することはできないとされています。ただし、工場財団に設定されている抵当権の信託およびその登記は可能と解されています（『登記研究』785号質疑応答）。

〈担保権〉

　民法の原則からすると、担保権者（抵当権者等）と被担保債権の債権者が同一であることが原則ですが（民法369条）、信託法は、担保権の設定その他の財産の処分をすることを認め、被担保債権と切り離して、担保権を信託財産に属する財産にすることを認めています（信託法3条1号、2号）。このことを、セキュリティ・トラストといいます。

　すなわち、一般的には所有者が担保権設定者、債権者（金融機関等）が担保権者となって抵当権等を設定するのですが、委託者を担保権設定者、受託者を担保権者、受益者を被担保債権の債権者とすることです。

　※　信託財産責任負担債務とは、受託者が信託財産に属する財産をもって履行する責任を負う債務をいいます（信託法2条9項）。

② 信託財産の独立性

　信託財産は、信託によって委託者の財産からの隔離、受託者の財産からの隔離、さらに受益者の財産から隔離され誰のものでもない財産という特殊な財産となります（樋口28頁）。

　信託財産はこのような独立性をもっているため信託財産に対しては次のような制限がされています。

1. 信託財産の混同の特例

　たとえば、土地に設定された抵当権を取得している者があとからその土地を取得した場合には、民法で混同（民法179条）が生じ抵当権は消滅しますが、その抵当権を信託財産としている場合には、その後に受託者がその目的となる土地を取得しても混同は生じず、抵当権は消滅しません（信託法20条）。なぜなら、受託者は抵当権の管理者にすぎず、混同によって抵当権を消滅させてしまうことは、実質的には権利者である

受益者の利益を害することになるからだとされています（藤原 36 頁）。

2. 信託財産と破産手続等との関係

　受託者が破産手続開始の決定を受けた場合であっても、信託財産に属する財産は、破産財団に属しません（信託法 25 条 1 項）。

　その場合、受益債権[※1]および信託債権[※2]であって受託者が信託財産に属する財産のみをもってその履行の責任を負うものはいずれも破産債権[※3]にはなりません（信託法 25 条 2 項）。これらの債権は、いずれも信託財産に属する財産のみを引当財産とするものであるから、信託財産が破産財団に属しないものである以上、実質的には、これらの債権を破産債権と位置付けてその権利行使を制限し破産手続による配当の対象とする必要はないものと考えられるからです（寺本 100 頁）。

> ※1　受益債権：信託行為に基づいて受託者が受益者に対し負う債務であって信託財産に属する財産の引渡しその他の信託財産に係る給付をすべきものに係る債権のことです（信託法 2 条 7 項）。
>
> ※2　信託債権：信託財産責任負担債務（受託者が信託財産に属する財産をもって履行する責任を負う債務）に係る債権であって、受益債権でないものをいいます（信託法 21 条 2 項 2 号）。
>
> ※3　破産債権：破産債権とは、破産者に対し破産手続開始前の原因に基づいて生じた財産上の請求権であって、財団債権に該当しないものです（破産法 2 条 5 項）。財団債権とは、破産手続によらないで破産財団から随時弁済を受けることができる債権をいいます（破産法 2 条 7 項）。

3. 信託財産に対する強制執行等の制限

　信託財産責任負担債務に係る債権（信託財産に属する財産について生じた権利を含む）に基づく場合を除き、信託財産に属する財産に対しては、強制執行、仮差押え、仮処分もしくは担保権の実行もしくは競売（担保権の実行としてのものを除く）または国税滞納処分（その例による処分を含む）をすることができません（信託法 23 条 1 項）。

　したがって、信託の登記前に発生した債権を被保全権利とし、委託者を債務者とする仮差押命令が発せられたとしても、信託財産とされた不動産に対する仮差押えの登記の嘱託は受理されません（昭和 61 年 4 月

30 日民三第 2777 号第三課長回答　第 3 編第 2 章関係通達等**3**）。

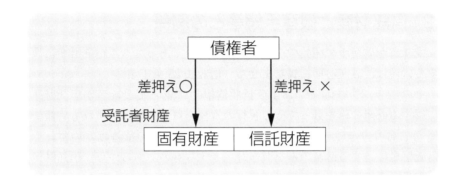

（1）　受託者個人に対する債権の場合

　受託者個人に対する債権のためには、信託財産に対して差押え等はすることができません。もし、信託財産に対して強制執行等の手続きがされた場合には、受託者または受益者は異議を述べ、排除することができます（信託法 23 条 5 項、6 項）。

　登記の実務においても、信託の登記のある信託財産について、受託者に対する国税滞納処分のための差押えの登記をすることができないとされています（昭和 30 年 12 月 23 日民甲第 2725 号民事局長通達　第 3 編第 2 章関係通達等**9**）。ただし、信託財産に対する固定資産税の滞納処分による差押えの登記に関して、信託事務によって生じた信託財産に対する固定資産税の滞納処分であることが明らかにされている場合には、差押えの登記の嘱託を受理して差し支えないとされています（昭和 31 年 12 月 18 日民甲第 2836 号民事局長通達　第 3 編第 2 章関係通達等**8**）。

（2）　信託財産責任負担債務の場合

　信託財産責任負担債務とは、受託者が信託財産に属する財産をもって履行する責任を負う債務をいいます（信託法 2 条 9 項）。すなわち、信託財産に対して仮差押え、仮処分もしくは競売または国税滞納処分ができる債権に係る債務のことをいいます。

　信託法 23 条 1 項では、信託財産責任負担債務に係る債権に基づく場合を除き差押え等をすることができないとされています。したがって、信託財産責任負担債務に係る債権に基づく場合には、信託財産に対して差押えをすることができるということです。

ⅰ　信託財産責任負担債務となるもの（信託法 21 条 1 項）
①　受益債権
　　受益債権とは、信託行為に基づいて受託者が受益者に対して負う債務であって信託財産に属する財産の引渡しその他の信託財産に係る給付をすべきものに係る債権のことです（信託法 2 条 7 項）。
②　信託財産に属する財産について信託前の原因によって生じた権利
　　たとえば、すでに抵当権が設定されている不動産につき、信託行為または信託事務の処理によって当該不動産が信託財産となった場合における当該抵当権のことです（寺本 84 頁）。
③　信託前に生じた委託者に対する債権であって、当該債権に係る債務を信託財産責任負担債務とする旨の信託行為の定めがあるもの
④　信託法 103 条 1 項（信託の変更）または 2 項（信託の併合または分割）の規定による受益権取得請求権
⑤　信託財産のためにした行為であって受託者の権限に属するものによって生じた権利
⑥　信託財産のためにした行為であって受託者の権限に属しないもののうち、次に掲げるものによって生じた権利
　ア　信託法 27 条 1 項または 2 項（これらの規定を信託法 75 条 4 項において準用する場合を含む。イにおいて同じ）の規定により取り消すことができない行為（当該行為の相手方が、当該行為の当時、当該行為が信託財産のためにされたものであることを知らなかったもの（信託財産に属する財産について権利を設定しまたは移転する行為を除く）を除く）
　イ　信託法 27 条 1 項または 2 項の規定により取り消すことができる行為であって取り消されていないもの
⑦　信託法 31 条 6 項に規定する処分その他の行為または同条 7 項に規定する行為のうち、これらの規定により取り消すことができない行為

またはこれらの規定により取り消すことができる行為であって取り消
されていないものによって生じた権利

⑧　受託者が信託事務を処理するについてした不法行為によって生じた
権利

⑨　⑤から⑧までに掲げるもののほか、信託事務の処理について生じた
権利

　以上に係る債務に関しては、受託者は信託財産をもって履行する責任
を負いますが（信託法2条9項）、受託者が信託財産をもって債務を履
行しない場合には、債権者は、受託者の固有財産に強制執行等ができる
ものとされています（新井356頁）。しかし、次のⅱの場合には、債権
者は、受託者の固有財産に対して強制執行等はできません。

ⅱ　信託財産責任負担債務のうち次に掲げる権利に係る債務について、
受託者は、信託財産に属する財産のみをもってその履行の責任を負い
ます（信託法21条2項）。

①　受益債権

②　信託行為に信託法216条1項の定めがあり、かつ、同232条の定め
るところにより登記がされた場合における信託債権（信託財産責任負
担債務に係る債権であって、受益債権でないものをいいます）

③　①②に掲げる場合のほか、信託法の規定により信託財産に属する財
産のみをもってその履行の責任を負うものとされる場合における信託
債権

④　信託債権者との間で信託財産に属する財産のみをもってその履行の
責任を負う旨の合意がある場合における信託債権

(3)　自己信託の場合

　自己信託の場合は、委託者がその債権者を害することを知って信託を
したときは、信託財産責任負担債務に係る債権を有する債権者のほか、
委託者（受託者であるものに限る）に対する債権で信託前に生じたもの
を有する者は、詐害信託の取消訴訟の提起を要することなく、債務名義
等に基づき直ちに信託財産に属する財産に対し、強制執行、仮差押え、
仮処分もしくは担保権の実行もしくは競売または国税滞納処分をするこ

とができるとされています（信託法 23 条 2 項）。ただし、受益者が現に存する場合において、その受益者の全部または一部が、受益者としての指定を受けたことを知った時または受益権を譲り受けた時において債権者を害すべき事実を知らなかったときは、この限りではないとされています（同条 3 項により 11 条 1 項ただし書を準用）。

４．信託財産に属する債権等についての相殺の制限

受託者が固有財産または他の信託の信託財産（国有財産等）に属する財産のみをもって履行する責任を負う債務（国有財産等責任負担債務）に係る債権を有する第三者は、その債権をもって信託財産に属する債権に係る債務と相殺することはできません（信託法 22 条 1 項本文）。ただし、次の場合には例外的に相殺が認められます。

① 当該第三者が、その債権を取得した時またはその信託財産に属する債権に係る債務を負担した時のいずれか遅い時において、当該信託財産に属する債権が固有財産等に属するものでないことを知らず、かつ、知らなかったことにつき過失がなかった場合（同条 1 項 1 号）。

② 当該第三者が、その債権を取得した時またはその信託財産に属する債権に係る債務を負担した時のいずれか遅い時において、当該固有財産等責任負担債務が信託財産責任負担債務でないことを知らず、かつ、知らなかったことにつき過失がなかった場合（同条 1 項 2 号）。

③ 信託法 31 条 2 項各号に掲げる場合においては、受託者が相殺を承認したときには、例外的に相殺が認められます（信託法 22 条 2 項）。

3 信託財産に属する財産の対抗要件

１．信託の公示

ある不動産を受託者 A に移転して、所有権の移転登記をしただけでは、その不動産が信託財産か A 固有の財産かどうかはわかりません。A に対する債権者は、A 固有の財産に対しては差押え等をすることができますが、信託財産に対しては、原則として差押え等はできません。

そこで、信託法14条では、登記または登録をしなければ権利の得喪および変更を第三者に対抗することができない財産については、信託の登記または登録をしなければ当該財産が信託財産に属することを第三者に対抗することができないとしています。

2. 登記・登録が必要な財産

　登記・登録が必要な財産としては、土地・建物等の不動産があります。民法177条では、不動産に関する物権の得喪および変更は、不動産登記法、その他の登記に関する法律の定めるところに従い、その登記をしなければ第三者に対抗することができないと定めています。そして、不動産とは、土地、建物のことをいいます（法2条1号）。しかし、工場財団は不動産とみなされていますが（工場抵当法14条1項）、工場財団は、抵当権を設定するために組成されたものであるから、財団そのものは信託できないとされています。ただし、工場財団に設定されている抵当権の信託およびその登記は可能と解されています（『登記研究』785号質疑応答）。

第**3**章
受 託 者

① 受託者とは

　受託者とは、信託行為※の定めに従い、信託財産に属する財産の管理または処分およびその他の信託の目的の達成のために必要な行為をすべき義務を負う者と定義されています（信託法2条5項）。

　たとえば、Aはアパートを所有していますが、賃借人の募集をしたりするのが面倒と考えていましたので、アパートの所有権をBに移転して、その管理・運用をBに任せ、Aは受益者として家賃収入を得ることにしました。その場合のBを受託者といいます。

> ※　信託行為とは、信託契約、遺言、公正証書等の信託を設定する法律行為のことをいいます（信託法2条2項）。

② 受託者の資格

　受託者は、権利能力および行為能力を有していなければなりません。したがって、未成年者は受託者にはなれません（信託法7条）。受託者は信託事務執行を行う主体であり、その行為が法定代理人によって取り消される可能性があることは、信託事務処理に不都合であるという考えに基づくとされています。

　なお、令和元（2019）年の信託法改正前は、成年被後見人および被保佐人も受託者にはなれないとされていましたが、成年被後見人などの資格制限を最小限度のものとすべきであるという考え方に基づき、制限は未成年者にとどめることになりました。しかし、成年被後見人または被保佐人が受託者として行った法律行為は、民法9条、13条によって取消しの対象となります。法人もその会社の目的の範囲内であれば受託者になれます。ただし、業として信託を引き受ける場合には資格が必要に

なります（信託業法 3 条）。

　また、当該信託の受託者は信託管理人、信託監督人および受益者代理人になることができませんので、これらの者を受託者に選任することはできません（信託法 124 条 2 号、137 条、144 条）。

　破産者は、旧信託法では、受託者となることができない者とされていましたが（旧信託法 5 条）、新信託法ではできない者から除外されましたので（信託法 7 条）、破産者も受託者となることができます。破産者については、財産の管理処分権を一般的に失うものではなく、破産財団に属する財産の管理処分権のみを失うにすぎないから、破産者を受託者とする信託を絶対的に無効とするまでの必要性に乏しいと考えられています（藤原 81 頁）。ただし、受託者が破産手続開始の決定を受けた場合には、原則として受託者の任務の終了事由となります（信託法 56 条 1 項 3 号）。

③　受託者の権限と義務

　受託者は、信託財産に属する財産の管理または処分およびその他の信託の目的の達成のために必要な行為をする権限を有します。ただし、信託行為によりその権限に制限を加えることもできます（信託法 26 条）。

　受託者の義務には次のようなものがあります。

1 . 信託事務遂行義務・善管注意義務

　受託者は、信託の本旨に従い、信託事務を処理する義務を負います。また、信託事務を処理するにあたっては、善良な管理者の注意をもって、これをしなければならないとされています。ただし、信託行為に別段の定めがあるときは、その定めによる注意をもって、これをするとしています（信託法 29 条）。

2 . 忠実義務

　受託者は、受益者のために忠実に信託事務の処理その他の行為をしな

ければならないとされています（信託法30条）。

　具体的な内容の一部として、利益相反の行為の制限（信託法31条1項）と競合行為の制限（信託法32条1項）があります。

（1）　利益相反行為の制限

〈利益相反になる場合〉

　信託法31条1項各号では、受託者は次の行為をしてはならないとしています。

① 　信託財産に属する財産（当該財産に係る権利を含む）を固有財産に帰属させ、または固有財産に属する財産（当該財産に係る権利を含む）を信託財産に帰属させること（同条1項1号）

　　たとえば、受託者が受託している信託財産である不動産を自分で買って、自己の固有財産としてしまうことです。または、自己の固有財産を信託財産に有償で帰属させることです。

② 　信託財産に属する財産（当該財産に係る権利を含む）を他の信託の信託財産に帰属させること（同条1項2号）

　　たとえば、受託者が2つの信託を受託している場合、一方の信託の信託財産である土地を他方の信託財産とし、従前の信託についてされていた信託の登記を抹消して、新たな信託についての信託の登記をすることなどです（寺本120頁）。

③ 　第三者との間において信託財産のためにする行為であって、自己が当該第三者の代理人となって行うもの（同条1項3号）

　　これは、受託者が第三者の代理人となって取引をする場合です。たとえば、受託者が信託財産であるアパートの内装工事を、自らが代表取締役を務める会社が行うことなどが考えられます。

④ 　信託財産に属する財産につき固有財産に属する財産のみをもって履行する責任を負う債務に係る債権を被担保債権とする担保権を設定することその他第三者との間において信託財産のためにする行為であって受託者またはその利害関係人と受益者との利益が相反することとなるもの（同条1項4号）

　　これは、受託者個人の債務の担保のために信託財産に担保権を設定することを禁止しています。また、受託者または受託者の利害関係人

と受益者との利益が相反するものも禁止されます。

〈利益相反行為の例外〉

　以上の規定にかかわらず、次の①から④のいずれかに該当するときは、信託法31条1項各号に掲げる行為をすることができます。ただし、②の場合には、受益者の承認がある場合でも当該行為をすることができない旨の信託行為の定めがあるときは、この限りではありません（信託法31条2項各号）。

① 　信託行為に当該行為をすることを許容する旨の定めがあるとき（同条2項1号）

② 　受託者が当該行為について重要な事実を開示して受益者の承認を得たとき（同条2項2号）

③ 　相続その他の包括承継により信託財産に属する財産に係る権利が固有財産に帰属したとき（同条2項3号）

④ 　受託者が当該行為をすることが信託の目的の達成のために合理的に必要と認められる場合であって、受益者の利益を害しないことが明らかであるとき、または当該行為の信託財産に与える影響、当該行為の目的および態様、受託者の受益者との実質的な利害関係の状況その他の事情に照らして正当な理由があるとき（同条2項4号）

(2)　競合行為の制限

　たとえば、受託者Aは信託事務として不動産を購入することになっていましたが、いい物件がありましたので、信託財産としてではなくて、Aの固有財産として買ったとします。このような行為を競合行為といいます。

　信託法では、受託者は、受託者として有する権限に基づいて信託事務の処理としてすることができる行為であってこれをしないことが受益者の利益に反するものについては、これを固有財産または受託者の利害関係人の計算でしてはならないとしています（信託法32条1項）。ただし、あまり厳格に解しては実態と合わないことになりますので、競合行為が許される場合を信託法32条2項では規定しています。

　次の①または②のいずれかに該当するときは、信託法32条1項に規定する行為を固有財産または受託者の利害関係人の計算ですることがで

きます。ただし、②に掲げる事由にあっては、②に該当する場合でも当該行為を固有財産または受託者の利害関係人の計算ですることができない旨の信託行為の定めがあるときは、この限りではありません。

① 信託行為に当該行為を固有財産または受託者の利害関係人の計算ですることを許容する旨の定めがあるとき
② 受託者が当該行為を固有財産または受託者の利害関係人の計算ですることについて重要な事実を開示して受益者の承認を得たとき

3. 公平義務

　1つの信託に受益者が2人以上ある場合においては、受託者は、受益者のために公平にその職務を行わなければならないとされています（信託法33条）。

4. 分別管理義務

　受託者は、信託財産に属する財産と固有財産および他の信託の信託財産に属する財産とを、次の①から③の区分に応じ、各区分に定める方法により、分別して管理しなければなりません。ただし、分別して管理する方法については、信託行為に別段の定めがあるときは、その定めによります（信託法34条）。しかし、信託の登記または登録することができる財産については、信託行為の定めをもってしても、信託法14条の信託の登記または登録をする義務を免除することはできません（信託法34条2項）。

① 信託法14条の信託の登記または登録することができる財産（③に掲げるものを除く）は、当該信託の登記または登録
② 信託法14条の信託の登記または登録することができない財産（③に掲げるものを除く）は、次のア・イに定める方法
　ア 動産（金銭を除く）は、信託財産に属する財産と固有財産および他の信託の信託財産に属する財産とを外形上区別することができる状態で保管する方法（信託法34条1項2号イ）
　イ 金銭その他のアに掲げる財産以外の財産は、その計算を明らかに

する方法（同ロ）

③ 法務省令（信託法施行規則）で定める財産[※1]は、当該財産を適切に分別して管理する方法として法務省令で定めるもの[※2]

> ※1　信託法206条1項その他の法令の規定により、当該財産が信託財産に属する旨の記載または記録をしなければ、当該財産が信託財産に属することを第三者に対抗することができないとされているものです。ただし、信託法14条の信託の登記または登録をすることができる財産を除きます（信託法施行規則4条1項）。

> ※2　信託法206条1項その他の法令の規定に従い信託財産に属する旨の記載または記録をするとともに、その計算を明らかにする方法です（信託法施行規則4条2項）。

5.その他の義務

委託者や受益者は、受託者が信託財産をきちんと運用しているか不安ですので、委託者や受益者は受託者に対して財産の状況の報告を求めることができます。そこで、受託者の義務として、次の義務があります。

① 信託事務の処理の委託における第三者の選任および監督に関する義務（信託法35条）

② 信託事務の処理の状況についての報告義務（信託法36条）

委託者または受益者は、受託者に対し、信託事務の処理の状況ならびに信託財産に属する財産および信託財産責任負担債務の状況について報告を求めることができます。

③ 帳簿の作成・報告および保存の義務（信託法37条）

ⅰ 受託者は、信託事務に関する計算ならびに信託財産に属する財産および信託財産責任負担債務の状況を明らかにするため、法務省令（信託計算規則4条[※1]）で定めるところにより、信託財産に係る帳簿その他の書類または電磁的記録を作成しなければなりません（信託法37条1項）。

ⅱ 受託者は、毎年1回、一定の時期に、法務省令で定めるところにより、貸借対照表、損益計算書その他の法務省令で定める書類または電磁的記録を作成しなければなりません（同条2項）。

ⅲ 受託者は、ⅱの書類または電磁的記録を作成したときは、その内

容について受益者（信託管理人がいる場合には信託管理人）に報告しなければなりません。ただし、信託行為に別段の定めがあるときは、その定めによります（同条3項）。

iv　受託者は、iの書類または電磁的記録を作成した場合には、その作成の日から10年間（当該期間内に信託の清算の終了があったときは、その日までの間。次のvにおいて同じ）、当該書類（当該書類に代えて電磁的記録を法務省令で定める方法[※2]により作成した場合にあっては、当該電磁的記録）または電磁的記録（当該電磁的記録に代えて書面を作成した場合にあっては、当該書面）を保存しなければなりません。ただし、受益者（2人以上の受益者が現に存する場合にあってはそのすべての受益者、信託管理人が現に存する場合にあっては信託管理人。以下のviのただし書において同じ）に対し、当該書類もしくはその写しを交付し、または当該電磁的記録に記録された事項を法務省令で定める方法[※3]により提供したときは、この限りではありません（同条4項）。

v　受託者は、信託財産に属する財産の処分に係る契約書その他の信託事務の処理に関する書類または電磁的記録を作成し、または取得した場合には、その作成または取得の日から10年間、当該書類（当該書類に代えて電磁的記録を法務省令で定める方法により作成した場合にあっては、当該電磁的記録）または電磁的記録（当該電磁的記録に代えて書面を作成した場合にあっては、当該書面）を保存しなければなりません。この場合においては、ivのただし書の規定を準用します（同条5項）。

vi　受託者は、iiの書類または電磁的記録を作成した場合には、信託の清算の結了の日までの間、当該書類（当該書類に代えて電磁的記録を法務省令で定める方法により作成した場合にあっては、当該電磁的記録）または電磁的記録（当該電磁的記録に代えて書面を作成した場合にあっては、当該書面）を保存しなければなりません。ただし、その作成の日から10年間を経過した後において、受益者に対し、当該書類もしくはその写しを交付しまたは当該電磁的記録に記録された事項を法務省令で定める方法により提供したときは、この限りではありません（同条6項）。

※1　信託計算規則
　　（信託帳簿等の作成）
　　第4条　法第37条第1項の規定による信託財産に係る帳簿その他の書類又は電磁的記録（以下この条及び次条において「信託帳簿」という。）の作成及び法第37条第2項の規定による同項の書類又は電磁的記録の作成については、この条に定めるところによる。
　　2　信託帳簿は、一の書面その他の資料として作成することを要せず、他の目的で作成された書類又は電磁的記録をもって信託帳簿とすることができる。
　　3　法第37条第2項に規定する法務省令で定める書類又は電磁的記録は、この条の規定により作成される財産状況開示資料とする。
　　4　財産状況開示資料は、信託財産に属する財産及び信託財産責任負担債務の概況を明らかにするものでなければならない。
　　5　財産状況開示資料は、信託帳簿に基づいて作成しなければならない。
　　6　信託帳簿又は財産状況開示資料の作成に当たっては、信託行為の趣旨をしん酌しなければならない。
※2　書面に記載されている事項をスキャナ（これに準ずる画像読取装置を含む）により読み取る方法です（信託法施行規則26条）。
※3　法務省令で定める方法：電磁的方法のうち、次に掲げる方法のいずれかのことです（信託法施行規則27条）。
　　①　信託行為に定めた方法
　　②　提供規定により電磁的記録に記録された事項の提供を受ける者が定めた方法

4　受託者の変更

　受託者はその任務が終了した場合に変更されます。しかし、受託者の任務が終了しても信託が当然に終了するものではなく、新受託者が選任されれば、当該信託に関する権利義務は新受託者に承継されます。

1．受託者の任務終了

　受託者の任務は、信託の清算が結了した場合のほか、以下の①から⑦に掲げる事由によって終了します（信託法56条）。しかし、受託者の任務終了は、受益者にとって重要な利害関係のある事柄であるため、次の③から⑦に掲げる事由により受託者の任務が終了した場合には、前受託

者は受益者にその旨を通知しなければなりません（信託法59条1項本文）。ただし、信託行為に別段の定めがあればそれに従います（同項ただし書）。

　　また、受託者について破産手続の開始があったことを事由として受託者の任務が終了したときは、破産管財人に対し、信託財産に属する財産の内容および所在、信託財産責任負担債務の内容、知れている受益者および帰属権利者[※]の氏名または名称および住所、信託行為の内容を通知しなければなりません（信託法59条2項、信託法施行規則5条）。

　　　※　帰属権利者：信託行為において残余財産の帰属すべき者（信託法182条1項2号）

① 　受託者の死亡

　　　受託者が死亡した場合には受託者の任務は終了しますので、受託者の相続人が新たな受託者になるわけではありません。

② 　受託者である個人が後見開始または保佐開始の審判を受けたこと

③ 　受託者（破産手続開始の決定により解散するものを除く）が破産手続開始の決定を受けたこと

　　　ただし、信託行為に受託者が破産手続開始の決定を受けてもその任務は終了しないという定めがある場合には任務は終了しません（信託法56条1項本文ただし書）。その場合、受託者の職務は破産者が行います（信託法56条4項）。

④ 　受託者である法人が合併以外の理由により解散したこと

　　　旧信託法では、受託者である会社が合併して解散した場合には、受託者の任務は終了するとされていましたが（旧信託法42条1項）、新信託法では、合併による解散を任務終了事由から除きました。

　　　したがって、信託行為に別段の定めがない限り、受託者である法人の合併によって受託者の任務は終了せず、合併後存続する法人または合併により設立する法人が受託者の任務を引継ぐことになりました（信託法56条2項前段）。

⑤ 　受託者の辞任

　　　受託者は次の事由がある場合には辞任することができます（信託法57条）。

ア　委託者および受益者の同意を得た場合

　ただし、信託行為に別段の定めがあるときは、その定めるところによります。たとえば、「受託者の辞任および解任ならびに新受託者の選任は、受益者のみで行うこととする。」といった定めを信託行為に置くことなどが考えられています（寺本333頁）。

〈委託者が死亡している場合〉

　委託者が死亡等によって現に存しない場合には、受益者のみの同意を得て辞任することはできません（信託法57条6項）。したがって、この場合には、信託行為の別段の定めによるか、または裁判所の許可を得て辞任することになります。ただし、遺言信託の場合を除いて、委託者の地位は相続人に承継されますので（信託法147条参照）、委託者が現に存しないことになるのは、遺言信託※のとき、委託者が死亡して相続人がいないときおよび委託者が法人の場合で当該法人が解散したとき等です。したがって、委託者の相続人がいる場合には、当該相続人の同意を得る必要があります。

〈委託者・受益者が複数の場合の同意〉

　委託者および受益者が複数いる場合には、その全員の同意が必要と考えます。ただし、信託行為に別段の定めがあるときはその定めるところによります。

　委託者には原則的に有する権利と信託行為の定めにより認められる権利があります（信託法145条）。信託法145条1項では、委託者は信託法で規定されている権利は原則的に有するとし、それ以外の権利（信託法145条2項に掲げる権利）についても信託行為で定めることができるとしています。受託者の辞任の同意は原則的に有する権利ですので、信託行為に別段の定めがない限り、委託者全員の同意を要するものと考えます。

　ただし、たとえば、委託者が3人いたが、そのうち2人が死亡している場合において、かつ、信託行為において「委託者の地位は相続人に承継せず」という規定がある場合には、残りの1人の委託者と受益者に同意があれば受託者は辞任できるものと考えます。

〈受益者が2人以上いる場合〉

　受益者が2人以上ある信託における受益者の意思決定は、すべての受益者の一致によってこれを決するとされています（信託法105

条1項本文)。また、受託者の辞任の同意についての意思決定は信託法105条1項の対象となるとされています(寺本293頁)。ただし、信託行為に別段の定めがあるときは、その定めるところによります(同ただし書)。

> ※　遺言信託の場合には、委託者の相続人は、委託者の地位を相続により承継しません。ただし、信託行為に別段の定めがあるときは、その定めるところによります(信託法147条)。

イ　やむを得ない事由があるときに裁判所の許可を得た場合

やむを得ない事由に該当する例としては、受託者が長期間の入院を要する場合等が考えられます。

⑥　受託者の解任

次の場合に受託者を解任することができます。

ア　信託行為に別段の定めがない限り、委託者および受益者は、いつでも、その合意により、受託者を解任することができます(信託法58条1項)。そして、委託者および受益者が受託者に不利な時期に受託者を解任したときは、委託者および受益者は、受託者の損害を賠償しなければなりません。ただし、やむを得ない事由があるときは、この限りではありません。

しかし、委託者が死亡等によって現に存しない場合には、受益者のみの意思によって解任はできないことになります(信託法58条8項)。したがって、この場合には、信託行為の別段の定めによるか、または裁判所の解任の手続きによらなければなりません。

イ　受託者がその任務に違反して信託財産に著しい損害を与えたことその他重要な事由があるときは、裁判所は、委託者または受益者の申立てにより、受託者を解任することができます(信託法58条4項)。その場合、裁判所は受託者の陳述を聴かなければなりません。また、この解任の裁判に対しては、委託者、受託者または受益者に限り、即時抗告をすることができます(同条7項)。

⑦　信託行為において定めた事由

この規定は信託行為で受託者の解任事由を定めることができる旨を明らかにしたものです。

2. 受託者の変更登記

　受託者の変更による登記は、信託財産が不動産の所有権の場合には所有権の移転登記となりますので、受託者の任務の終了事由が委託者および受益者の同意を得て、または委託者および受益者の合意により辞任・解任または信託行為で定めた事由が生じたことにより終了した場合には、受託者を登記義務者、新受託者を登記権利者として共同で申請します（法60条）。

　受託者辞任による所有権移転登記の原因は、「受託者変更」とし、その日付は、新しい受託者が就任した日となります。なぜならば、辞任により受託者の任務が終了した場合には、受託者は、新受託者が信託事務の処理をすることができるに至るまで、引き続き受託者としての権利義務を有するからです（信託法59条4項）。

　受託者の任務が、受託者の死亡、後見開始もしくは保佐開始の審判、破産手続開始の決定、法人の合併以外の理由による解散または裁判所もしくは主務官庁の解任命令により終了し、新たに受託者が選任されたときは、信託財産に属する不動産についてする受託者の変更による権利の移転の登記は、新たに選任された受託者が単独で申請をすることができます（法100条1項）。また、以上の場合において、受託者が2人以上ある場合に、そのうち少なくとも1人の受託者の任務が終了したときは、受託者の変更登記は、他の受託者が単独で申請することができます（同条2項）。

　この場合、受託者の任務が終了したことを証する市町村長、登記官その他の公務員が職務上作成した情報および新たに受託者が選任されたことを証する情報を提供します（令別表の66の項添付情報欄）。たとえば、受託者の死亡の事実の記載のある戸籍事項証明書、受託者について後見または保佐開始の審判書、破産開始の決定書等および新受託者の選任を証する書面を提出します。

　受託者の変更登記をした場合には、登記官は職権で信託目録の記録変更を行います（法101条1号）。

5　新受託者の選任

　信託法56条１項各号に掲げる事由により受託者の任務が終了した場合において、信託行為に新受託者となるべき者を指定する定めがあるときは、利害関係人は、新受託者となるべき者として指定された者に対し、相当の期間を定めて、その期間内に就任の承諾をするかどうかを確答すべき旨を催告することができます（信託法62条２項）。そして、その期間内に委託者および受益者（２人以上の受益者が現に存する場合にあってはその１人、信託管理人が現に存する場合にあっては信託管理人）に対し確答しないときは、就任の承諾をしなかったものとみなされます（同条３項）。

　しかし、信託行為に新受託者に関する定めがないとき、または信託行為の定めにより新受託者となるべき者として指定された者が信託の引受けをしない場合には、委託者と受益者の合意により新受託者を選任することができます（同条１項）。ただし、委託者が死亡等により現に存しない場合には、受益者のみで新受託者を選任することになります（同条８項）。また、委託者と受益者の合意に係る協議の状況その他の事情に照らして必要があると認めるときは、裁判所は、利害関係人の申立てにより、新受託者を選任することができます（同条４項）。

　なお、新受託者選任の裁判に対しては、委託者もしくは受益者または現受託者に限り即時抗告をすることができ、この即時抗告には、執行停止の効力があります（同条６項、７項）。

6　受託者が複数の場合

　受託者が複数ある場合には信託財産は合有※となります（信託法79条）。その場合、第三者の意思表示は、受託者の１人に対してすれば足ります（信託法80条７項本文）。ただし、受益者の意思表示については、信託行為に別段の定めがあるときは、その定めによります（同条７項ただし書）。すなわち受益者であると、第三者であるとを問わず、共同受託者に対する意思表示については、その１人に対してすれば、その効果

は共同受託者の全員に及びますが、受益者との関係では、信託行為の定めに従うこととしても不当ではないから、たとえば、受益者は共同受託者全員に対して意思表示をすべきものとする等、特定の受託者に対して意思表示をすべきものとする等の定めを信託行為に置くことも許されると解されています（寺本 237 頁）。

※　民法には合有の規定はありませんが、信託法における合有とは、持分という観念を持たず、また、各受託者は分割請求権も持たないとされています。

1. 信託事務の処理方法について

　受託者が 2 人以上ある信託においては、信託行為に別段の定めがあるときを除き、信託事務の処理については、受託者の過半数をもって決します（信託法 80 条 1 項）。ただし、保存行為については、各受託者が単独で決することができます（同条 2 項）。

　なお、各受託者は、信託行為に別段の定めがある場合またはやむを得ない事由がある場合を除き、他の受託者に対し、常務を除く信託事務の処理についての決定を委託することができません（信託法 82 条）。

2. 職務の分掌規程がある場合

　信託法 80 条 1 項、2 項の規定にかかわらず、信託行為に受託者の職務の分掌に関する定めがある場合には、各受託者は、その定めに従い、信託事務の処理について決し、これを執行します（信託法 80 条 4 項）。ただし、信託行為に別段の定めがあるときは、その定めによります（同条 6 項）。信託財産に関する訴えについては、各受託者は、自己の分掌する職務に関し、他の受託者のために原告または被告となります（信託法 81 条）。

3. 債務の負担関係

　信託事務を処理するにあたって、各受託者が第三者に対し債務を負担した場合には、各受託者は連帯債務者となります（信託法 83 条 1 項）。

　しかし、信託行為に受託者の職務の分掌に関する定めがある場合において、ある受託者がその定めに従い信託事務を処理するにあたって第三者に対し債務を負担したときは、他の受託者は、原則として信託財産に属する財産のみをもってこれを履行する責任を負います（信託法83条2項本文）。ただし、第三者が、その債務の負担の原因である行為の当時、その行為が信託事務の処理としてされたことおよび受託者が2人以上ある信託であることを知っていた場合であって、信託行為に受託者の職務の分掌に関する定めがあることを知らず、かつ、知らなかったことにつき過失がなかったときは、当該他の受託者は、これをもってその第三者に対抗することができません（同条2項ただし書）。

7　信託財産管理者等

1. 信託財産管理命令

　信託法56条1項各号に掲げる事由により受託者の任務が終了した場合において、新受託者が選任されておらず、かつ、必要があると認めるときは、新受託者が選任されるまでの間、裁判所は、利害関係人の申立てにより、信託財産管理者による管理を命ずる処分（信託財産管理命令）をすることができます（信託法63条1項）。

　これは、受託者の任務が終了し、新受託者が選任されない間の信託財産の保護等の必要があるときに、利害関係人の申立てがなされた場合に限り認められる制度です。また、裁判所は、信託財産管理命令を変更し、または取り消すことができます（同条3項）。

　なお、利害関係人は、信託財産管理命令および信託財産管理命令の変更または取消の決定に対しては、即時抗告をすることができます（同条4項）。

2. 信託財産管理者

　裁判所は、信託財産管理命令をする場合には、信託財産管理者を選任しなければなりません（信託法64条1項）。この選任の裁判に対する不

服申立てはできません（同条2項）。

　裁判所は、信託財産管理者の選任の裁判をしたときは、ただちに、信託財産管理者を選任した旨、信託財産管理者の氏名または名称を公告しなければなりません（同条3項）。

　信託財産管理者が選任された場合には、受託者の職務の遂行ならびに信託財産に属する財産の管理および処分をする権利は、信託財産管理者に専属します（信託法66条1項）。

3. 登記の嘱託

　信託財産管理命令があった場合、信託財産に属する権利で登記または登録がされたものについては、裁判所書記官は、職権で、遅滞なく、信託財産管理命令の登記または登録を嘱託しなければなりません（信託法64条5項）。

　信託財産管理命令を取り消す裁判があったとき、または、信託財産管理命令があった後に新受託者が選任された場合において当該新受託者が信託財産管理命令の登記もしくは登録の抹消の嘱託の申立てをしたときは、裁判所書記官は、職権で、遅滞なく、信託財産管理命令の登記または登録の抹消を嘱託しなければなりません（同条6項）。

4. 信託財産法人管理人

　受託者である個人が死亡した場合には、受託者の任務は終了し（信託法56条1項1号）、信託財産は法人となります（信託法74条1項）。それは、受託者が死亡しても信託財産は相続財産とはならないため、新受託者が選任されるまでの間は、所有者が存在しない状態となってしまうため、相続人の不存在の場合に関する民法951条（相続財産法人の成立）の規定に準じて信託財産を法人としたものです。

　そして、裁判所は必要があると認めるときは、利害関係人の申立てにより、信託財産法人管理人による管理を命ずる処分（信託財産法人管理命令）をすることができます（信託法74条2項）。

　また、裁判所は、信託財産法人管理命令を変更し、また取り消すこと

ができますが、利害関係人は、これらの変更または取消しの決定に対しては、即時抗告をすることができます（信託法74条3項、63条4項）。

　裁判所は、信託財産法人管理命令をする場合には、信託財産法人管理人を選任しなければなりません（信託法74条6項、64条1項）。この選任の裁判に対する不服申立てはできません（信託法74条6項、64条2項）。また、裁判所は、信託財産法人管理人の選任の裁判をしたときは、ただちに、信託財産法人管理人を選任した旨、信託財産法人管理人の氏名または名称を公告しなければなりません。

　新受託者が就任したときは、信託財産法人は成立しなかったものとみなされます（信託法74条4項）。そして、信託財産法人管理人の代理権は、新受託者が信託事務の処理をすることができるに至った時に消滅します（同条5項）。しかし、信託財産法人管理人がその権限内でした行為の効力は影響を受けません（同条4項ただし書）。

　信託財産法人管理命令による嘱託登記および信託財産法人管理命令抹消の嘱託登記に関しては、信託財産管理命令および信託財産管理命令抹消の場合と同様です（信託法74条6項、64条5項）。

第4章
受益者・信託管理人・信託監督人・受益者代理人・受益者指定権者

① 受 益 者

1. 受益者とは

　信託は、受益者のためにあるといってもよいでしょう。信託というのは受益者に利益を与えるためにされる行為です。

　信託法では、受益権を有する者を受益者と定義しています（信託法2条6項）。そして、受益権とは信託行為に基づいて受託者が受益者に対し負う債務であって信託財産に属する財産の引渡しその他の信託財産に係る給付をすべきものに係る債権（受益債権）およびこれを確保するためにこの法律の規定に基づいて受託者その他の者に対し一定の行為を求めることができる権利とされています（同条7項）。

2. 受益者の能力

　受益者の能力については、信託法上はとくに規定はありませんので、未成年者でも成年被後見人でも受益者になることができますが、権利能力は必要であるといわれています。ただし、例外的に胎児は受益者になれる、と解されています（民法721条、886条、965条参照）。

　なお、ペットやすでに死亡している人は受益者にはなれないとされていますが、ペットの飼育のための信託、自らの死後の永代供養を目的とした信託などは可能と考えられています（第1編第8章②目的信託（受益者の定めのない信託）71頁以下参照）。

　権利能力なき社団が受益者になることについては、実体上は可能と

されていますが、登記の実務では、「権利能力なき社団」を受益者として登記することはできないとされています（昭和 59 年 3 月 2 日民三第 1131 号民事局長回答　第 3 編第 2 章関係通達等 **4**）。したがって、その場合には、代表者を受益者として登記をするしかありません。

　委託者も受益者になれます。当初の受益者は委託者と受益者が同一の場合が多いでしょう。このような信託を自益信託といいます。登記申請では、「所有権移転及び信託」の登記と連件で受益権の売買を原因とする「受益者の変更登記」を申請するパターンが一般的となっています。

3. 受益権の取得

　信託行為の定めにより受益者となるべき者として指定された者または受益者指定権等[※]の行使により受益者または変更後の受益者として指定された者は、当然に受益権を取得します（信託法 88 条 1 項）。ただし、信託行為に別段の定めがあるときは、その定めに従います。これは当然に受益権を取得するということであり、受益者の意思表示を要しないということです。

　なお、受託者は、受益者となるべき者が受益権を取得したことを知らないときは、その者に対し、遅滞なくその旨を通知しなければなりません。ただし、信託行為に別段の定めがあるときは、その定めによります（同条 2 項）。

　受益者の指定に関する条件または受益者を定める方法の定めがあるときは、登記をしなければなりません（法 97 条 1 項 2 号）。その場合は、信託目録の「3　受益者に関する事項等」欄に記録されます。

　※　受益者を指定し、またはこれを変更する権利のことをいいます（信託法 89 条 1 項）。受益者指定権等は、受託者に対する意思表示または遺言によって行使されます（同条 1 項、2 項）。遺言によって受益者指定権等が行使された場合において、受託者がこれを知らないときは、これにより受益者となったことをもって受託者に対抗することができません（同条 3 項）。なお、受益者指定権等を有する者が受託者の場合は、意思表示は受益者になるべき者にします。
　　この受益者指定権等は、相続によって承継されません（同条 5 項）。ただし、信託行為に別段の定めがあるときは、その定めによります（同条 5 項ただし書）。

4．受益権の譲渡

　受益者は、その有する受益権を譲渡することができます（信託法 93
条 1 項本文）。ただし、その性質がこれを許さないときは、この限りで
はありません（同条 1 項ただし書）。その性質がこれを許さないとは、
受益権が一身専属的な権利の場合などです。ただし、信託行為に別段の
定めがある場合にはその定めに従いますが、その定めは善意の第三者に
は対抗できません（同条 2 項）。福祉型信託の多くは、受益権の譲渡、
質入れ等を禁止する旨を定めています。

　なお、受益権は分割してその一部を譲渡することもできます。

5．受益権の放棄

　受益者は、受託者に対し、受益権を放棄する旨の意思表示をすること
ができます。ただし、受益者が信託行為の当事者である場合は、この限
りではありません（信託法 99 条 1 項）。この当事者とは、委託者および
受託者のことですので、たとえば、委託者が受益者になっている自益信
託の場合が考えられます。

　受益者は、受益権放棄の意思表示をしたときは、当初から受益権を有
していなかったものとみなされます。ただし、第三者の権利を害するこ
とはできません（同条 2 項）。

6．受益権の対抗要件

　受益証券が発行されていない場合の受益権の譲渡は、譲渡人が受託者
に通知をするか、または受託者が承諾をしなければ、受託者その他の第
三者に対抗することができません（信託法 94 条 1 項）。これらの通知お
よび承諾は、確定日付のある証書によってしなければ、受託者以外の第
三者に対抗することができません（同条 2 項）。

　受益証券発行信託の受益権（信託法 185 条 2 項の定めのある受益権を
除く）の譲渡は、受益証券を交付しなければ効力が生じません（信託法
194 条）。

　受益証券発行信託[※1]の受益権の譲渡は、その受益権を取得した者の氏名または名称および住所を受益権原簿[※2]に記載し、または記録しなければ、受益証券発行信託の受託者に対抗することができません（信託法195条1項）。ただし、無記名受益権については、適用ありません（同条3項）。

　受益権の登記は信託目録に記録しますが、これは対抗要件としての登記ではなく、公示上の便宜にすぎないとされています（藤原230頁）。

　※1　第1編第8章■、70頁以下参照
　※2　受益権原簿は、受益証券発行信託の受託者の住所または主たる事務所に備え付けるものであり（信託法190条1項）、登記所には備え付けていません。

7. 受益者の権利行使の制限の禁止

　受益者は信託法92条に掲げる権利を有するものとされていますので、これらの権利は、信託行為をもってしても制限することができない単独受益者権とされています（信託法92条）。この単独受益者権は、受益者が複数の場合であっても、各受益者が単独で権利を行使することができ、受益者代理人が選任されていても受益者はこれを行使することができます（信託法139条4項）。

　これらの信託行為により制限できない受益者の権利の多くは、受益者が受託者を監督するために必要な権利であり、信託法が信託を受益者のための制度であると位置づけ、受託者の監督を主に受益者に委ねていることのあらわれと解されています（新井228頁）。

　したがって、この規定に反した信託行為の定めは無効となります。ただし、受益証券発行信託の場合には特例が設けられています（信託法213条）。

8. 2人以上の受益者がいる場合の意思決定方法

　受益者が2人以上いる場合の受益者の意思決定は、信託法92条各号に掲げる権利の行使に係るものを除いて、すべての受益者の一致によって決します。ただし、信託行為に別段の定めがあるときは、その定めに

従います（信託法105条1項）。しかし、受益者が少ない場合はともかく多数いる場合には、全員一致の原則は現実的ではありません。そこで、受益者が多数の場合には受益者集会を設けている場合が多いでしょう。受益者集会は、受託者または信託監督人において必要がある場合には、いつでも、招集することができます（信託法106条）。

受益者集会の決議は、議決権を行使することができる受益者の議決権の過半数を有する受益者が出席し、出席した当該受益者の議決権の過半数をもって行います（信託法113条1項）。なお、受益者の利害に深く関連する事項については、特別決議（同条2項）または特殊の決議（同条3項、4項）によるとされています。

② 信託管理人

1. 信託管理人とは

信託管理人は、受益者が現に存しない場合に※、受益者のために自己の名をもって受益者の権利に関する一切の裁判上または裁判外の行為をする者です（信託法125条1項）。ただし、信託行為に別段の定めがあるときは、その定めによります（同条1項ただし書）。

2人以上の信託管理人があるときは、これらの者が共同してその権限に属する行為をしなければなりません（同条2項）。ただし、信託行為に別段の定めがあるときは、その定めによります。また、信託法の規定により受益者に対してすべき通知は、信託管理人があるときは、信託管理人に対してしなければなりません（同条3項）。

※ 受益者が現に存しない場合の例として、まだ生まれていない子を受益者として指定する場合、ある大会の優勝者を受益者として指定したところ優勝者がまだ決まっていない場合、信託行為の定めにより受益者を指定する権利を有する者がまだこの指定権を行使していない場合等が挙げられています（寺本311頁）。

2. 信託管理人の選任

受益者が現に存しない場合には、信託行為において信託管理人となるべき者を指定する定めを設けることができます（信託法123条1項）。

この定めがあるとき、利害関係人は、信託管理人となるべき者として指定された者に対し、相当の期間を定めて、その期間内に就任の承諾をするかどうかを確答すべき旨を催告し、その期間内に委託者（委託者が現に存しない場合にあっては受託者）に対し確答をしないときは、就任の承諾をしなかったものとみなされます（信託法 123 条 2 項、3 項）。

受益者が現に存しない場合において、信託行為に信託管理人に関する定めがないとき、または信託行為の定めにより信託管理人となるべき者として指定された者が就任の承諾をせず、もしくはこれをすることができないときは、裁判所は、利害関係人の申立てにより、信託管理人を選任することができます（同条 4 項）。

また、信託管理人について任務終了の事由が生じたときは（信託法 128 条）、新たな信託管理人が選任されます（信託法 129 条 1 項、62 条）。

信託管理人があるときは、その氏名または名称および住所を登記しなければなりません（法 97 条 1 項 3 号）。

3. 信託管理人の資格

次に掲げる者は信託管理人となることができません。
①　未成年者（信託法 124 条 1 号）
②　当該信託の受託者である者（同条 2 号）

4. 信託管理人の任務の終了

信託管理人の任務は、信託の清算が結了した場合のほか、信託法 56 条に掲げる事由によって終了します（信託法 128 条）。また、辞任または解任については信託法 57 条または 58 条を準用します（信託法 128 条 2 項）。

5. 信託管理人による事務の終了

信託管理人による事務の処理は、次に掲げる事由により終了します。
①　受益者が存するに至ったこと（信託法 130 条 1 項 1 号）

② 委託者が信託管理人に対し事務の処理を終了する旨の意思表示をしたこと（同2号）。ただし、信託行為に別段の定めがあるときは、その定めによります。

③ 信託行為において定めた事由（同3号）

3 信託監督人

1. 信託監督人の権限と義務

〈権限〉

信託監督人は、受託者の監視・監督をする者であり、受益者のために自己の名をもって、信託法92条各号（17号、18号、21号、23号を除く）に掲げる権利に関する一切の裁判上または裁判外の行為をする権限を有します。ただし、信託行為に別段の定めがあるときは、その定めによります（信託法132条1項）。

なお、受益権の放棄（信託法92条17号）、受益権取得権（同条18号）、受益証券発行信託において受益権原簿記載事項を記載した書面の交付等の請求権（同条21号）、自らが受益者であることの受益権原簿への記載請求権（同条23号）は除外されます。これらの権利は、いずれも受益者の個人的な利益を目的とした権利であって、受託者の監督のための権利を行使すべき者である信託監督人の立場にはそぐわないからであるとされています（寺本318頁）。

〈義務〉

信託監督人は、善良な管理者の注意をもって信託法132条の権限を行使しなければなりません。また、信託監督人は、受益者のために、誠実かつ公平に権限を行使しなければなりません（信託法133条）。

なお、信託監督人が選任されている場合であっても、受益者自身の権利の行使ができないものではないと考えられています（寺本317頁）。

信託監督人が複数の場合は、これらの者が共同してその権限に属する行為をしなければなりません。ただし、信託行為に別段の定めがあるときは、その定めによります（信託法132条2項）。

信託監督人の制度は、年少者、高齢者あるいは知的障害者等を受益者

として財産の管理や生活の支援等を行うことを目的とするいわゆる福祉型の信託の利用の促進を図る等の観点から、受益者のために受託者を監視・監督するために設けられた制度とされています（寺本316頁）。

2 . 信託監督人の選任

信託監督人の選任は、受益者が現に存する場合に、信託行為で信託監督人となるべき者を指定する定めを設けることができます（信託法131条1項）。

利害関係人は、指定を受けた者に対し、相当の期間を定めて、その期間内に就任の承諾をするかどうかを確答すべき旨を催告することができます。その期間内に委託者（委託者が現に存しない場合にあっては受託者）に対し確答をしないときは、就任の承諾をしなかったものとみなされます（同条2項、3項）。

受益者が受託者の監督を適切に行うことができない特別の事情がある場合において、信託行為に信託監督人に関する定めがないとき、または信託行為の定めにより信託監督人となるべき者として指定された者が就任の承諾をせず、もしくはこれをすることができないときは、裁判所は、利害関係人の申立てにより、信託監督人を選任することができます（同条4項）。

3 . 信託監督人の資格

次に掲げる者は信託監督人となることができません（信託法137条、124条）。
① 未成年者
② 当該信託の受託者である者

なお、法人でも信託監督人になれます。また、複数の信託監督人を選任することもできます（信託法132条2項）。

4. 信託監督人の任務の終了

　信託監督人の任務は、信託の清算が結了した場合のほか、信託法56条に掲げる事由によって終了します（信託法134条）。また、辞任または解任については信託法57条または58条を準用します（信託法134条2項）。

5. 信託監督人による事務の終了

　信託監督人による事務の処理は、信託の清算の結了のほか、次に掲げる事由により終了します（信託法136条1項）。
① 　委託者および受益者が信託監督人による事務の処理を終了する旨の合意をしたこと
　　ただし、信託行為に別段の定めがあるときは、その定めによります。
② 　信託行為において定めた事由

6. 信託監督人の登記の可否

　不動産登記法97条1項では、信託監督人が登記事項として明記されていません。したがって、信託監督人に関しては登記できないのではないかとも考えられますが、同条1項11号のその他の事項として登記することは可能ではないかという考えもあります（渋谷172頁）。本書もこの見解に賛成するものです。したがって、信託監督人の定めがある場合には、その旨を任意で登記申請することも可能と考えます。

4　受益者代理人

1. 受益者代理人とは

　受益者代理人は、現に存する特定の受益者のために当該受益者の権利（信託法42条の規定による責任の免除に係るものを除く）に関する一切の裁判上または裁判外の行為をする権限（受益者が有する登記の申請を

する権限を含む）を有する者です（信託法139条１項）。ただし、信託
行為に別段の定めがあるときは、その定めに従います。

　したがって、受益者代理人が選任されると、当該受益者代理人に代理
される受益者は、信託法92条各号に掲げる権利および信託行為におい
て定めた権利を除き、信託に関する意思決定に係る権利を行使すること
ができないことになります（信託法139条４項）。

　受益者が知的障害などで適切に意思表示をできない場合、受益者が頻
繁に変動する場合、受益者が多数存在したりする場合には、受益者によ
る権利行使が困難となり、また、受託者の側からしても、受益者に対し
ての信託の利益（配当）を給付したり、信託の変更などの意思決定をす
る上で、受益者を逐一把握することは困難となる場合があります。そこ
で、受益者の権利保護および信託事務の円滑な処理を図るという観点か
ら受益者代理人が設けられました（寺本321頁）。したがって、受益者
が未成年者、知的障害者等である福祉型信託の場合には、受益者代理人
を選任しておくべきでしょう。

２. 複数の受益者代理人

　１人の受益者につき２人以上の受益者代理人がいる場合には、原則と
してこれらの者が共同してその権限に属する行為をしなければなりませ
ん（信託法139条３項本文）。ただし、信託行為に別段の定めがあるときは、
その定めに従います（同条３項ただし書）。

３. 受益者代理人の選任

　信託行為においては、その代理する受益者を定めて、受益者代理人と
なるべき者を指定する定めを設けることができます（信託法138条１項）。
信託管理人および信託監督人のように利害関係人の申立てによる裁判所
の裁判に基づき選任されることはありません（信託法123条４項、131
条４項、138条）※。

　すなわち、受益者代理人は、信託行為のみによって定めることができ
るということです。

したがって、当初指定した受益者代理人が就任しない場合等を考えて、予備的に次の受益者代理人を選任するのがよいでしょう。

なお、裁判所による新受益者代理人を選任する制度もありますが、それは受益者代理人の任務が終了した場合とされています（信託法 142 条 1 項本文、62 条、56 条 1 項各号）。

※　受益者代理人については、裁判所の決定により選任することを認めない理由として、受益者代理人が選任されると、当該受益者代理人に代理される受益者は原則として、信託に関する意思決定に係る権利を行使することができないことになります。したがって、裁判所の決定により受益者代理人を選任できることとすると、受益者の権利を著しく害することになりかねないのみならず、当該信託を設定するに当たり受益者代理人を選任しなかった委託者の合理的な意思にも反することになると考えられています（寺本 323 頁）。

4 . 受益者代理人の資格

次に掲げる者は受益者代理人となることができません（信託法 144 条、124 条）。受益者の成年後見人等を受益者代理人に選任できるかですが、可能とする意見があります（遠藤 254 頁）。

①　未成年者
②　当該信託の受託者である者

5 . 受益者代理人の任務の終了

受益者代理人について任務終了の事由が生じたときは（信託法 141 条、56 条）、新たな受益者代理人が選任されます（信託法 142 条 1 項、62 条）。

受益者代理人の任務は、信託の清算が結了した場合のほか、信託法 56 条に掲げる事由によって終了します（信託法 141 条）。また、辞任または解任については信託法 57 条または 58 条を準用します（信託法 141 条 2 項）。

6 . 受益者代理人による事務の終了

受益者代理人による事務の処理は、信託の清算の結了のほか、次に掲

げる事由により終了します（信託法143条1項）。

① 委託者および受益者代理人に代理される受益者が受益者代理人による事務の処理を終了する旨の合意をしたこと

　　ただし、信託行為に別段の定めがあるときは、その定めによります。

② 信託行為において定めた事由

7. 受益者代理人の登記

　受益者代理人の氏名または名称および住所は、信託の登記事項とされていますので（法97条1項4号）、受益者代理人が定められている場合には登記しなければなりません。その場合、信託目録の「3　受益者に関する事項等」欄に記録されます（施行通達第2・1　第3編第2章関係通達等■）。

5 受益者指定権者

1. 受益者指定権者とは

　信託行為においては、信託設定後に受益者を指定し、または、変更する権利（受益者指定権等）を定めることができます（信託法89条1項）。受益者指定権者とは、この受益者指定権等を有する者であり、委託者、受託者のほか第三者でもかまいません。たとえば、委託者兼受益者が自分の死亡後の第二次受益者がまだ確定できない場合などに利用されるものと思います。

2. 受益者指定権等の行使

　委託者または第三者が受益者指定権等を行使する場合には、受託者に対する意思表示によってします（同89条1項）。通知を受けた受託者は、新たに受益者となった者に、その旨の通知をしなければなりません（同88条2項）。ただし、信託行為に別段の定めがあるときは、その定めによります。また、受託者は、受益者変更権が行使されたことにより受益

権を失った者に対しても、通知義務を負います（同 89 条 4 項）。ただし、信託行為に別段の定めがあるときは、その定めによります。

　受託者が受益者指定権等を行使する場合には、受益者となるべき者に対する意思表示によりします（同 89 条 6 項）。このとき、信託法 88 条 2 項の通知は不要ですが、変更により受益権を失った者に対しては通知義務を負います（同 89 条 4 項）。

　なお、受益権者指定権等は、信託法 89 条 1 項の規定にかかわらず、遺言によっても行使することができます（同 2 項）。

3. 受益者指定権者が死亡した場合

　受益者指定権等は、信託行為に別段の定めがない限り、相続によって承継されません（同 5 項）。したがって、受益者指定権者が受益者を指定しないうちに死亡した場合には、別段の定めがない限り、受益者が指定されないことが確定することになり、目的不達成を理由として信託は終了すると考えられています（信託法 163 条 1 号）。

第5章

委 託 者

1 . 委託者とは

　委託者とは、信託行為の当事者であり、信託法3条各号に掲げる方法により信託をする者をいいます（信託法2条4項）。したがって、信託契約で信託する場合（信託法3条1号）にはその契約当事者であり、遺言によって信託する場合（同条2号）には遺言者のことであり、自己信託の場合（同条3号）には自分自身のことです。

2 . 委託者の資格

　委託者となる資格あるいは能力に関しては、信託法上何らの規定も存在しませんが、民法の一般原則に従うことになります。すなわち、権利能力や行為能力があること、遺言信託の委託者は遺言能力があること、法人が委託者の場合は、信託は法人の目的の範囲内でなければなりません。

3 . 委託者の地位の移転

　旧信託法においては、委託者の地位の移転に関する規定を設けていなかったため、移転が可能かどうかは明らかではありませんでした。しかし、実務では、委託者の地位の移転に関する取決めが多く行われていました。そこで、新信託法では、委託者の地位が移転できることを明確にしました。
　すなわち、委託者の地位は次の方法によって第三者に移転することができます（信託法146条1項、2項）。
① 　受託者と受益者の同意がある場合
② 　委託者が2人以上の場合は、他の委託者、受託者および受益者の同

　意がある場合

③　信託行為において定めた方法

　なお、委託者の地位の移転については、不動産登記法 97 条 1 項各号に掲げる登記事項について変更があったときは、受託者は、遅滞なく、信託の変更の登記を申請しなければならない（法 103 条 1 項）ことから、信託目録の委託者の変更の登記を申請する必要があります。

4 . 委託者の相続

(1)　信託契約の場合

　信託法上の規定はありませんが、委託者の地位は相続の対象になるとされています※。もし、委託者において、委託者の相続人の関与を排除したければ、信託行為にその旨の別段の定めを設けることによって対処することができます（寺本 336 頁）。

　たとえば、その旨の別段の定めとして「委託者の死亡後は、信託の目的に反することとなる信託の変更についても、受託者および受益者の合意のみで行うことができるものとする」、「委託者の死亡により、委託者の権利は消滅するものとする」などが考えられています（寺本 336 頁）。

　民事信託においては、委託者の相続人に関与されたくない場合が考えられますので、今後、このような規定を定める事例が増えるでしょう。

　※　遺言信託の場合には、委託者の相続を認めていないとする規定がありますが（信託法 147 条）、遺言信託以外の信託に関しては、そのような規定がありませんので、その反対解釈として相続できると解されています。

(2)　遺言信託の場合

　遺言信託の場合は、委託者の相続人と受益者の利害が対立する関係にあるので（寺本 336 頁）、相続による承継は否定されています（信託法 147 条）。ただし、信託行為に別段の定めがあるときは、その定めによります（同条ただし書）。

　その理由は、遺言による信託の場合には、その大半は委託者がその財産について法定相続分とは異なる財産承継を実現しようとするものであ

り、委託者の相続人と受益者とは信託財産に関して利害が対立する関係にあること。また、委託者の相続人に委託者としての権利の適切な行使を期待することは困難と考えられ、遺言者の意思としては、その相続人に対して信託の委託者としての権利義務を付与しないのが通常と考えられるので、遺言による信託の委託者の相続人は、原則として、委託者の地位を承継されないこととなりました（寺本336頁）。

第6章

信託の変更、併合および分割

1 信託の変更

1. 信託の変更とは

　信託の変更とは、信託行為に定められた信託の目的、信託財産の管理方法、信託の終了事由、その他の信託の条項について、事後的に変更を行うものです。

　信託の変更は、信託行為に信託変更に関する定めを置いている場合にはそれによりますが（信託法149条4項）、それがない場合には、①当事者の合意による変更、②受託者に対する意思表示に基づく変更、③信託の変更を命ずる裁判所の命令による方法があります。

2. 当事者の合意による変更

　信託の変更は、原則として委託者、受託者および受益者の合意によってすることができます（信託法149条1項）。その場合においては、変更後の信託行為の内容を明らかにしなければなりません。

　しかし、常に委託者、受託者および受益者の合意が必要とすると時間と費用がかかり迅速性に欠けますので、次の場合には、各号に定める方法によってすることができます（信託法149条2項）。

　ア　信託の目的に反しないことが明らかであるとき

　　委託者の同意を得ることなく、受託者および受益者の合意によってすることができます（同条2項1号）。その場合、受託者は、委託者に対し遅滞なく、変更後の信託行為の内容を通知しなければなりません。

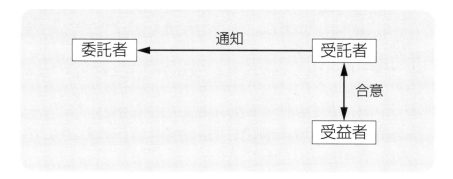

イ　信託の目的に反しないことおよび受益者の利益に適合することが明らかであるとき

　　受益者の同意を得ることなく、受託者の書面または電磁的記録によってする意思表示によってすることができます（同条2項2号）。その場合、受託者は、委託者および受益者に対し遅滞なく、変更後の信託行為の内容を通知しなければなりません。

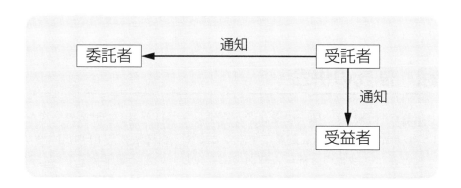

3. 受託者に対する意思表示に基づく変更

　次の各号に掲げる場合には、信託行為に別段の定めがない限り、当該各号に定める者による受託者に対する意思表示によってすることができます（信託法149条3項本文）。この意思表示が受託者に到達したときに、変更の効力が形成的に生じます。

ア　受託者の利益を害しないことが明らかであるとき

　　この場合は、委託者および受益者の合意を受託者に伝えると変更されたことになります。

イ　信託の目的に反しないことおよび受託者の利益を害しないことが明らかであるとき

　　この場合は、受益者が受託者に意思表示をすれば変更が生じます。その場合、受託者は、委託者に対し、遅滞なく、変更後の信託行為の内容を通知しなければなりません。

4. 信託の変更を命ずる裁判所の命令による方法

　信託行為の当時に予見することのできなかった特別の事情により、信託事務の処理の方法に係る信託行為の定めが信託の目的および信託財産の状況その他の事情に照らして受益者の利益に適合しなくなるに至ったときは、裁判所は、委託者、受託者または受益者の申立てにより、信託の変更を命ずることができます（信託法150条1項）。その申立ては、申立てに係る変更後の信託行為の定めを明らかにしてしなければなりません（同条2項）。

② 信託の併合

　信託の併合とは、同一の受託者が有する2つ以上の信託財産の全部を1つの新たな信託の信託財産とすることです（信託法2条10項）。

　たとえば、会社の合併により別々に存在していた企業年金を1つに統合して運用するときなど信託の投資効率を上げるために複数の信託財産を統合する場合において有用であるとされています（新井381頁）。

　信託の併合によって従前の信託は終了しますが（信託法163条5号）、その財産は信託の清算を経ずに新たな信託の信託財産を構成し、従前の各信託の信託財産責任負担債務も信託の併合後の信託の信託財産責任負担債務となります（信託法153条）。このうち信託財産限定責任負担債務（受託者が信託財産に属する財産のみをもって履行する責任を負う信託財産責任負担債務）は、信託の併合後の信託の信託財産限定責任負担

債務となります（信託法 154 条）。

　信託の併合は、原則として従前の各信託の委託者、受託者および受益者の合意によってすることができますが（信託法 151 条 1 項本文）、信託の併合を柔軟に行えるようにと、一部の者の意思決定によることや、信託行為で定めた方法によってすることも認められています（同条 2 項、3 項）。

　たとえば、信託の目的に反しないことが明らかであるときは、受益者と受託者の合意で足ります。また、信託の目的に反しないことおよび受益者の利益に適合することが明らかであるときは、受託者の書面または電磁的記録によってする意思表示で足ります（信託法 151 条 2 項）。

　また、信託の併合は、債権者に対して大きな影響を与えますので、必要に応じて債権者保護手続きが実施されます。たとえば、従前の信託財産責任負担債務に係る債権を有する債権者は、受託者に対し、信託の併合について異議を述べることができます（信託法 152 条 1 項）。

③　信託の分割

　信託の分割には、「吸収信託分割」と「新規信託分割」があります。

　吸収信託分割とは、ある信託の信託財産の一部を受託者を同一とする他の信託の信託財産として移転することをいいます（信託法 2 条 11 項）。たとえば、受託者が複数の年金信託を受託している場合において、企業再編に伴い、事業の選択と集中を図ることによってその効率化を実現すべく、一方の年金信託を分割してその一部を他方の年金信託に統合する場合等において有用であると考えられています（寺本 350 頁）。

　新規信託分割とは、ある信託の信託財産の一部を受託者を同一とする新たな信託の信託財産として移転することをいいます（同条同項）。たとえば、2 人の投資家が 1 つの信託を設定してその共同受益者になっていたところ、当該信託の運営方針についての意見の相違から、同一の信託を続けることをやめ、各自を受益者とする別々の信託を新たに設定しようとする場合等において有用であると考えられています（寺本 350 頁）。

第**7**章
信託の終了

1．信託の終了事由

　信託は、委託者および受益者の合意により、いつでも終了することができます（信託法164条1項）[※]。しかし、委託者および受益者が受託者に不利な時期に信託を終了したときは、委託者および受益者は、受託者の損害を賠償しなければなりません。ただし、やむを得ない事由があったときは、この限りではありません（同条2項）。

　なお、信託行為に別段の定めがあるときは、その定めによります（同条3項）。

　委託者が現に存しない場合には、受益者のみをもって信託法164条1項による信託の終了はできませんので、その場合には、信託法163条1号の事由に該当することを理由として信託の終了を主張するか、または165条の規定に基づく信託の終了を命ずる裁判を申し立てることになるものと考えられています（寺本366頁）。

　その他の終了事由として次の場合があります。

①　信託の目的を達成したとき、または信託の目的を達成することができなくなったとき（信託法163条1号）。

②　受託者が受益権の全部を固有財産で有する状態が1年間継続したとき（同条2号）。

　受託者が受益権の全部を固有財産で有する状態とは、単独受託者が単独受益者を兼ねる場合はもちろん、共同受託者の1人が単独受益者を兼ねる場合も含まれると解されています（寺本363頁）。

③　受託者が欠けた場合であって、新受託者が就任しない状態が1年間継続したとき（同条3号）。

④　受託者が信託法52条（53条2項および54条4項において準用する場合を含む）の規定により信託を終了させたとき（信託法163条4号）。

　　すなわち、信託財産が費用等の償還に不足していることを理由に信
　託を終了させた場合です。

⑤　信託の併合がされたとき（同条 5 号）。

⑥　信託法 165 条または 166 条の規定により信託の終了を命ずる裁判が
　あったとき（信託法 163 条 6 号）。

⑦　信託財産についての破産手続開始の決定があったとき（同条 7 号）。

⑧　委託者が破産手続開始の決定、再生手続開始の決定または更生手続
　開始の決定を受けた場合において、破産法 53 条 1 項、民事再生法 49
　条 1 項または会社更生法 61 条 1 項（金融機関等の更生手続の特例等
　に関する法律 41 条 1 項および 206 条 1 項において準用する場合を含む）
　の規定による信託契約の解除がされたとき（信託法 163 条 8 号）。

⑨　信託行為において定めた事由が生じたとき（同条 9 号）。

⑩　遺言信託の場合であって、受益者の定めのない信託において、信託
　管理人が欠けた場合であって、信託管理人が就任しない状態が 1 年間
　継続したとき（信託法 258 条 8 項）。

　※　委託者と受益者が同一人である場合には、その意思によっていつでも信託を
　　終了させることができます。

2. 信託の終了の効果

　信託は、信託が終了した場合には、信託の併合により終了した場合お
よび信託財産についての破産手続開始の決定により終了した場合であっ
て当該破産手続が終了していない場合を除き、信託法 175 条から 184 条
に定めるところにより、信託を清算しなければなりません（信託法 175
条）。また、信託は、信託が終了した場合においても、清算が結了する
まではなお存続するものとみなされます（信託法 176 条）。

3. 清算受託者の職務

　信託終了後の受託者のことを清算受託者といいますが、清算受託者は
次に掲げる職務を行います（信託法 177 条）。

①　現務の結了

② 信託財産に属する債権の取立ておよび信託債権に係る債務の弁済
③ 受益債権（残余財産の給付を内容とするものを除く）に係る債務の弁済
④ 残余財産の給付

　なお、清算受託者は、信託行為に別段の定めがあるときを除き、信託の清算のために必要な一切の行為をする権限を有します（信託法 178 条 1 項）。たとえば、受益者または帰属権利者※（信託法 182 条 1 項 2 号）が信託財産に属する財産を受領することを拒み、またはこれを受領することができない場合において、相当の期間を定めてその受領の催告をしたとき、または受益者または帰属権利者の所在が不明である場合には、信託財産に属する財産を競売に付することができます（信託法 178 条 2 項 1 号、2 号）。

　　※　信託行為において残余財産の帰属すべき者となるべき者として指定された者をいいます。

4. 残余財産の帰属

　清算受託者は、信託財産に係る債務の弁済をした後でなければ、残余財産受益者もしくは帰属権利者に残余財産を給付することができません（信託法 181 条本文）。

　しかし、当該債務についてその弁済に必要な財産を留保した場合には、この限りではありません（同条ただし書）。

　残余財産は、次の者に帰属します（信託法 182 条）。

① 残余財産受益者（信託行為において残余財産の給付を内容とする受益債権に係る受益者となるべき者として指定された者）または帰属権利者（信託行為において残余財産の帰属すべき者となるべき者として指定された者）。

　　残余財産受益者は、信託の終了前から受益者としての権利を有する者とされています。

　　帰属権利者は、残余財産受益者と異なり、信託の終了前は受益者としての権利を有さず、信託の終了後、その清算中においてのみ受益者

としての権利を有するとされています（信託法 183 条 6 項）。

② 　信託行為に残余財産受益者もしくは帰属権利者の指定に関する定め
がない場合、または信託行為の定めにより残余財産受益者もしくは帰
属権利者として指定を受けた者のすべてがその権利を放棄した場合に
は、委託者またはその相続人その他の一般承継人（信託法 182 条 2 項）。

③ 　以上の規定によっても残余財産の帰属が定まらないときは、清算受
託者に帰属します（信託法 182 条 3 項）。

5．清算受託者の職務の終了

　清算受託者は、その職務を終了したときは、遅滞なく、信託事務に関
する最終の計算を行い、信託が終了した時における受益者（信託管理人
が現に存する場合にあっては、信託管理人）および帰属権利者（以下こ
の項で「受益者等」という）のすべてに対し、承認を求めなければなり
ません（信託法 184 条 1 項）。

　これら受益者等が最終計算を承認した場合には、清算受託者の職務の
執行に不正の行為があった場合を除き、当該受益者等に対する清算受託
者の責任は免除されたものとみなされます（同条 2 項）。

　なお、受益者等が清算受託者から計算の承認を求められた時から 1 か
月以内に異議を述べなかった場合には、当該受益者等は、計算を承認し
たものとみなされます（同条 3 項）。

第8章
各種の信託

1 受益証券発行信託

(1) 意 義

　信託行為においては、1つまたは2つ以上の受益権を表示する証券（受益証券）を発行する旨を定めることができます（信託法185条1項）。この受益証券を発行する定めのある信託を、受益証券発行信託といいます。これは、受益権を有価証券化し、受益権の流通性を強化し、市場からより広く資金調達をしたいという要望に応えたものです。

　受益証券については、すべての受益権について受益権を発行する必要はなく、特定の内容の受益権については受益証券を発行しない旨を定めることができます（同条2項）。ただし、内容の異なる数種の受益権が存在する場合、同一種類の受益権の全部について受益証券を発行しない旨を定めることはできますが、同一種類の受益権のさらにその一部についてのみ受益証券を発行しない旨を定めることは、法律関係の混乱を招くため許されないとされています（寺本387頁）。

(2) 変 更

　受益証券発行信託においては、信託の変更によって受益証券を発行する定めまたは特定の内容の受益権については受益証券を発行しない旨の定めを変更することはできません（同条3項）。

　受益証券を発行する定めのない信託においては、信託の変更によってこれらの定めを設けることはできません（同条4項）。

(3) 受益権原簿

　受益証券発行信託の受託者は、遅滞なく、受益権原簿を作成し、これ

に一定の事項を記載し、または記録し（信託法 186 条）、そして、信託行為の定めにより、遅滞なく、当該受益権に係る受益証券を発行しなければなりません（信託法 207 条）。

(4)　登　　記

受益証券発行信託の旨は登記事項ですので（法 97 条 1 項 5 号）、その場合には、信託目録の「3　受益者に関する事項等」欄に記録されます（施行通達第 2、1　第 3 編第 2 章関係通達等■）。

■ 目的信託（受益者の定めのない信託）

(1)　意　　義

目的信託とは、受益者の定めまたは受益者を定める方法の定めのない信託、すなわち、受益権を有する受益者の存在を予定しない信託のことです。具体例としては、ペットの養育ための信託や自己の永代供養のための信託が考えられています（樋口 228 頁）。

(2)　設　　定

目的信託は、契約または遺言の方法によってのみすることができ（信託法 258 条 1 項）、自己信託の方法によることはできません。

遺言の方法によって目的信託をするときは、信託管理人を指定する定めを設けなければなりません（同条 4 項）。遺言で信託管理人を指定する定めがない場合において、遺言執行者の定めがあるときは、遺言執行者が信託管理人を選任します（同条 5 項）。遺言執行者が定められていない場合には、裁判所が利害関係人の申立てにより信託管理人を選任することができます（同条 6 項）。

なお、遺言の方法によってされた目的信託において、信託管理人が不在の状態が 1 年間継続したときには信託は終了します（同条 8 項）。

(3)　変　　更

目的信託においては、信託の変更によって受益者の定めを設けること

はできません（信託法258条2項）。また、その逆に、受益者の定めの
ある信託においては、信託の変更によって受益者の定めを廃止すること
はできません（同条3項）。

(4)　存続期間

目的信託の存続期間は20年を超えることができません（信託法259
条）。

(5)　目的信託の受託者

目的信託は、学術、技芸、慈善、祭祀、宗教その他公益を目的とする
信託（公益信託）を除き、別に法律で定める日までの間、当該信託に関
する信託事務を適正に処理するに足りる財産的基礎および人的構成を有
する者として政令（信託法施行令3条）で定める法人以外の者を受託者
とすることができないとされています（信託法附則3項）。個人は受託
者になれないということです。

政令で定める法人以外の者を受託者としてされた信託は無効となり、
信託の途中で受託者が政令で定める法人に該当しないこととなった場合
には、受託者の任務は終了することになります。

政令で定める法人は、国および地方公共団体のほか、次の要件のいず
れにも該当する法人とします。

① 純資産の額（貸借対照表上の資産の額から負債の額を控除して得た
額をいう）が5,000万円を超える法人であり、公認会計士または監査
法人により、虚偽、錯誤および脱漏のないものである旨の証明を受け
ている法人。

② 業務を執行する社員、理事もしくは取締役、執行役、会計参与もし
くはその職務を行うべき社員または監事もしくは監査役（いかなる名
称を有する者であるかを問わず、当該法人に対しこれらの者と同等以
上の支配力を有するものと認められる者を含む）のうちに一定の犯罪
歴のある者や暴力団がいない法人（信託法施行令3条）。

(6)　登　記

目的信託であるときは、その旨を登記しなければなりません（法97

条 6 号）。その場合には、信託目録の「3　受益者に関する事項等」欄に
記録します。

③　公益信託

　信託法上においては公益信託についての規定はありません。「公益信
託ニ関スル法律」で規定されています。

　公益信託とは、目的信託（受益者の定めのない信託）のうち、学術、
技芸、慈善、祭祀、宗教その他公益を目的とするものであって、主務官
庁の許可を受けることによって効力が生じます（公益信託ニ関スル法律
1 条、2 条 1 項）。また、存続期間の定めはありません（公益信託ニ関ス
ル法律 2 条 2 項）。

④　限定責任信託

（1）　意　　義

　限定責任信託は、信託行為においてそのすべての信託財産責任負担債
務について受託者が信託財産に属する財産のみをもってその履行の責任
を負う信託であり（信託法 2 条 12 項）、登記をすることによって、限定
責任信託としての効力が生じます（信託法 216 条 1 項）。

　原則として信託においては、受託者が信託事務を処理するのに必要と
認められる費用については、信託財産で賄いきれないものについては、
受益者から補償を受けるとの合意がない限り受託者の固有財産によって
その履行の責任を負うのが原則です（信託法 48 条 1 項、5 項）。しかし、
限定責任信託は、受託者の固有財産で支払う必要はありません。つまり、
受託者は、当該信託のすべての信託財産責任負担債務については、信託
財産に属する財産のみをもって、その履行の責任を負えば足りることに
なります（信託法 2 条 12 項）。

（2）　取引の相手方に対する明示

　受託者は、限定責任信託の受託者として取引をする場合には、取引の

相手方にその旨を示さなければ、これを相手方に対し主張することができません（信託法 219 条）。

(3) 登 記

限定責任信託の登記は、2 週間以内に以下の事項を登記しなければなりません（信託法 232 条）。

① 限定責任信託の目的

② 限定責任信託の名称

③ 受託者の氏名または名称および住所

④ 限定責任信託の事務処理地

⑤ 信託財産管理者または信託財産法人管理人が選任されたときは、その氏名または名称および住所

⑥ 信託の終了についての信託行為の定めがあるときは、その定め

⑦ 会計監査人設置信託であるときはその旨および会計監査人の氏名または名称

限定責任信託の登記に関する事務は、限定責任信託の事務処理地を管轄する法務局もしくは地方法務局もしくはこれらの支局またはこれらの出張所が管轄登記所として処理します（信託法 238 条 1 項）※。

その場合、登記所は、「限定責任信託登記簿」を備えます（同条 2 項）。限定責任信託の登記の取扱手続は、限定責任信託登記規則によって定められています。

※ 通常の信託登記は、登記所の不動産登記部門（または係）で処理しますが、限定責任信託登記は法人登記部門（または係）で処理しているようです。

5 遺言代用信託

遺言と同様な効果を得るために、信託契約で実現するのが遺言代用信託です。この遺言代用信託は遺言によってすることはできず、委託者の死亡前にすでに効力を生じている信託契約を対象としています。

遺言代用信託は、たとえば、自己の死亡時における財産の処分を遺言

によって行う代わりに生前に自己（委託者）を受益者とする信託を設定
し、信託契約上委託者の死亡時において、当然に委託者が受益権を失い
信託契約上指定された者が、受益権を取得する旨を定めることなどに
よって、遺言と同様の目的を実現しようとするものです。

　遺言信託は遺言によってする信託設定であり、委託者の死亡時に効力
が発生しますが、遺言代用信託はその契約によって効力が生じます。

　遺言代用信託には次の 2 形態があります（信託法 90 条 1 項）。

①　委託者の死亡の時に受益者となるべき者として指定された者が受益
　権を取得する旨の定めのある信託（同条 1 項 1 号）
②　委託者の死亡の時以後に受益者が信託財産に係る給付を受ける旨の
　定めのある信託（同条 1 項 2 号）

　2 つの違いは、①の場合においては、受益者となるべき者として指定
された者は委託者の死亡時まではそもそも受益権を取得しないのに対
し、②の場合においては、受益者は委託者の死亡前から受益権を取得す
るものの、信託財産に係る給付を受ける権利については委託者の死亡時
まで取得せず、かつ、信託法 190 条 2 項により、委託者が死亡するまで
は受益者としての権利も原則として有しない点にあるとされています
（寺本 258 頁）。

6　福祉型信託

　福祉型信託という用語および定義については、信託法上では明確な規
定がないのですが、多くの解説書の中では、高齢者や障害者等の生活を
支援する信託のことをいっています※。

　※　「福祉型信託」に明確な定義が与えられているわけではないが、財産管理能
　　力を欠く高齢者、障害者等が受益者として想定され、原則として集団的・定型
　　的処理にはなじまず、将来とも受益者の安定した生活の質を確保することを信
　　託目的とし、財産管理が受益者の福祉的ニーズ（身上監護面の配慮）の需要に
　　応ずる信託である、とでも一応定義しておきたい（新井 489 頁）。

7　後継ぎ遺贈型信託

　後継ぎ遺贈型信託または後継ぎ遺贈型受益者連続信託ともいいますが、これは、受益者の死亡により、当該受益者の有する受益権が消滅し、他の者が新たに受益権を取得する旨の定め（受益者の死亡により順次他の受益権を取得する旨の定めを含む）のある信託であり、信託がされた時から 30 年を経過した時以後に存在する受益者が当該定めにより受益権を取得した場合であって、当該受益者が死亡するまでまたは当該受益権が消滅するまでの間、その効力を有します（信託法 91 条）。

　たとえば、委託者 A、当初受益者（第 1 次受益者）を B とし、B が死亡した後は C を第 2 次受益者、D を第 3 次受益者と定めて受益権を順次承継させる場合の信託です。

　この信託は、信託設定後 30 年を経過した後は、受益権の取得は一度しか認められません（信託法 91 条）。たとえば、上記の例によると、B が信託設定後 32 年目に死亡したとします。すると、C は受益権を取得しますが、すでに信託設定後 30 年が経過していますので D には受益権が与えられず、C の死亡によって信託は終了します。

記続
登手

第1章

総 論

1 信託の登記事項

　信託の登記申請は、当該信託に係る権利の保存、設定、移転または変更の登記の申請と同時にしなければなりません（法98条1項）。そして信託の登記事項は、不動産登記法59条各号に掲げるもののほか、次の事項を登記します（法97条1項）。しかし、不動産登記法59条各号に掲げるものは登記簿の権利部に記録され、信託の登記をするときは、登記官は信託目録を作成し、下記の事項を記録しなければなりませんので（規則176条1項）、実際には信託目録に登記されたものが信託の登記といえるでしょう。

① 　委託者、受託者および受益者の氏名または名称および住所（法97条1項1号）

② 　受益者の指定に関する条件または受益者を定める方法の定めがあるときは、その定め（同2号）

　　これは、信託行為の時点において、受益者が特定されていないか、または変動することが予定されている場合に、信託行為において、受益者として指定されるべき者の条件または指定の方法を定めたときの、当該条件または方法の定めを登記事項としたものであるといわれています（新基本法コンメンタール306頁）。

　　たとえば、受益者の指定に関する条件については、「令和○年度の○○大会の優勝者」など、現時点では特定されていないが、将来のある時点では特定されるような場合がこれにあたり、また、受益者を定める方法については、「○○の債権を有する者」など、ある一定の時点における受益者として特定することは可能であるが、常に変動する可能性のある場合がこれにあたると考えられています（清水290頁）。

③ 信託管理人があるときは、その氏名または名称および住所（同 3 号）

　受益者が現に存しない場合において、信託行為において信託管理人が定められたときに登記されます。

④ 受益者代理人があるときは、その氏名または名称および住所（同 4 号）

　受益者代理人の定めがあるときは登記されます。

⑤ 信託法 185 条 3 項に規定する受益証券発行信託であるときは、その旨（法 97 条 1 項 5 号）

　受益証券が発行される信託としては、この受益証券発行信託以外に、いくつかありますが（投資信託、貸付信託等）、信託法 185 条 3 項に規定する受益証券発行信託のみを対象とします。

⑥ 信託法 258 条 1 項に規定する受益者の定めのない信託（目的信託）であるときは、その旨（法 97 条 1 項 6 号）

　たとえば、特定の企業の発展に功績のある人に奨励金を出すための信託などが挙げられています（清水 291 頁）。

⑦ 公益信託ニ関スル法律 1 条に規定する公益信託であるときは、その旨（法 97 条 1 項 7 号）

⑧ 信託の目的（同 8 号）

⑨ 信託財産の管理方法（同 9 号）

　信託行為において定められた信託財産の管理、処分等の方法を登記します。

⑩ 信託の終了の事由（同 10 号）

　信託行為において定められた終了事由（信託法 163 条 9 号）、たとえば、信託期間の満了、受託者の倒産等を登記します。

⑪ その他の信託の条項（法 97 条 1 項 11 号）

　たとえば、信託終了時における財産の帰属に関する条項、受益権の譲渡や質入れに関する条項等が考えられています（清水 292 頁）。

　以上のうち、②から⑥までの事項のいずれかを登記したときは、受益者の氏名または名称および住所について登記をする必要はありません※（法 97 条 2 項）。

　なお、②④⑤の事項を登記する場合には、受益者の氏名等の登記を省

略することが可能ですが、受益者が現に存在し、その氏名等を特定することができる場合には、それらの各号に定められた事項を登記するとともに、受益者の氏名等を併せて登記して差し支えないとされています（施行通達第2、1　第3編第2章関係通達等■）。

　④の受益者代理人の事項を登記した場合には、登記の省略が認められるのは、当該受益者代理人が代理する受益者に限定されますので（法97条2項かっこ書）、当該受益者代理人によって代理されない受益者については、別途、その氏名等を登記する必要があります。この場合の信託目録の記録は、次のとおりとされています（施行通達第2、1）。

　※　③および⑥の場合には、そもそも受益者が現に存しないため、受益者の氏名等を登記することは不可能です。

信託目録記録例　受益者代理人によって代理される受益者と代理されない受益者が存在する場合

受　　益　　者	○○区○○町一丁目○番○号 法務三郎
受益者代理人	○○区○○町二丁目○番○号 法務四郎

　※　法務三郎は受益者代理人によって代理されない受益者です。

信託目録記録例　受益者代理人が複数存在する場合

受益者代理人	○○区○○町二丁目○番○号 法務四郎
受益者代理人	○○区○○町四丁目○番○号 法務五郎

② 信託の登記の申請方法

1．受託者による単独申請

　権利の移転、設定、変更等の登記は、登記権利者と登記義務者が共同して申請するのが原則です（法60条）。

　たとえば、売買による所有権移転登記の場合だと、買主が登記権利者、売主が登記義務者となって共同で登記の申請をします。移転の原因が信託の場合も同様です。

　信託の登記申請は、信託に係る権利の保存、設定、移転または変更の登記の申請と同時にしなければなりません（法98条1項）。同時にするということは、同一の申請書で権利の保存、設定、移転または変更の登記の申請と信託の登記の申請をするということです（令5条2項）。

　たとえば、所有権移転と信託の登記を申請する場合の申請書に記載する登記の目的は、「所有権移転及び信託」としますが、この所有権移転登記については共同申請が原則ですが、信託の登記については、受託者による単独申請となります（法98条2項）。したがって、受託者は所有権移転登記の登記権利者であり、信託の登記申請人ということになります。

　なお、自己信託による権利の変更の登記は、受託者が単独で申請することができます（法98条3項）。

　これは、自己信託の場合には、当該信託の目的である権利の移転は行われず、当該権利の性質が、受託者の固有財産から信託財産に変更することから変更登記ととらえられ、また、委託者と受託者が同一であることから共同申請の例外として受託者が単独で申請することができるとされたからです。

2．代位による申請

　信託財産の管理者である受託者が信託の登記を申請しない場合に、受益者または委託者は受託者に代位して信託の登記を申請できます（法

99 条）。

3. 職権による信託の変更登記

　信託の登記事項に変更が生じた場合には、受託者が、信託の変更の登記を申請するのが原則です（法 103 条 1 項）。

　しかし、例外的に登記官は、信託財産に属する不動産について、次に掲げる登記をするときは、職権で、信託の変更の登記をしなければなりません（法 101 条）。

　以下の登記をすると、登記簿の権利部に記録されている受託者に関する事項と信託目録に記録されている事項とに相違が生じるため、信託目録に記録されている受託者についても変更登記をする必要があります。そこで、登記官は、職権で当該信託の変更の登記をすることになります。

① 　信託法 75 条 1 項または 2 項の規定による権利の移転の登記

　　信託法 75 条 1 項による権利の移転の登記とは、受託者の死亡等、同法 56 条 1 項各号に掲げる事由により受託者の任務が終了したので新受託者が就任した場合の権利移転の登記のことです。

　　同条 2 項による権利の移転の登記とは、受託者が委託者および受益者の同意を得て辞任したことにより受託者の任務が終了したので新受託者が就任した場合の権利の移転の登記のことです。

② 　信託法 86 条 4 項本文の規定による権利の変更の登記

　　受託者が 2 人以上ある信託において、その 1 人の任務が信託法 56 条 1 項各号に掲げる事由により終了した場合には、当該信託に関する権利義務は他の受託者が当然に承継します（信託法 86 条 4 項）。この任務終了による権利の変更登記をした場合をいいます。

③ 　受託者である登記名義人の氏名もしくは名称または住所についての変更の登記または更正の登記

4. 嘱託による信託の変更登記

　裁判所書記官は、受託者の解任の裁判があったとき、信託管理人もしくは受益者代理人の選任もしくは解任の裁判があったとき、または信託

の変更を命ずる裁判があったときは、職権で、遅滞なく、信託の変更の
登記を登記所に嘱託しなければなりません（法 102 条 1 項）。

　主務官庁は、受託者を解任したとき、信託管理人もしくは受益者代理
人を選任し、もしくは解任したとき、または信託の変更を命じたときは、
遅滞なく、信託の変更の登記を登記所に嘱託しなければなりません（同
条 2 項）。

3　信託目録

　登記官は、不動産登記法 97 条 1 項各号に掲げる事項を明らかにする
ため、法務省令で定めるところにより、信託目録を作成することができ
るとされています（法 97 条 3 項）。あたかも信託目録が作成されない場
合もあるような規定ですが、登記官は申請人が提供した情報に基づき信
託目録を作成しなければなりません（規則 176 条 1 項）。

　登記官が信託目録を作成するときは、申請の受付年月日および受付番
号を記録し、信託目録の目録番号は、1 年ごとに更新しなければなりま
せん（準則 115 条）。

　信託目録の様式は次のとおりであり（規則 197 条 2 項 5 号、別記 5 号
様式）、同法 97 条 1 項各号の登記事項を各欄に記録します（施行通達第
2、1　第 3 編第 2 章■）。

　信託の登記を書面で申請する場合には、信託目録に記録すべき情報を
記載した書面を申請情報と併せて提供しなければなりません（令 7 条 1
項 6 号、別表の 65 の項添付情報欄ハ）。しかし、実際には、信託目録に
記録すべき情報を記載した書面の他に、信託目録に係る電子データを記
録した磁気ディスク（120 ミリメートルの CD-R）の提出をしています。
この場合の磁気ディスクは任意で提出するものですから、作成者の電子
署名は不要とされています。

信託目録の様式

信　託　目　録		調製	令和○年○月○日
番　　号	受付年月日・受付番号	予　　備	
第○号	令和○年○月○日 第○○○○号	余白	
1　委託者に関する事項	委託者の氏名または名称および住所		
2　受託者に関する事項	受託者の氏名または名称および住所		
3　受益者に関する事項等	1　受益者の氏名または名称および住所 2　受益者の指定に関する条件または受益者を定める方法の定めがあるときは、その定め 3　信託管理人があるときは、その氏名または名称および住所 4　受益者代理人があるときは、その氏名または名称および住所 5　信託法185条3項に規定する受益証券発行信託であるときは、その旨 6　信託法258条1項に規定する受益者の定めのない信託であるときは、その旨 7　公益信託ニ関スル法律1条に規定する公益信託であるときは、その旨		
4　信託条項	1　信託の目的 2　信託財産の管理方法 3　信託の終了の事由 4　その他の信託の条項		

第2章

手続各論

1 所有権の保存登記と信託

1. はじめに

保存登記と同時に信託の登記をする場合としては、次の場合が考えられます。

① 「所有権保存及び信託の登記」をする場合

たとえば、委託者名義で表題登記がされている敷地権付き区分建物について、受託者から保存登記および信託登記をする場合です（『登記研究』646号「カウンター相談」113頁）。

② 「所有権保存及び信託財産の処分による信託」の登記をする場合

受託者が信託行為に基づいて建物を新築し、受託者名義で表題登記をして、受託者名義で保存登記と信託登記をする場合です。

たとえば、信託財産である金銭または信託財産である土地を担保にしてマンションを建てて、賃貸等により運用した場合が考えられます。信託財産に属する財産の管理、処分等により受託者の得た財産は信託財産となります（信託法16条1号）。これはどういうことかというと、信託財産に属する金銭で受託者が購入した財産は信託財産となるということです。

③ 「所有権保存及び信託財産の原状回復による信託」の登記をする場合

受託者がその任務を怠ったことによって、信託財産に変更が生じた場合には、受益者は受託者に原状回復を請求することができます（信託法40条1項2号）。この原状回復により受託者が取得した権利を保存登記でする場合です。

たとえば、信託財産である未登記建物が受託者AからBに売却さ

れた場合にBから取り戻して保存登記をする場合です。その場合、建物は信託財産ですからそれを公示するために信託の登記をします。

2．登記申請手続

(1)　申　請　人

受託者が申請人となります。

(2)　申請情報

申請情報として申請書に次の事項を記載します。

① 　登記の目的（令3条5号）

　　前記1.の①の場合は「所有権保存及び信託」、②の場合は「所有権保存及び信託財産の処分による信託」、③の場合は「所有権保存及び信託財産の原状回復による信託」とします。

② 　登記原因およびその日付（令3条6号）

　　保存登記の場合、登記原因は存在しませんので記載しません。ただし、敷地権付き区分建物の場合は「令和○年○月○日信託」とします。

③ 　申請人の表示（令3条1号、2号）

　　申請人である受託者の氏名または名称および住所を記載します。受託者が法人の場合には、その代表者の氏名も記載します。また、会社法人等番号を有する法人であるときは、その会社法人等番号も記載します。

④ 　添付情報の表示（規則34条1項6号）

　　添付する情報を記載します。

⑤ 　登記識別情報の通知の送付を希望する場合には、その旨を記載します。

⑥ 　登記識別情報の通知を希望しない場合には、その旨を記載します。

⑦ 　申請の年月日（同7号）

⑧ 　登記所の表示（同8号）

⑨ 　代理人の住所、氏名（令3条3号）

　　代理人によって登記を申請するときは、その代理人の氏名または名

称および住所、代理人が法人であるときはその代表者の氏名、また、会社法人等番号を有する法人であるときは、その会社法人等番号も記載します。

⑩　**申請人または代理人の電話番号その他の連絡先**（規則34条1項1号）

⑪　**課税価格および登録免許税額の表示**（規則189条1項）

　　課税価格（不動産の価額）と登録免許税額を記載します。

⑫　**不動産の表示**（令3条7号、8号）

　　不動産の表示は、登記事項証明書の記載と符合するように記載します。ただし、不動産番号を記載した場合には、土地の場合は、土地の所在、地番、地目および地積の記載を省略できます。建物の場合は、建物の所在と土地の地番、家屋番号、建物の種類、構造および床面積等の記載を省略できます（令6条1項）。

(3)　添付情報

添付情報として次の情報（書面）を提供します。

①　**登記原因証明情報**（令別表の65の項添付情報欄ロ）

　　登記原因証明情報とは、登記の原因となった事実または法律行為およびこれに基づき現に権利変動が生じたことを証する情報をいいます。

　　所有権保存の登記には登記原因証明情報の提供をする必要はありませんが（令7条3項2号（ただし、敷地権付き区分建物の場合を除く））、信託に関する登記については、信託行為が信託契約の場合には、信託契約書または信託契約の内容が記載されている、いわゆる報告形式の登記原因証明情報を提供します。遺言信託の場合は、遺言書と遺言者の死亡の事項が記録されている戸籍事項証明書等などです。

②　**住所証明情報**（令別表の28の項添付情報欄ニ）

　　登記名義人となる者の住所を証する市区町村長または登記官その他の公務員が職務上作成した証明書を提供します。

　　具体的には、自然人の場合は、市区町村長の作成した「住民票の写し」、「住民票記載事項証明書」または「戸籍の附票の写し」です。

　　法人の場合は、登記官が作成した法人の登記事項証明書を提供します。ただし、会社法人等番号を有する法人の場合において会社法人等

番号を提供した場合には、住所証明情報を提供する必要はありません（令9条、規則36条4項）。

③　**信託目録に記録すべき情報**（令15条、令別表の65の項添付情報欄ハ）

信託の登記の申請を書面申請によりするときは、申請人は信託目録に記録すべき情報を記載した書面（当該情報が電磁的記録で作成されている場合は、当該添付情報を記録した磁気ディスクを含む）を提供します。

④　**会社法人等番号**（令7条1項1号イ）

申請人が会社法人等番号を有する法人であるときは、会社法人等番号を提供します。ただし、作成後3か月以内の当該法人の代表者の資格を証する登記事項証明書または支配人等の権限を証する登記事項証明書を提供したときは、会社法人等番号の提供は要しません（規則36条1項、2項）。

⑤　**代理権限証明情報**

代理人によって登記を申請するときは、当該代理人の権限を証する情報を提供します（令7条1項2号）。たとえば、委任状などです。

⑥　**固定資産の評価証明書**

法定の添付情報ではありませんが、登録免許税を計算するために必要なため、市区町村が発行している「固定資産の評価証明書」を提供しているのが実情です。

(4)　登録免許税

①　**所有権保存登記**

所有権保存登記については、不動産の価額の1000分の4となります（登録免許税法別表第1、1、(1)）。

敷地権については非課税です（登録免許税法7条1項1号）。その場合には、申請書に免除の根拠となる法令の条項を記載します（規則189条2項）。

②　**信託の登記**

信託の原因によって次のようになります。

i　「信託」を原因とする場合には、不動産の価額の1000分の4となります（登録免許税法別表第1、1、(10)イ）。

　ただし、土地に関する所有権の信託の登記については、個人または法人が令和8年3月31日までの間に申請する場合の税率は1000分の3となります(租税特別措置法72条1項2号)。その場合には、申請書に軽減の根拠となる法令の条項を記載します（規則189条3項)。

ii　「信託財産の処分による信託」

　不動産の価額の1000分の4となります(登録免許税法別表第1、1、⑽イ)。

iii　「信託財産の原状回復による信託」

　不動産の価額の1000分の4となります(登録免許税法別表第1、1、⑽イ)。

(1)　所有権保存及び信託の登記

申請書見本　(1)　**委託者名義で表題登記がされている敷地権付き区分建物の所有権保存および信託の登記**

```
登　記　申　請　書

登記の目的　　所有権保存及び信託※1
原　　　因　　令和○年○月○日信託※2
申　請　人　　○市○町○丁目○番○号
(受託者)　　　　夏　川　某

添付情報
　　登記原因証明情報　信託目録に記録すべき情報　　住所証明情報
　　承諾書　代理権限証明情報

登記完了後に通知される登記識別情報通知書・登記完了証・還付される添付書面は代理人の住所に送付してください。※3

令和○年○月○日　不動産登記法74条2項申請※4
　　　　　　　　　　○地方法務局○出張所
代　理　人　　○市○町○丁目○番○号
　　　　　　　　法　令　守　㊞
　　　　　　　　連絡先の電話番号○○○ ・ ○○○ ・ ○○○○※5
```

課 税 価 格
　　建物　　金○○ ,000 円
　　敷地　　金○○ ,000 円
登録免許税　　金○○ , ○ 00 円
　　保存分　　金○円※6
　　建物　　金○円
　　敷地　　登録免許税法 7 条 1 項 1 号により非課税※6
　　信託分　　金○円※7
　　建物　　金○円
　　敷地　　金○円　　租税特別措置法 72 条 1 項 2 号適用※7
不動産の表示※8
　不動産番号　　123456789012
　敷地権の表示
　　土地の符号　　1
　　敷地権の種類　　所有権
　　敷地権の割合　　1 万分の 100

※1　登記の目的は「所有権保存及び信託」とします。

※2　登記原因は「令和○年○月○日信託」とします。原因の日付は信託の効力の発生した日を記載します（信託法 4 条 1 項）。

※3　登記識別情報の通知の送付を希望する場合には、その旨と送付先を記載します。登記所の窓口で受領する場合には、何も記載する必要はありません。

※4　不動産登記法 74 条 2 項に掲げる者からの申請であることがわかるように記載します（令別表の 29 の項申請情報欄）。

※5　申請書等に不備がある場合には、登記所から連絡がありますので、連絡をとることのできる電話番号を記載してください。

※6　保存登記の登録免許税は建物については不動産価額の 1000 分の 4 です。敷地は、非課税です。その場合には、非課税となる根拠法令の条項を記載します（規則 189 条 2 項）。

※7　信託登記の登録免許税は建物、敷地とも不動産の価額の 1000 分の 4 です。ただし、土地に関する所有権の信託の登記の税率は令和 8 年 3 月 31 日までは 1000 分の 3 に軽減されています（租税特別措置法 72 条 1 項 2 号）。なお、期限については延長される可能性があります。

※8　見本は、不動産番号を記載した場合の敷地権付き区分建物の表示方法です。

委任状見本

委 任 状

　私は、○市○町○番○号　法令守を代理人と定め、次の権限を委任します。

1　下記の登記に関し、登記の申請書を作成すること及び当該登記の申請に必要な書面と共に登記申請書を管轄登記所に提出すること
2　登記完了後に通知される登記識別情報通知書・登記完了証及び還付される添付書面を受領すること
3　登記の申請に不備がある場合に、当該登記の申請を取下げ、又は補正をすること
4　登記に係る登録免許税の還付金を受領すること
5　以上のほか、下記登記の申請に関し必要な一切の権限

　令和○年○月○日

受託者　　○市○町○丁目○番○号
夏 川 某 ㊞

記

登記の目的　　　所有権保存及び信託
原　　因　　　　令和○年○月○日信託
申　請　人　　　○市○町○丁目○番○号
（受託者）　　　　夏 川 某

不動産の表示
　一棟の建物の表示
　　所　　　在　○市○町○丁目100番地
　　建物の名称　　○○マンション
　専有部分の建物の表示
　　家屋番号　○町○丁目100番の203
　　種　　　類　居宅
　　構　　　造　鉄筋コンクリート造1階建
　　床面積　2階部分　○○. ○○㎡
　敷地権の表示
　　土地の符号　1
　　所在及び地番　○市○町○丁目100番
　　地　　　目　宅地
　　地　　　積　○○○○. ○○㎡
　　敷地権の種類　所有権
　　敷地権の割合　1万分の100

報告形式の登記原因証明情報見本

登記原因証明情報

1　登記申請情報の要項
（1）　登記の目的　　所有権保存及び信託
（2）　申請人（受託者）　○市○町○丁目○番○号
　　　　　　　　　　　　夏　川　某
（3）　不動産の表示
　　　（省略）
（4）　信託目録に記録すべき情報　別紙のとおり

2　登記の原因となる事実又は法律行為
（1）　委託者春田某（以下「甲」という。）と受託者夏川某（以下「乙」
　　　という。）は、令和○年○月○日、受益者を春田某とする信託財
　　　産の管理・運用・処分を目的とする信託契約を締結した。
（2）　よって、本件不動産の所有権は、同日、甲から乙に移転した。

令和○年○月○日○地方法務局○出張所御中
　　　　　　　　　　　受託者　　○市○町○丁目○番○号
　　　　　　　　　　　　　　　　夏　川　某　㊞
　　　　　　　　　　　委託者　　○市○町○丁目○番○号
　　　　　　　　　　　　　　　　春　田　某　㊞

登記記録例　　所有権保存及び信託（敷地権付き区分建物の場合）

権利部（甲区）　　（所有権に関する事項）			
順位番号	登記の目的	受付年月日・受付番号	権利者その他の事項
1	所有権保存	令和○年○月○日 第○号	原因　令和○年○月○日信託 受託者※1　○市○町○丁目○番○号 　　　　夏川　某
	信託	余白	信託目録第○号※2

※1　原因が信託の場合、権利者の表示は「受託者」となります。
※2　信託登記の内容は、信託目録によって公示されるので、登記簿には信託目
　　録の番号を記録します。その場合、信託目録の番号は不動産ごとに異なる番号
　　が記録されます。

申請書見本　　(2)　**所有権保存及び信託財産の処分による信託の登記**

　見本は、信託財産である金銭または土地を担保にして建設資金を借り入れ、建物を建てた場合の所有権保存登記と信託の登記の申請書の見本です。

登　記　申　請　書

登記の目的　　所有権保存及び信託財産の処分による信託[※1]
申　請　人　　○市○町○丁目○番○号
(受託者)　　　　　夏川　某
添付情報
　　登記原因証明情報　　信託目録に記録すべき情報
　　住所証明情報　　　代理権限証明情報

登記完了後に通知される登記識別情報通知書・登記完了証・還付される添付書面は代理人の住所に送付してください。

令和○年○月○日　不動産登記法 74 条 1 項 1 号申請
　　　　　　　　　　　　○地方法務局○出張所
代　理　人　　○市○町○丁目○番○号
　　　　　　　　法　令　守　㊞
　　　　　　　　連絡先の電話番号○○○ - ○○○ - ○○○○
課税価格　　金○○ ,000 円[※2]
登録免許税　金○, ○00 円[※3]
　保存分　　金○円[※4]
　信託分　　金○円[※5]
不動産の表示
　所　　　在　　○市○町一丁目 20 番地
　家 屋 番 号　　20 番
　種　　　類　　共同住宅
　構　　　造　　軽量鉄骨造陸屋根 2 階建
　床　面　積　　1 階　90. 00m^2
　　　　　　　　2 階　90. 00m^2

※1　信託財産である金銭または土地を担保にして建設資金を借り入れ、建物を建てたときは、その建物は信託財産になりますので (信託法 16 条 1 号)、登記の目的は「所有権保存及び信託財産の処分による信託」とします。
※2　固定資産の評価証明書に記載されている不動産の価格のうち、1,000 円未満の端数を切り捨てた金額を記載します。

※3　保存登記分と信託登記分の金額の合計金額のうち、100円未満の端数を切り捨てた金額を記載します。

※4　保存登記の登録免許税は不動産の価額の1000分の4です。

※5　信託登記の登録免許税は不動産の価額の1000分の4です。

委任状見本

委　任　状

　私は、○市○町○番○号　法令守を代理人と定め、次の権限を委任します。

1　下記の登記に関し、登記の申請書を作成すること及び当該登記の申請に必要な書面と共に登記申請書を管轄登記所に提出すること

2　登記完了後に通知される登記識別情報通知書・登記完了証及び還付される添付書面を受領すること

3　登記の申請に不備がある場合に、当該登記の申請を取下げ、又は補正をすること

4　登記に係る登録免許税の還付金を受領すること

5　以上のほか、下記登記の申請に関し必要な一切の権限

令和○年○月○日

受託者　○市○町○丁目○番○号
夏川　某　㊞

記

登記の目的　　所有権保存及び信託財産処分による信託

受　託　者　　○市○町○丁目○番○号
　　　　　　　夏川　某

不動産の表示
　所　　　在　○市○町一丁目20番地
　家 屋 番 号　20番
　種　　　類　共同住宅
　構　　　造　軽量鉄骨造陸屋根2階建
　床 面 積　1階　90.00m^2
　　　　　　　2階　90.00m^2

報告形式の登記原因証明情報見本

登記原因証明情報

1　登記申請情報の要項
（1）登記の目的　　所有権保存及び信託財産の処分による信託
（2）申請人（受託者）○市○町○丁目○番○号
　　　　　　　　　　　夏川　某
（3）不動産の表示
　　　　所　　　在　○市○町一丁目20番地
　　　　家 屋 番 号　20番
　　　　種　　　類　共同住宅
　　　　構　　　造　軽量鉄骨造陸屋根２階建
　　　　床 面 積　１階　90．00m^2　２階　90．00m^2
（4）信託目録に記録すべき情報　後記のとおり

2　登記の原因となる事実又は法律行為[※]
（1）委託者春田某（以下「甲」という。）と受託者夏川某（以下「乙」
　　という。）は、令和○年○月○日、受益者を春田某とする信託財
　　産の管理・運用・処分を目的とする信託契約を締結した。
　　　当該信託契約には、信託財産である金銭で共同住宅を建設し
　　て、それを賃貸し、その収益を受益者の生活の安定に寄与する
　　旨の条項がある。
（2）乙は、上記信託契約に基づき、信託財産に属する金銭で本件
　　建物を建築し、乙名義での建物表題登記をしたので本件建物は
　　信託財産に帰属した。
　　　よって、所有権保存及び信託財産の処分による信託登記を申
　　請する。

令和○年○月○日○地方法務局○出張所御中
　　　　　　　　　受託者　○市○町○丁目○番○号
　　　　　　　　　　　　　夏川　某　㊞

※　登記原因証明情報とは、登記の原因となった事実または法律行為およびこれ
に基づき現に権利変動が生じたことを証する情報をいいます。
　信託財産の処分による信託が成立するためには、信託法16条の要件を充た
す必要があります。同条においては、信託財産に属する財産の管理、処分、滅失、
損傷その他の事由により受託者が得た財産は、信託財産に属すると規定されて
います（信託法16条１号）。すなわち、信託財産を処分して受託者が得た財産
は信託財産になるということですので、そのことが記載されている必要がありま
す。

　なお、登記原因証明情報は、信託登記の登記原因証明情報であることに注意する必要があると考えます。

登記記録例　**信託財産の処分による場合**

権利部（甲区）　　（所有権に関する事項）			
順位番号	登記の目的	受付年月日・受付番号	権利者その他の事項
1	所有権保存	令和○年○月○日 第○号	所有者※　○市○町○丁目○番○号 　　　　夏川　某
	信託財産の処分によるによる信託	余白	信託目録第○号

※　権利者の表示は「所有者」となります。

申請書見本　（3）**所有権保存及び信託財産の原状回復による信託の登記**

登　記　申　請　書

登記の目的　　所有権保存及び信託財産の原状回復よる信託[※1]
申　請　人　　○市○町○丁目○番○号
（受託者）　　　　夏川　某
添付情報
　　登記原因証明情報　信託目録に記録すべき情報　住所証明情報
　代理権限証明情報

登記完了後に通知される登記識別情報通知書・登記完了証・還付される添付書面は代理人の住所に送付してください。

令和○年○月○日　不動産登記法74条1項1号申請
　　　　　　　　　　○地方法務局○出張所
代　理　人　　○市○町○丁目○番○号
　　　　　　　法　令　守　㊞
　　　　　　　連絡先の電話番号○○○ - ○○○ - ○○○○
課税価格　　　金○○ ,000 円
登録免許税　　金○, ○00 円
　保存分　　　金○円[※2]
　信託分　　　金○円[※3]
不動産の表示（省略）

※１　登記の目的は「所有権保存及び信託財産の原状回復よる信託」とします。
※２　保存登記の登録免許税は不動産の価額の1000分の4です。
※３　信託登記の登録免許税は不動産の価額の1000分の4です。
　　受託者が信託財産に関してその任務に違反する行為をした場合には、受益者は、損失のてん補または原状の回復を請求できます。なお、原状回復とは、義務違反の前の状態に戻すことと解すべきであるとされています（道垣内262頁）。

報告形式の登記原因証明情報見本　**所有権保存及び信託財産の原状回復による信託の登記**

　　　　　　　　　　　　登記原因証明情報

１　登記申請情報の要項
（1）　登記の目的　　　所有権保存及び信託財産の原状回復による信託
（2）　申請人（受託者）　○市○町○丁目○番○号
　　　　　　　　　　　　夏川　某
（3）　不動産の表示
　　　（省略）
（4）　信託目録に記録すべき情報　　別紙のとおり
２　登記の原因となる事実又は法律行為※
（1）　委託者春田某（以下「甲」という。）と受託者夏川某（以下「乙」
　　　という。）は、令和○年○月○日、受益者を秋山某（以下「丙」
　　　という。）とする信託財産の管理・運用を目的とする信託契約を
　　　締結した。
　　　　当該信託契約には、信託財産である土地を担保にして、住宅
　　　を建設して、それを賃貸し、その収益を受益者の生活の安定に
　　　寄与する旨の条項がある。
（2）　乙は、上記信託契約に基づき、信託財産である土地を担保に
　　　して建設資金を借り、本件建物を建て、取得した。その結果、
　　　本件建物は信託財産に帰属した。
（3）　乙は、上記建物を賃貸するべきものを誤って第三者に売却し
　　　た。そこで、丙は乙に対して、当該建物の再取得を求めた。そ
　　　の結果、本件建物は乙が再取得し、原状が回復された。
　　　　よって、信託財産の原状回復による信託登記を申請する。

令和○年○月○日○地方法務局○出張所御中
　　　　　　　　　　受託者　　○市○町○丁目○番○号
　　　　　　　　　　　　夏川　某　㊞

※　受益者が受託者に対して原状回復を請求できるのは、①受託者による任務懈怠があったことにより、②信託財産に損失または変更があったことが必要です（信託法40条1項）。したがって、登記原因証明情報にはそのことが記載されている必要があります。

登記記録例　信託財産の原状回復の場合（所有権の保存登記と同時にする場合）

権利部（甲区）　　（所有権に関する事項）			
順位番号	登記の目的	受付年月日・受付番号	権利者その他の事項
1	所有権保存	令和○年○月○日 第○号	所有者※　○市○町○丁目○番○号 　　　　　　夏川　某
	信託財産の原状回復による信託	余白	信託目録第○号

※　権利者の表示は「所有者」となります。

登記記録例　信託財産の原状回復の場合（持分に対する場合）

権利部（甲区）　　（所有権に関する事項）			
順位番号	登記の目的	受付年月日・受付番号	権利者その他の事項
1	所有権保存	令和○年○月○日 第○号	共有者　○市○町○丁目○番○号 　　　　持分2分の1 　　　　甲　某 　　　　○市○町○丁目○番○号 　　　　2分の1 　　　　乙　某
	甲某信託財産の原状回復による信託	余白	信託目録第○号

2　所有権移転と信託（受託者が1人の場合）

1．はじめに

　委託者となるべき者と受託者となるべき者の間で、委託者所有の不動産を移転する旨ならびに当該不動産の管理・処分・運用等を目的として必要な行為をすべき旨の信託契約を締結した場合には、当該不動産は委託者の固有財産から受託者が管理運用する信託財産となります。

　信託の効力は、不動産の引渡しをしなくても原則として信託契約の締結によって生じます（信託法4条1項）。ただし、信託契約に停止条件または始期が付されているときは、停止条件の成就または始期の到来によってその効力が生じます（同条4項）。

　委託者の固有財産を信託した場合の登記は、所有権移転登記の申請と同時にしなければなりません（法98条1項）。同時にしなければならない、ということは同一の申請書でするということです（令5条2項）。

2．登記申請手続

（1）　申　請　人

　所有権移転登記については、当該不動産の所有権の登記名義人である委託者が登記義務者となり、受託者が登記権利者となって共同で申請します。信託の登記は、受託者が単独で申請することができます（法98条2項）。

（2）　申請情報

　申請情報として申請書に次の事項を記載します。

① 　登記の目的（令3条5号）

　　登記の目的は「所有権移転及び信託」とします。

② 　登記原因およびその日付（令3条6号）

　　登記の原因日付は「令和○年○月○日信託」で、その日付は信託契

約成立の日です。

③　**申請人の表示**（令3条1号、2号）

  i　権利者兼信託登記申請人の表示

    登記権利者および信託登記の申請人である受託者の氏名または名称および住所を記載します。受託者が法人の場合には、その代表者の氏名も記載します。また、会社法人等番号を有する法人であるときは、その会社法人等番号も記載します。

  ii　義務者の表示

    登記義務者として、委託者である所有権の登記名義人の氏名または名称および住所を記載します。委託者が法人の場合には、その代表者の氏名も記載します。また、会社法人等番号を有する法人であるときは、その会社法人等番号も記載します。

④　**添付情報の表示**（規則34条1項6号）

添付する情報を記載します。

⑤　**登記識別情報の通知の送付を希望する場合には、その旨を記載します。**

⑥　**登記識別情報の通知を希望しない場合には、その旨を記載します。**

⑦　**申請の年月日**（同7号）

⑧　**登記所の表示**（同8号）

⑨　**代理人の住所、氏名**（令3条3号）

代理人によって登記を申請するときは、その代理人の氏名または名称および住所、代理人が法人であるときはその代表者の氏名、また、会社法人等番号を有する法人であるときは、その会社法人等番号も記載します。

⑩　**申請人または代理人の電話番号その他の連絡先**（規則34条1項1号）

⑪　**課税価格および登録免許税額の表示**（規則189条1項）

課税価格（不動産の価額）と登録免許税額を記載します。

⑫　**不動産の表示**（令3条7号、8号）

不動産の表示は、登記事項証明書の記載と符合するように記載します。ただし、不動産番号を記載した場合には、土地の場合は、土地の所在、地番、地目および地積の記載を省略できます。建物の場合は、建物の所在と土地の地番、家屋番号、建物の種類、構造および床面積

等の記載を省略できます（令 6 条 1 項）。

(3)　添付情報

添付情報として次の情報（書面）を提供します。

① **登記原因証明情報**（令別表の 30 の項添付情報欄イ、同 65 の項添付情報欄ロ）

　登記原因証明情報とは、登記の原因となった事実または法律行為およびこれに基づき現に権利変動が生じたことを証する情報をいいます。

　信託に関する登記については、信託行為が信託契約の場合には、信託契約書または信託契約の内容が記載されている、いわゆる報告形式の登記原因証明情報を提供します。

② **登記識別情報または登記済証**（法 22 条）

　登記義務者が所有権の保存または移転の登記をして登記名義人となったときに通知または交付を受けた登記識別情報または登記済証を提供します。

③ **印鑑証明書**

　登記義務者である所有権の登記名義人の印鑑証明書を提供します。

　登記義務者が個人の場合は、市区町村長の作成した印鑑証明書となります。登記義務者が会社等の法人の場合は、登記官の作成した当該法人の代表者の印鑑証明書となります。これらの印鑑証明書は、作成後 3 か月以内のものでなければなりません（令 16 条 2 項、3 項）。

　ただし、会社法人等番号を有する法人の場合において会社法人等番号を申請書に記載した場合であり、かつ、登記官が記名押印した者の印鑑に関する証明書を作成することが可能である場合には、印鑑証明書の提供は必要ありません（規則 48 条 1 号）。

④ **住所証明情報**（令別表の 30 の項添付情報欄ハ）

　登記権利者の住所を証する市区町村長または登記官その他の公務員が職務上作成した証明書を提供します。

　具体的には、自然人の場合は、市区町村長の作成した「住民票の写し」、「住民票記載事項証明書」または「戸籍の附票の写し」です。

　法人の場合は、登記官が作成した法人の登記事項証明書を提供しま

す。ただし、会社法人等番号を有する法人の場合において会社法人等番号を提供した場合には、住所証明情報を提供する必要はありません（令9条、規則36条4項）。

⑤　**信託目録に記録すべき情報**（令15条、令別表の65の項添付情報欄ハ）

信託の登記の申請を書面申請によりするときは、申請人は信託目録に記録すべき情報を記載した書面（当該情報が電磁的記録で作成されている場合は、当該添付情報を記録した磁気ディスクを含む）を提供します。

⑥　**会社法人等番号**（令7条1項1号イ）

申請人が会社法人等番号を有する法人であるときは、会社法人等番号を提供します。ただし、作成後3か月以内の当該法人の代表者の資格を証する登記事項証明書または支配人等の権限を証する登記事項証明書を提供したときは、会社法人等番号の提供は要しません（規則36条1項、2項）。

⑦　**代理権限証明情報**

代理人によって登記を申請するときは、当該代理人の権限を証する情報を提供します（令7条1項2号）。たとえば、委任状などです。

⑧　**固定資産の評価証明書**

法定の添付情報ではありませんが、登録免許税を計算するために必要なため、市区町村が発行している「固定資産の評価証明書」を提供しているのが実情です。

（4）　登録免許税

①　**所有権移転登記**

所有権移転登記については、非課税です（登録免許税法7条1項1号）。その場合には、申請書に免除の根拠となる法令の条項を記載します（規則189条2項）。

②　**信託の登記**

不動産の価額の1000分の4となります（登録免許税法別表第1、1、⑽イ）。ただし、土地に関する所有権の信託登記については、令和8年3月31日までは租税特別措置法72条1項2号の軽減の規定により税率は1000分の3になります。その場合には、申請書に軽減の根拠

となる法令の条項を記載します（規則 189 条 3 項）。

申請書見本　　所有権移転および信託

```
　　　　　　　　　登 記 申 請 書

登記の目的　　所有権移転及び信託
原　　　因　　令和○年○月○日信託
権利者兼信託登記申請人
　　　　　　　　○市○町○丁目○番○号
　　　　　　　　甲 某
義 務 者　　　○市○町○丁目○番○号
　　　　　　　　乙 某
添付情報
　　登記原因証明情報　　登記識別情報　　印鑑証明書
　　住所証明情報　　　代理権限証明情報
　　信託目録に記録すべき情報

登記完了後に通知される登記識別情報通知書・登記完了証・還付さ
れる添付書面は代理人の住所に送付してください。

令和○年○月○日　○地方法務局○出張所
代 理 人　　　○市○町○丁目○番○号
　　　　　　　　法 令 守 ㊞
　　　　　　　　連絡先の電話番号○○○ - ○○○ - ○○○○
課税価格　　金○○,000 円※1
登録免許税　金○, ○00 円※2
　移転分　　登録免許税法 7 条 1 項 1 号により非課税
　信託分　　金○円　租税特別措置法 72 条 1 項 2 号適用
不動産の表示
　所　　在　○市○町三丁目
　地　　番　100 番
　地　　目　宅地
　地　　積　300. 00m²
```

※1　固定資産の評価証明書に記載されている不動産の価格のうち、1,000 円未
満の端数を切り捨てた金額を記載します。
※2　課税価格に所定の税率（1000 分の 4 または 1000 分の 3）を掛けて出てき
た金額のうち、100 円未満の端数を切り捨てた金額を記載します。

委任状見本

委　任　状

　私は、○市○町○番○号　法令守を代理人と定め、次の権限を委任します。
1　下記の登記に関し、登記の申請書を作成すること及び当該登記の申請に必要な書面と共に登記申請書を管轄登記所に提出すること
2　登記完了後に通知される登記識別情報通知書・登記完了証及び還付される添付書面を受領すること
3　登記の申請に不備がある場合に、当該登記の申請を取下げ、又は補正をすること
4　登記に係る登録免許税の還付金を受領すること
5　以上のほか、下記登記の申請に関し必要な一切の権限

令和○年○月○日
　　　　権利者兼信託登記申請人（受託者）○市○町○丁目○番○号
　　　　　　　　　　　　　　　　　　甲　某　㊞

　　　　義務者（委託者）　　　　　　○市○町○丁目○番○
　　　　　　　　　　　　　　　　　　乙　某　㊞※

記

登記の目的　　所有権移転及び信託
原　　　因　　令和○年○月○日信託
権利者兼信託登記申請人　○市○町○丁目○番○号
　　　　　　　　　　　　甲　某
義務者　　　　　　　　　○市○町○丁目○番○
　　　　　　　　　　　　乙　某
不動産の表示
1　○市○町三丁目　100番　宅地　300.00m^2

※　義務者は実印を押します。

報告形式の登記原因証明情報見本

登記原因証明情報

1　登記申請情報の要項
　(1)　登記の目的　　所有権移転及び信託
　(2)　原　　　因　　令和○年○月○日信託
　(3)　当　事　者
　　　　　受託者　　　○市○町○丁目○番○号
　　　　　　　　　　　甲　某
　　　　　委託者　　　○市○町○丁目○番○号
　　　　　　　　　　　乙　某
　(4)　不動産の表示　後記のとおり
　(5)　信託目録に記録すべき情報　後記のとおり
2　登記の原因となる事実又は法律行為
　(1)　委託者乙某と受託者甲某は、令和○年○月○日、本件不動産
　　　について後記信託目録に記録すべき情報のとおり管理又は処分
　　　を目的とする信託契約を締結した。
　(2)　よって、本件不動産の所有権は、同日信託を原因として委託
　　　者から受託者に移転した。
令和○年○月○日　○地方法務局　○出張所御中
　上記の登記原因のとおり相違ありません。
　　　　　　　　　　　　受託者　　○市○町○丁目○番○号
　　　　　　　　　　　　　　甲　　　　　某　㊞

　　　　　　　　　　　　委託者　　○市○町○丁目○番○号
　　　　　　　　　　　　　　乙　　　　　某　㊞

不動産の表示（省略）
信託目録に記録すべき情報
1　委託者に関する事項
　　　○市○町○丁目○番○号
　　　乙　某
2　受託者に関する事項
　　　○市○町○丁目○番○号
　　　甲　某
3　受益者に関する事項等
　　　受益者
　　　○市○町○丁目○番○号
　　　丙　某
4　信託条項

(1)　信託の目的

本信託の目的は、受託者が、信託財産を受益者のために管理、運用及び処分をすること。

(2)　信託財産の管理方法

受託者は、受益者の指図に従い、信託不動産の管理・運用・処分及びその他の当該目的の達成のために必要な行為を行う権限を有する。

(3)　信託の終了の事由

本信託は、次の各号のいずれかに該当したときは終了する。

i　信託期間が満了したとき。

本契約は令和○年○月○日から令和○年○月○日までとする。ただし、受益者から信託終了日の3か月前までに信託期間延長の申し入れがあり、受託者がこれを承諾したときには、信託期間は延長される。

ii　信託不動産を売却したとき。

(4)　その他の信託の条項

i　受益権は、これを分割することができない。

ii　受益者は、受託者の事前の承諾を得なければ、受益権を譲渡または質入れをすることができない。

iii　受託者は、受益者の同意を得たときに辞任をすることができる。ただし、受益者の同意は書面によらなければならない。

なお、この受託者辞任の効力は、新受託者が就任することで生じる。

iv　残余財産の帰属

信託が終了した場合には、信託財産は信託終了時の受益者に帰属させる。

登記記録例　　**所有権移転及び信託の場合（受託者が1人の場合）**

権利部（甲区）	（所有権に関する事項）		
順位番号	登記の目的	受付年月日・受付番号	権利者その他の事項
2	所有権移転	令和○年○月○日 第○号	原因　令和○年○月○日売買 所有者　○市○町○丁目○番○号 　　　　乙　某
3	所有権移転	令和○年○月○日 第○号	原因　令和○年○月○日信託 受託者※1 ○市○町○丁目○番○号 　　　　甲　某
	信託	余白	信託目録第○号※2

※1　原因が信託の場合、権利者の表示は「受託者」となります。

※２　信託登記の内容は、信託目録によって公示されるので、登記簿には信託目録の番号を記録します。その場合、信託目録の番号は不動産ごとに異なる番号が記録されます。

信託目録記録例

信　託　目　録		調製	令和○年○月○日
番　号	受付年月日・受付番号	予　備	
第○号	令和○年○月○日 第○○○○号	余白	
1　委託者に関する事項	○市○町○丁目○番○号 　乙　某		
2　受託者に関する事項	○市○町○丁目○番○号 　甲　某		
3　受益者に関する事項等	受益者　○市○町○丁目○番○号 　丙　某		
4　信託条項	(1)　信託の目的 　本信託の目的は、受託者が、信託財産を受益者のために管理、運用及び処分をすること。 (2)　信託財産の管理方法 　受託者は、受益者の指図に従い、信託不動産の管理・運用・処分及びその他の当該目的の達成のために必要な行為を行う権限を有する。 (3)　信託の終了の事由 　本信託は、次の各号のいずれかに該当したときは終了する。 ⅰ　信託期間が満了したとき。 　本契約は令和○年○月○日から令和○年○月○日までとする。ただし、受益者から信託終了日の３か月前までに信託期間延長の申し入れがあり、受託者がこれを承諾したときには、信託期間は延長される。 ⅱ　信託不動産を売却したとき。 (4)　その他の信託の条項 ⅰ　受益権は、これを分割することができない。		

	ⅱ　受益者は、受託者の事前の承諾を得なければ受益権を譲渡または質入れをすることができない。 ⅲ　受託者は、受益者の同意を得たときに辞任をすることができる。ただし、受益者の同意は書面によらなければならない。※ 　なお、この受託者辞任の効力は、新受託者が就任することで生じる。 ⅳ　残余財産の帰属 　信託が終了した場合には、信託財産は信託終了時の受益者に帰属させる。

※　受託者は委託者と受益者の同意を得て辞任することができます（信託法57条1項本文）。ただし、信託行為に別段の定めがあるときは、その定めるところによる、とされています（同条ただし書）。したがって、本見本のように別段の定めがあるときは記載するのがよいでしょう。

3 所有権移転と信託（受託者が2人以上の場合）

1. はじめに

(1) 信託財産の合有

受託者が複数いるということは、信託財産を共同で受託する場合です。この場合の信託財産は合有となります（信託法79条）。

合有の性質は次のようなものとされています。

① 共同受託者は、他人のために行動すべき義務を負い、信託財産に対して、固有の利益を持たない。

② 共同受託者は、それぞれ信託財産の分割を請求することができない。

③ 持分があるとしてこれを譲渡したりすることができない。

④ 共同受託者は持分を持たないのであるから、共同受託者の一部が死亡しても、持分権の相続は起こらず、信託財産は、残りの受託者に当然に帰属する。

(2) 信託事務の処理方法

受託者が複数いる場合の信託の事務処理は、原則として受託者の過半数をもって決することとされています（信託法80条1項）。ただし、保存行為については各受託者が単独で決することができます（同条2項）。

信託事務の処理について決定がされた場合には、各受託者は単独で、決定に基づいて信託事務を執行することができます（同条3項）。なお、信託行為について、共同受託者間に職務の分掌に関する規定がある場合には、各受託者は、その定めに従い、自己の担当する職務の範囲内で独立して信託事務の処理を決し、執行することができます（同条4項）。そして、信託事務の処理の決定に基づく信託財産のためにする行為については、各受託者は、他の受託者を代理する権限を有します（同条5項）。なお、以上の規定にかかわらず、信託行為に別段の定めがあるときは、その定めるところによります。

共同受託者に対する第三者の意思表示は、受託者の1人に対してすれ

ば足ります。ただし、受益者の意思表示については、信託行為に別段の定めがあるときは、その定めるところによります（同条7項）。

2．登記申請手続

(1)　申請人

　所有権移転登記については、当該不動産の所有権の登記名義人である委託者が登記義務者となり、受託者全員が登記権利者となって共同で申請します。信託の登記は、受託者が単独で申請することができます（法98条2項）。

(2)　申請情報

　申請情報として申請書に次の事項を記載します。

① **登記の目的**（令3条5号）

　　登記の目的は「所有権移転（合有）及び信託」とします。

② **登記原因およびその日付**（令3条6号）

　　登記の原因日付は「令和○年○月○日信託」で、その日付は信託契約成立の日です。

③ **申請人の表示**（令3条1号、2号）

　ⅰ　権利者兼信託登記申請人の表示

　　　登記権利者および信託登記の申請人である受託者全員の氏名または名称および住所を記載します。受託者が法人の場合には、その代表者の氏名も記載します。また、会社法人等番号を有する法人であるときは、その会社法人等番号も記載します。

　　　なお、持分の記載はしません。なぜなら、共同受託者の関係は「合有」とされているため、持分の概念が存在しないからです（昭和38年5月17日民甲第1423号民事局長回答）。

　ⅱ　義務者の表示

　　　登記義務者として、委託者である所有権の登記名義人の氏名または名称および住所を記載します。委託者が法人の場合には、その代表者の氏名も記載します。また、会社法人等番号を有する法人であ

るときは、その会社法人等番号も記載します。

④　**添付情報の表示**（規則 34 条 1 項 6 号）

添付する情報を記載します。

⑤　**登記識別情報の通知の送付を希望する場合には、その旨を記載します。**

⑥　**登記識別情報の通知を希望しない場合には、その旨を記載します。**

⑦　**申請の年月日**（同 7 号）

⑧　**登記所の表示**（同 8 号）

⑨　**代理人の住所、氏名**（令 3 条 3 号）

代理人によって登記を申請するときは、その代理人の氏名または名称および住所、代理人が法人であるときはその代表者の氏名、また、会社法人等番号を有する法人であるときは、その会社法人等番号も記載します。

⑩　**申請人または代理人の電話番号その他の連絡先**（規則 34 条 1 項 1 号）

⑪　**課税価格および登録免許税額の表示**（規則 189 条 1 項）

課税価格（不動産の価額）と登録免許税額を記載します。

⑫　**不動産の表示**（令 3 条 7 号、8 号）

不動産の表示は、登記事項証明書の記載と符合するように記載します。ただし、不動産番号を記載した場合には、土地の場合は、土地の所在、地番、地目および地積の記載を省略できます。建物の場合は、建物の所在と土地の地番、家屋番号、建物の種類、構造および床面積の記載を省略できます（令 6 条 1 項）。

（3）　添付情報

添付情報として次の情報（書面）を提供します。

①　**登記原因証明情報**（令別表の 30 の項添付情報欄イ、同 65 の項添付情報欄ロ）

登記原因証明情報とは、登記の原因となった事実または法律行為およびこれに基づき現に権利変動が生じたことを証する情報をいいます。

信託に関する登記については、信託行為が信託契約の場合には、信託契約書または信託契約の内容が記載されている、いわゆる報告形式

の登記原因証明情報を提供します。

② **登記識別情報または登記済証**（法 22 条）

登記義務者が所有権の保存または移転の登記をして登記名義人となったときに通知または交付を受けた登記識別情報または登記済証を提供します。

③ **印鑑証明書**

登記義務者である所有権の登記名義人の印鑑証明書を提供します。

登記義務者が個人の場合は、市区町村長の作成した印鑑証明書となります。登記義務者が会社等の法人の場合は、登記官の作成した当該法人の代表者の印鑑証明書となります。これらの印鑑証明書は、作成後 3 か月以内のものでなければなりません（令 16 条 2 項、3 項）。

ただし、会社法人等番号を有する法人の場合において会社法人等番号を申請書に記載した場合であり、かつ、登記官が記名押印した者の印鑑に関する証明書を作成することが可能である場合には、印鑑証明書の提供は必要ありません（規則 48 条 1 号）。

④ **住所証明情報**（令別表の 30 の項添付情報欄ハ）

登記名義人となる者の住所を証する市区町村長または登記官その他の公務員が職務上作成した証明書を提供します。

具体的には、自然人の場合は、市区町村長の作成した「住民票の写し」、「住民票記載事項証明書」または「戸籍の附票の写し」です。

法人の場合は、登記官が作成した法人の登記事項証明書を提供します。ただし、会社法人等番号を有する法人の場合において会社法人等番号を提供した場合には、住所証明情報を提供する必要はありません（令 9 条、規則 36 条 4 項）。

⑤ **信託目録に記録すべき情報**（令 15 条、令別表 65 の項添付情報欄ハ）

信託の登記の申請を書面申請によりするときは、申請人は信託目録に記録すべき情報を記載した書面（当該情報が電磁的記録で作成されている場合は、当該添付情報を記録した磁気ディスクを含む）を提供します。

⑥ **会社法人等番号**（令 7 条 1 項 1 号イ）

申請人が会社法人等番号を有する法人であるときは、会社法人等番号を提供します。ただし、作成後 3 か月以内の当該法人の代表者の資

格を証する登記事項証明書または支配人等の権限を証する登記事項証明書を提供したときは、会社法人等番号の提供は要しません（規則36 条 1 項、2 項）。

⑦　**代理権限証明情報**

　　代理人によって登記を申請するときは、当該代理人の権限を証する情報を提供します（令 7 条 1 項 2 号）。たとえば、委任状などです。

⑧　**固定資産の評価証明書**

　　法定の添付情報ではありませんが、登録免許税を計算するために必要なため、市区町村が発行している「固定資産の評価証明書」を提供しているのが実情です。

(4)　登録免許税

①　**所有権移転登記**

　　所有権移転登記については、非課税です（登録免許税法 7 条 1 項 1 号）。その場合には、申請書に免除の根拠となる法令の条項を記載します（規則 189 条 2 項）。

②　**信託の登記**

　　不動産の価額の 1000 分の 4 となります（登録免許税法別表第 1、1、⑩イ）。ただし、土地に関する所有権の信託の登記については、租税特別措置法 72 条 1 項 2 号の軽減の規定があり、令和 8 年 3 月 31 日までは、税率は 1000 分の 3 になります。その場合には、申請書に軽減の根拠となる法令の条項を記載します（規則 189 条 3 項）。

申請書見本

```
　　　　　　　　　　登 記 申 請 書

登記の目的　　所有権移転（合有）及び信託
原　　　因　　令和○年○月○日信託
権利者兼信託登記申請人
　　　　　　　○市○町○丁目○番○号
　　　　　　　　株式会社　A
　　　　　　　（会社法人等番号 123456789012）
　　　　　　　　代表取締役　甲　某
```

```
              ○市○町○丁目○番○号
              株式会社　B
           (会社法人等番号 123456789023)
              代表取締役　乙　某
義 務 者     ○市○町○丁目○番○号
              丙　某
```

添 付 情 報
登記原因証明情報　　登記識別情報　　印鑑証明書
住所証明情報　　代理権限証明情報　　信託目録に記録すべき情報
会社法人等番号

登記完了後に通知される登記識別情報通知書・登記完了証・還付される添付情報は代理人の住所に送付を希望します。[※1]

令和○年○月○日　　○地方法務局○出張所
代 理 人　　○市○町○丁目○番○号
　　　　　　　　○　○　○　○　㊞
　　　　　　　　連絡先の電話番号　○○○ - ○○○○ - ○○○○
課 税 価 格　　金○○, 000 円[※2]
登録免許税　　金○, ○00 円[※3]
　　移転分　　登録免許税法7条1項1号により非課税
　　信託分　　金○円
不動産の表示（省略）

※1　登記識別情報の通知は、登記所の窓口または送付によって受領することができます。送付を希望する場合には、その旨と送付先を記載します。窓口で受領する場合には何も記載する必要はありません。

※2　固定資産の評価証明書に記載されている不動産の価格のうち、1,000円未満の端数を切り捨てた金額を記載します。

※3　課税価格に所定の税率（1000分の4または1000分の3）を掛けて出てきた金額のうち、100円未満の端数を切り捨てた金額を記載します。

登記記録例　　所有権移転及び信託の場合（受託者が2人以上の場合）

権利部（甲区）　　（所有権に関する事項）			
順位番号	登記の目的	受付年月日・受付番号	権利者その他の事項
2	所有権移転	令和○年○月○日 第○号	原因　令和○年○月○日売買 所有者　○市○町○丁目○番○号 　　　　丙　某
3	所有権移転 （合有）[※1]	令和○年○月○日 第○号	原因　令和○年○月○日信託 受託者[※2]○市○町○丁目○番○号 　　　　株式会社　A 　　　　○市○町○丁目○番○号 　　　　株式会社　B
	信託	余白	信託目録第○号

※1　所有権移転（合有）と記録します。

※2　原因が信託の場合、権利者の表示は「受託者」となります。なお、持分は記録しません。

信託目録記録例　　受託者が2人以上の場合

信　託　目　録		調製	令和○年○月○日
番　号	受付年月日・受付番号	予　　備	
第○号	令和○年○月○日 第○号	余白	
1　委託者に関する事項	○市○町○丁目○番○号 　　丙　某		
2　受託者に関する事項	○市○町○丁目○番○号 　　株式会社　A ○市○町○丁目○番○号 　　株式会社　B		
3　受益者に関する事項等	受益者　○市○町○丁目○番○号 　　乙　某		
4　信託条項	（事項省略）		

④　所有権移転と信託（遺言信託）

１.はじめに

　遺言信託は、原則として遺言の効力の発生によってその効力が発生します（信託法４条２項、４項）。したがって、受託者が指定されていない場合においても遺言の効力が発生したときには遺言信託の効力が発生します。

　なぜならば、そう考えないと、当初信託財産に属するものとして定められた財産が通常の相続のルールに従って相続人に帰属してしまうところ、そのような結果を避けなければならないからである、とされています（道垣内69頁）。

　遺言によって受託者となるべき者として指定された者が信託を引き受けるか否かは、その者の自由ですが、いつまでも受託者が定まらないのでは受益者にとっては困った状態です。そこで、信託法は、次のような定めをしています。

（1）　遺言に受託者となるべき者を指定する定めがあるとき

　利害関係人は、受託者となるべき者として指定された者に対し、相当の期間を定めて、その期間内に信託の引受けをするかどうかを確答すべき旨を催告することができます（信託法５条１項）。ただし、この定めに停止条件または始期が付されているときは、停止条件が成就し、または始期が到来した後に信託の引受けをするかどうかを確答すべき旨を催告することができます。

　ここでいう利害関係人とは、遺言信託の設定について法律上の利害関係を有する者をいいます。具体的には、「遺言をした者の相続人」、「遺言執行者」、「遺言信託において受益者となるべき者として指定された者」等が含まれるとされています（寺本49頁）。

　催告があった場合において、受託者となるべき者として指定された者が、上記期間内に委託者の相続人に対し確答しないときは、信託の引受けをしなかったものとみなされます（同条２項）。もし、委託者の相続

人が現に存しない場合には、受益者（受益者が２人以上の場合には、その１人）または信託管理人が現に存する場合には信託管理人に対し確答をしないときは、信託の引受けをしなかったものとみなされます（同条３項）。

(2)　遺言に受託者となるべき者を指定する定めがないとき、または引受けをしないとき

遺言に受託者の指定に関する定めがないとき、または、受託者となるべき者として指定された者が信託の引受けをしない場合もしくはこれをすることができない場合は、裁判所は、利害関係人の申立てにより、受託者を選任することができます（信託法６条１項）。

この受託者の選任の裁判に対しては、受益者またはすでに存する受託者は、即時抗告をすることができます（同条３項）。この即時抗告は、執行停止の効力を有します（同条４項）。

２. 登記申請手続

(1)　申　請　人

所有権移転登記については、当該不動産の所有権の登記名義人である委託者が登記義務者となり、受託者が登記権利者となって共同で申請します。信託の登記は、受託者が単独で申請することができます（法98条２項）。

しかし、委託者はすでに死亡しているため、実際には、遺言書で遺言執行者の定めがある場合には、遺言執行者が登記申請人となります。

遺言執行者の定めがない場合には、利害関係人の請求により裁判所が選任した遺言執行者が登記申請人となります。

なお、遺言信託の場合には、委託者の相続人は、信託行為に別段の定めがない限り、委託者の地位を相続により承継しませんので、相続人が登記義務者となることは少ないでしょう。

(2)　申請情報

申請情報として申請書に次の事項を記載します。

① **登記の目的**（令３条５号）

登記の目的は「所有権移転及び信託」とします。

② **登記原因およびその日付**（令３条６号）

登記の原因日付は「令和○年○月○日遺言信託」で、その日付は遺言の効力の発生した日となります。通常は、委託者の死亡した日となります。

③ **申請人の表示**（令３条１号、２号）

ⅰ　権利者兼信託登記申請人の表示

登記権利者および信託登記の申請人である受託者の氏名または名称および住所を記載します。受託者が法人の場合には、その代表者の氏名も記載します。また、会社法人等番号を有する法人であるときは、その会社法人等番号も記載します。

ⅱ　義務者の表示

登記義務者として、委託者である所有権の登記名義人の氏名または名称および住所を記載します。

委託者がすでに死亡しているので、遺言執行者の氏名または名称および住所を記載します。

④ **添付情報の表示**（規則34条１項６号）

添付する情報を記載します。

⑤ 登記識別情報の通知の送付を希望する場合には、その旨を記載します。

⑥ 登記識別情報の通知を希望しない場合には、その旨を記載します。

⑦ **申請の年月日**（同７号）

⑧ **登記所の表示**（同８号）

⑨ **代理人の住所、氏名**（令３条３号）

代理人によって登記を申請するときは、その代理人の氏名または名称および住所、代理人が法人であるときはその代表者の氏名、また、会社法人等番号を有する法人であるときは、その会社法人等番号も記載します。

⑩　申請人または代理人の電話番号その他の連絡先（規則34条1項1号）

⑪　課税価格および登録免許税額の表示（規則189条1項）

　　課税価格（不動産の価額）と登録免許税額を記載します。

⑫　不動産の表示（令3条7号、8号）

　　不動産の表示は、登記事項証明書の記載と符合するように記載します。ただし、不動産番号を記載した場合には、土地の場合は、土地の所在、地番、地目および地積の記載を省略できます。建物の場合は、建物の所在と土地の地番、家屋番号、建物の種類、構造および床面積等の記載を省略できます（令6条1項）。

(3)　添付情報

添付情報として次の情報（書面）を提供します。

①　登記原因証明情報（令別表の30の項添付情報欄イ、同65の項添付情報欄ロ）

　　登記原因証明情報とは、登記の原因となった事実または法律行為およびこれに基づき現に権利変動が生じたことを証する情報をいいます。

　　遺言信託の場合は、遺言書と委託者の死亡を証する戸籍事項証明書（戸籍謄本または抄本）を提供します。また、委託者の住所が本籍と異なる場合には、「住民票の除票の写し（本籍の記載のあるもの）」または「戸籍の附票の写し（戸籍の表示のあるもの）」を提供します。

②　登記識別情報または登記済証（法22条）

　　登記義務者（遺言者）が所有権の保存または移転の登記をして登記名義人となったときに通知または交付を受けた登記識別情報または登記済証を提供します。

③　印鑑証明書

　　遺言執行者の印鑑証明書を提供します。

　　遺言執行者が個人の場合は、市区町村長の作成した印鑑証明書となります。遺言執行者が会社等の法人の場合は、登記官の作成した当該法人の代表者の印鑑証明書となります。これらの印鑑証明書は、作成後3か月以内のものでなければなりません（令16条2項、3項）。

④　住所証明情報（令別表の30の項添付情報欄ハ）

　　受託者の住所を証する市区町村長または登記官その他の公務員が職

務上作成した証明書を提供します。

　具体的には、自然人の場合は、市区町村長の作成した「住民票の写し」、「住民票記載事項証明書」または「戸籍の附票の写し」です。

　法人の場合は、登記官が作成した法人の登記事項証明書を提供します。ただし、会社法人等番号を有する法人の場合において会社法人等番号を提供した場合には、住所証明情報を提供する必要はありません（令９条、規則36条４項）。

⑤　**信託目録に記録すべき情報**（令15条、令別表の65の項添付情報欄ハ）

　信託の登記の申請を書面申請によりするときは、申請人は信託目録に記録すべき情報を記載した書面（当該情報が電磁的記録で作成されている場合は、当該添付情報を記録した磁気ディスクを含む）を提供します。

⑥　**会社法人等番号**（令７条１項１号イ）

　申請人が会社法人等番号を有する法人であるときは、会社法人等番号を提供します。ただし、作成後３か月以内の当該法人の代表者の資格を証する登記事項証明書または支配人等の権限を証する登記事項証明書を提供したときは、会社法人等番号の提供は要しません（規則36条１項、２項）。

⑦　**代理権限証明情報**

　代理人によって登記を申請するときは、当該代理人の権限を証する情報を提供します（令７条１項２号）。たとえば、委任状などです。

　遺言によって遺言執行者が選任されている場合には、遺言書と委託者の死亡を証する戸籍事項証明書が遺言執行者の代理権限証明情報となります。

　家庭裁判所が遺言執行者を選任したときは、その選任を証する審判書の謄本を提供します。なお、審判書から信託する物件が特定できない場合には、遺言書も提供します。

⑧　**固定資産の評価証明書**

　法定の添付情報ではありませんが、登録免許税を計算するために必要なため、市区町村が発行している「固定資産の評価証明書」を提供しているのが実情です。

(4)　登録免許税

①　所有権移転登記

　　所有権移転登記については、非課税です（登録免許税法７条１項１号）。その場合には、申請書に免除の根拠となる法令の条項を記載します（規則189条２項）。

②　信託の登記

　　不動産の価額の1000分の４となります（登録免許税法別表第１、１、⑽イ）。ただし、土地に関する所有権の信託の登記については、租税特別措置法72条１項２号の軽減の規定があり、令和８年３月31日までは、税率は1000分の３になります。その場合には、申請書に軽減の根拠となる法令の条項を記載します（規則189条３項）。

申請書見本

　　　　　　　　　　登　記　申　請　書

登記の目的　　　所有権移転及び信託
原　　　因　　　令和○年○月○日遺言信託
権利者兼信託登記申請人
　　　　　　　　　○市○町○丁目○番○号
　　　　　　　　　甲　某
義　務　者　　　○市○町○丁目○番○号
　　　　　　　　　乙　某
上記遺言執行者　○市○町○丁目○番○号
　　　　　　　　　丙　某

添　付　情　報
登記原因証明情報　　登記識別情報　　印鑑証明書
住所証明情報　　代理権限証明情報　　信託目録に記録すべき情報

登記完了後に通知される登記識別情報通知書・登記完了証・還付される添付情報は代理人の住所に送付を希望します。[※1]
令和○年○月○日　　○地方法務局○出張所
代　理　人　　○市○町○丁目○番○号
　　　　　　　　○　○　○　○　㊞
　　　　　　　　連絡先の電話番号　○○○ - ○○○○ - ○○○○

課 税 価 格　　金○○，000 円※2
登録免許税　　金○，○00 円※3
　　　移転分　　登録免許税法 7 条 1 項 1 号により非課税
　　　信託分　　金○円　租税特別措置法 72 条 1 項 2 号
不動産の表示（省略）

※1　登記識別情報の通知は、登記所の窓口または送付によって受領することができます。送付を希望する場合には、その旨と送付先を記載します。窓口で受領する場合には何も記載する必要はありません。

※2　固定資産の評価証明書に記載されている不動産の価格のうち、1,000 円未満の端数を切り捨てた金額を記載します。

※3　課税価格に所定の税率（1000 分の 4 または 1000 分の 3）を掛けて出てきた金額のうち、100 円未満の端数を切り捨てた金額を記載します。

信託目録記録に記録すべき情報の見本　　所有権移転及び信託

以下の文例はあくまでも参考のためのものです。

信託目録に記録すべき情報

1　委託者に関する事項
　　　○市○町○丁目○番○号
　　　乙　某
2　受託者に関する事項
　　　○市○町○丁目○番○号
　　　甲　某
3　受益者に関する事項等
　　　○市○町○丁目○番○号
　　　丁　某
4　信託条項
　（1）信託の目的
　　　本信託は、信託財産を管理・運用して受益者の生活の安定をはかることを目的とする。
　（2）信託財産の管理方法
　　　受託者は、信託財産を運用し、その収益をもって、受益者の生活の資とする。また、受託者は信託財産の保存、管理に必要な処置を行い、軽微な修繕が必要な場合は、自らの裁量で行うことができる。
　（3）信託の終了の事由
　　　次のいずれかが生じた場合には終了する。

ⅰ　受益者が死亡したとき。

ⅱ　信託財産が消滅したとき。

(4)　その他の信託の条項

ⅰ　受益者は、受託者の同意がない限り、受益権を譲渡または質
入れその他の担保設定をすることができない。

ⅱ　受託者は、受益者の書面による同意がある場合には辞任でき
る。

ⅲ　受託者が死亡した場合には、次の者を後継受託者とする。
　　○市○町○丁目○番○号　丁　某

ⅳ　残余財産の帰属
　　受益者死亡により信託が終了した場合には、信託財産は信託
終了時の受託者に帰属させる。

登記記録例　**所有権移転及び信託の場合（遺言信託の場合）**

権利部（甲区）	（所有権に関する事項）		
順位番号	登記の目的	受付年月日・受付番号	権利者その他の事項
2	所有権移転	令和○年○月○日第○号	原因　令和○年○月○日売買 所有者　○市○町○丁目○番○号 　　　　乙　某
3	所有権移転	令和○年○月○日第○号	原因　令和○年○月○日遺言信託 受託者[※1]　○市○町○丁目○番○号 　　　　甲　某
	信託	余白	信託目録第○号[※2]

※１　権利者の表示は「受託者」となります。

※２　信託登記の内容は、信託目録によって公示されるので、登記簿には信託目録の番号を記録します。その場合、信託目録の番号は不動産ごとに異なる番号が記録されます。

5　自己信託による登記

1．はじめに

　自己信託は、委託者が自己を受託者とする信託であり、受益者を他人とする場合もありますが、自己を受益者とすることもできます。ただし、確定日付による委託者（受託者）兼当初受益者の信託設定はできないとされています（遠藤 326 頁）。

　なお、受託者が受益権の全部を固有財産で有する状態が1年間継続したときには、信託は終了します（信託法 163 条 2 号）。

　自己信託は、公正証書等の書面または電磁的記録に、法定要件事項を含む信託事務処理に必要な事項を記載等することによって委託者兼受託者が単独で行います。

　具体的には次の事項を記載等します（信託法施行規則 3 条）。

① 信託の目的
② 信託をする財産を特定するために必要な事項
③ 自己信託をする者の氏名または名称および住所
④ 受益者の定め（受益者を定める方法の定めを含む）
⑤ 信託財産に属する財産の管理または処分の方法
⑥ 信託行為に条件または期限を付すときは、条件または期限に関する定め
⑦ 信託法 163 条 9 号の事由[※]（当該事由を定めない場合にあっては、その旨）
⑧ 前各号に掲げるもののほか、信託の条項

　[※]　信託法 163 条 9 号の事由とは、信託行為において定めた信託の終了事由のことです。

2．登記申請手続

　自己信託により委託者固有の不動産が信託財産となった場合でも、委託者と受託者が同一であり、また受託者の固有財産を信託財産に変更することから、権利の移転の登記ではなく、自己信託による権利の変更登

記を申請することになります。

　自己信託による信託の登記は、権利の変更登記と同時に申請します（法98 条 1 項）。この自己信託による権利の変更登記は、受託者が単独で申請します（同条 3 項）。

（1）　申請人

現在の所有権の登記名義人が申請人となります。

（2）　申請情報

申請情報として申請書に次の事項を記載します。

① 　登記の目的（令 3 条 5 号）
　登記の目的は「信託財産となった旨の登記及び信託」とします。

② 　登記原因およびその日付（令 3 条 6 号）
　登記の原因日付は「令和○年○月○日自己信託」とします。

　その日付は、登記原因証明情報が公正証書または公証人の認証を受けた書面もしくは電磁的記録によってされる場合には、公正証書等が作成された日（信託法 4 条 3 項 1 号）。

　公正証書等以外の書面または電磁的記録によってされる場合には、受益者となるべき者として指定された第三者（この第三者が 2 人以上ある場合にあっては、その 1 人）に対する確定日付のある証書による当該信託がされた旨およびその内容の通知がされた日となります（同2 号）。

③ 　申請人の表示（令 3 条 1 号）
　申請人兼受託者として、所有権の登記名義人の氏名または名称および住所を記載します。

④ 　添付情報の表示（規則 34 条 1 項 6 号）
　添付する情報を記載します。

⑤ 　申請の年月日（同 7 号）

⑥ 　登記所の表示（同 8 号）

⑦ 　代理人の住所、氏名（令 3 条 3 号）
　代理人によって登記を申請するときは、その代理人の氏名または名称および住所、代理人が法人であるときはその代表者の氏名、また、

会社法人等番号を有する法人であるときは、その会社法人等番号も記載します。

⑧　**申請人または代理人の電話番号その他の連絡先**（規則34条1項1号）

⑨　**課税価格および登録免許税額の表示**（規則189条1項）

　　課税価格（不動産の価額）と登録免許税額を記載します。

⑩　**不動産の表示**（令3条7号、8号）

　　不動産の表示は、登記事項証明書の記載と符合するように記載します。ただし、不動産番号を記載すれば、土地の場合は、土地の所在、地番、地目および地積の記載を省略できます。建物の場合は、建物の所在と土地の地番、家屋番号、建物の種類、構造および床面積等の記載を省略できます（令6条1項）。

(3)　添付情報

　　添付情報として次の情報（書面）を提供します。

①　**登記原因証明情報**（令別表の65の項添付情報欄イ）

　　信託法4条3項1号に規定する公正証書等（公正証書については、その謄本）または同項2号の書面もしくは電磁的記録および同号の通知をしたことを証する情報。

②　**登記識別情報または登記済証**（令8条1項8号）

　　申請人（受託者）が所有権の保存または移転の登記をして登記名義人になったときに通知または交付を受けた登記識別情報または登記済証を提供します。

③　**印鑑証明書**（令16条2項、3項）

　　申請人である所有権の登記名義人の印鑑証明書を提供します。申請人が個人の場合は、市区町村長が作成した印鑑証明書を提供します。申請人が法人の場合は、登記所発行の法人代表者の印鑑証明書を提供します。

　　なお、これらの印鑑証明書は、作成後3か月以内のものでなければなりません。

　　ただし、申請人が会社法人等番号を有する法人であるときは、会社法人等番号を提供した場合には、印鑑証明書の提供は要しません（規則48条1項）。

④　**信託目録に記録すべき情報**（令15条、令別表の65の項添付情報欄ハ）

　　信託の登記の申請を書面申請によりするときは、申請人は信託目録に記録すべき情報を記載した書面（当該情報が電磁的記録で作成されている場合には、当該添付情報を記録した磁気ディスクを含む）を提供します。

⑤　**会社法人等番号**（令7条1項1号イ）

　　申請人が会社法人等番号を有する法人であるときは、会社法人等番号を提供します。ただし、作成後3か月以内の当該法人の代表者の資格を証する登記事項証明書または支配人等の権限を証する登記事項証明書を提供したときは、会社法人等番号の提供は要しません（規則36条1項、2項）。

⑥　**代理権限証明情報**（令7条1項2号）

　　代理人によって登記を申請するときは、当該代理人の権限を証する情報を提供します。たとえば、委任状などです。

⑦　**固定資産の評価証明書**

　　法定の添付情報ではありませんが、登録免許税を計算するのに必要なため、市区町村が発行している「固定資産の評価証明書」を提供しているのが実情です。

（4）　登録免許税

　権利の変更登記として不動産1個につき1,000円となります（登録免許税法別表第1、1、⑭）。

　信託登記は不動産の価額の1000分の4となります（同法別表第1、1、⑩イ）。ただし、土地に関する所有権の信託登記については、令和8年3月31日までは租税特別措置法72条1項2号の軽減の規定により税率は1000分の3になります。その場合には、申請書に軽減の根拠となる法令の条項を記載します（規則189条3項）。

申請書見本

登　記　申　請　書

登記の目的　　信託財産となった旨の登記及び信託
原　　　因　　令和○年○月○日自己信託
申請人兼受託者
　　　　　　　○市○町○丁目○番○号
　　　　　　　　甲　某
添付情報
　　登記原因証明情報※１　　登記識別情報　　印鑑証明書
　　代理権限証明情報　　信託目録に記録すべき情報

登記完了後に通知される登記識別情報通知書・登記完了証・還付される添付情報は代理人の住所に送付を希望します。※２
令和○年○月○日　　　○地方法務局○出張所
代　理　人　　○市○町○丁目○番○号
　　　　　　　○　○　○　○　印
　　　　　　　連絡先の電話番号　○○○ - ○○○○ - ○○○○
課税価格　　金○○，000 円※３
登録免許税　金○，○00 円※４
　変更分　　金○円※５
　信託分　　金○円※６
不動産の表示（省略）

※１　信託法４条３項１号に規定する公正証書または公証人の認証を受けた書面もしくは電磁的記録（以下「公正証書等」という）の場合は公正証書等。公正証書等以外の書面または電磁的記録によってされた場合は、同項２号の書面または電磁的記録と受益者となるべき者として指定された第三者（当該第三者が２人以上ある場合にあっては、その１人）に対して通知をしたことを証する情報（令別表の 65 の項添付情報欄イ、同 66 の３の項添付情報欄）。

※２　登記識別情報の通知は、登記所の窓口または送付によって受領することができます。送付を希望する場合には、その旨と送付先を記載します。窓口で受領する場合には何も記載する必要はありません。

※３　固定資産の評価証明書に記載されている不動産の価格のうち、1,000 円未満の端数を切り捨てた金額を記載します。

※４　権利の変更登記分と信託登記分の金額の合計金額のうち、100 円未満の端数を切り捨てた金額を記載します。

※５　権利の変更登記は不動産１個について 1,000 円となります（登録免許税法別表第 1、1、(14)）

※6 不動産の価額の 1000 分の 4 となります（登録免許税法別表第 1、1、⑽イ）。ただし、土地に関する所有権の信託の登記については、租税特別措置法 72 条 1 項 2 号の軽減の規定があり、令和 8 年 3 月 31 日までは、税率は 1000 分の 3 になります。その場合には、申請書に軽減の根拠となる法令の条項を記載します（規則 189 条 3 項）。

登記記録例　自己信託の場合

権利部（甲区）　　（所有権に関する事項）			
順位番号	登記の目的	受付年月日・受付番号	権利者その他の事項
2	所有権移転	令和○年○月○日第○号	原因　令和○年○月○日売買 所有者　○市○町○丁目○番○号 　　　　甲　某
3	信託財産となった旨の登記	令和○年○月○日第○号	原因　令和○年○月○日自己信託 受託者　○市○町○丁目○番○号 　　　　甲　某
	信託	余白	信託目録第○号

登記記録例　自己信託の場合（持分の一部のみを信託財産とした場合）

権利部（甲区）　　（所有権に関する事項）			
順位番号	登記の目的	受付年月日・受付番号	権利者その他の事項
2	所有権移転	令和○年○月○日第○号	原因　令和○年○月○日売買 所有者　○市○町○丁目○番○号 　　　　甲　某
3	甲某持分2分の1が信託財産となった旨の登記	令和○年○月○日第○号	原因　令和○年○月○日自己信託 受託者　○市○町○丁目○番○号 　　　　甲　某 （受託者持分2分の1）
	信託	余白	信託目録第○号

6　後継ぎ遺贈型信託

1．はじめに

　後継ぎ遺贈型信託（または「後継ぎ遺贈型受益者連続信託」ともいう）とは、受益者の死亡によって、当該受益者の有する受益権が消滅し、他の者が新たに受益権を取得する旨の定めのある信託です（信託法91条）。

　たとえば、委託者Aと妻Bとの間に子がいない場合で、Aは、残されたBの生活を考えてBに財産を残しておきたいと考えており、また、B亡き後は、自己の弟Cに財産を譲りたいと考えているとします。

　この場合は、委託者Aが、第一次受益者となり、Aが死亡したときはBが第二次受益者となり、Bが死亡したときはCが第三次受益者となるように当該不動産につき受益権を承継させることによって、実質的に後継ぎ遺贈[1]の効果を実現するものです。後継ぎ遺贈型信託において、第二次以降の受益者は、先順位の受益者からその受益権を承継取得するのではなく、委託者から直接に受益権を取得するものと法律構成されます（寺本260頁）。

※1　後継ぎ遺贈とは、たとえば、被相続人Aの死亡後、その財産を妻Bに遺贈するが、妻Bの死亡後は甥のCに遺贈させるというような遺贈のことです。後継ぎ遺贈については、民法上、無効とする見解が有力です。

※2　（受益者の死亡により他の者が新たに受益権を取得する旨の定めのある信託の特例）

信託法91条　受益者の死亡により、当該受益者の有する受益権が消滅し、他の者が新たな受益権を取得する旨の定め（受益者の死亡により順次他の者が受益権を取得する旨の定めを含む。）のある信託は、当該信託がされた時から30年を経過した時以後に現に存する受益者が当該定めにより受益権を取得した場合であって当該受益者が死亡するまで又は当該受益権が消滅するまでの間、その効力を有する。

2．有効期間

　後継ぎ遺贈型信託は、信託設定後30年を経過した後は、受益権の新たな取得は一度しか認められません（信託法91条）。すなわち、当該信

託がされた時から30年を経過した時以後に現に存する受益者が当該定めにより受益権を取得した場合であっても、当該受益者が死亡するまたは当該受益権が消滅するまでの間、その効力を有します。

　たとえば、第一次受益者がA、第二次受益者がB、第三次受益者がCとなっている場合、Aが30年経過時より前に死亡し、Bが受益権を取得した場合には、Cは受益権を取得することができます。しかし、Aが30年経過時以後に死亡し、Bが受益権を取得した場合には、Bの死亡によって信託は終了することになり、Cは受益者にはなれません。すなわち、信託がされたときから30年を経過した後は、受益者の新たな取得は一度しか認められないということです。

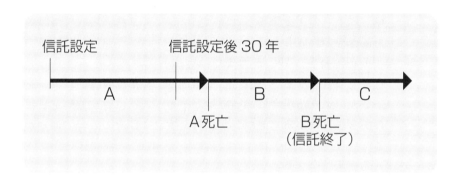

3. 登記申請手続

(1)　申請人

　所有権移転登記については、当該不動産の所有権の登記名義人である委託者が登記義務者となり、受託者が登記権利者となって共同で申請します。信託の登記は、受託者が単独で申請することができます（法98条2項）。

(2)　申請情報

申請情報として申請書に次の事項を記載します。

① **登記の目的**（令３条５号）

　　登記の目的は「所有権移転及び信託」とします。

② **登記原因およびその日付**（令３条６号）

　　登記の原因日付は「令和○年○月○日信託」で、その日付は信託契約成立の日です。

　　なお、信託行為が信託契約以外の場合は次のようになりますが、本問は信託契約の場合を想定しています。

　　遺言信託の場合：遺言の効力が生じた日。通常は遺言者の死亡した
　　　　　　　　　　日となります。

　　自己信託の場合

　　　一　公正証書または公証人の認証を受けた書面もしくは電磁的記録（以下「公正証書等」という）によってされる場合：当該公正証書等の作成した日

　　　二　公正証書等以外の書面または電磁的記録によってされる場合：受益者となるべき者として指定された第三者（当該第三者が２人以上ある場合にあっては、その１人）に対する確定日付のある証書による当該信託がされた旨およびその内容の通知がされた日

③ **申請人の表示**（令３条１号、２号)

　ⅰ　権利者兼信託登記申請人の表示

　　　登記権利者および信託登記の申請人である受託者の氏名または名称および住所を記載します。受託者が法人の場合には、その代表者の氏名も記載します。また、会社法人等番号を有する法人であるときは、その会社法人等番号も記載します。

　ⅱ　義務者の表示

　　　登記義務者として、委託者である所有権の登記名義人の住所氏名を記載します。

④ **添付情報の表示**（規則34条１項６号）

　　添付する情報を記載します。

⑤ **登記識別情報の通知の送付を希望する場合には、その旨を記載します。**

⑥ **登記識別情報の通知を希望しない場合には、その旨を記載します。**

⑦　**申請の年月日**（同7号）

⑧　**登記所の表示**（同8号）

⑨　**代理人の住所、氏名**（令3条3号）

　　代理人によって登記を申請するときは、その代理人の氏名または名称および住所、代理人が法人であるときは、その会社法人等番号も記載します。

⑩　**申請人または代理人の電話番号その他の連絡先**（規則34条1項1号）

⑪　**課税価格および登録免許税額の表示**（規則189条1項）

　　課税価格（不動産の価額）と登録免許税額を記載します。

⑫　**不動産の表示**（令3条7号、8号）

　　不動産の表示は、登記事項証明書の記載と符合するように記載します。ただし、不動産番号を記載した場合には、土地の場合は、土地の所在、地番、地目および地積の記載を省略できます。建物の場合は、建物の所在と土地の地番、家屋番号、建物の種類、構造および床面積等の記載を省略できます（令6条1項）。

（3）　添付情報

添付情報として次の情報（書面）を提供します。

①　**登記原因証明情報**（令別表の30の項添付情報欄イ、同65の項添付情報欄ロ）

　　登記原因証明情報とは、登記の原因となった事実または法律行為およびこれに基づき現に権利変動が生じたことを証する情報をいいます。

　　信託に関する登記については、信託行為が信託契約の場合には、信託契約書または信託契約の内容が記載されている、いわゆる報告形式の登記原因証明情報を提供します。

②　**登記識別情報または登記済証**（法22条）

　　登記義務者が所有権の保存または移転の登記をして登記名義人となったときに通知または交付を受けた登記識別情報または登記済証を提供します。

③　**印鑑証明書**（令16条2項、3項）

　　登記義務者である所有権の登記名義人の印鑑証明書を提供します。

　　登記義務者が個人の場合は、市区町村長の作成した印鑑証明書とな
ります。この印鑑証明書は、作成後3か月以内のものでなければなり
ません。

④　**住所証明情報**（令別表の30の項添付情報欄ハ）

　　登記権利者の住所を証する市区町村長または登記官その他の公務員
が職務上作成した証明書を提供します。

　　具体的には、市区町村長の作成した「住民票の写し」、「住民票記載
事項証明書」または「戸籍の附票の写し」です。

⑤　**信託目録に記録すべき情報**（令15条、令別表の65の項添付情報欄ハ）

　　信託の登記の申請を書面申請によりするときは、申請人は信託目録
に記録すべき情報を記載した書面（当該情報が電磁的記録で作成され
ている場合は、当該添付情報を記録した磁気ディスクを含む）を提供
します。

〈信託法91条の定めの登記〉

　　信託法91条の定め（受益者の死亡により他の者が新たに受益権を
取得する旨の定めのある信託の特例）は、信託目録のどの欄に記録す
べきか。実例としては、「受益者に関する事項等」欄または「その他
の信託の条項」欄に記録されている例があります。どちらかというと、
「その他の信託の条項」欄に記録されている例が多いでしょう。

　　法97条1項2号では、「二　受益者の指定に関する条件又は受益者
を定める方法の定めがあるときは、その定め」と規定されており、こ
のような定めがあるときは必ず登記しなければならないこととなって
います。また、同条2項では、1項2号から6号までに掲げる事項の
いずれかを登記したときは、受益者の氏名または名称および住所を登
記することを要しないとしています。その理由は、「信託の登記の登
記事項についてその登記後に変更があった場合には、受託者は、遅滞
なく、当該信託の変更の登記を申請しなければならないものとされて
いる（法103条）が、受益者が多数にのぼる信託や、受益者が常時変
動することが予定されている信託についても、この申請を要求するこ
とは、受託者に過度の負担を強いることになることから、必要な範囲
での簡略化を認めたものである。」（新基本法コンメンタール308頁）
と考えられています。

　受益者の指定に関する条件の定めは、信託行為の時点では受益者が存在しない場合に定めることができます。

　受益者を定める方法の定めは、その時点では受益者が存在しますが、受益者が常に変動することが予定されている場合とされています。その定めの例としては、「○○の債権を有する者」との定めが考えられています（清水 290 頁）。

　以上のことを考えると、信託法 91 条の定めは、いずれにも該当しないため、「その他の信託の条項」欄に記載するものと考えます。したがって、本書改訂版 113 頁では、「受益者に関する事項等」欄に記録すべきとしていましたが、その考えを変更します。

⑥　会社法人等番号

　申請人が会社法人等番号を有する法人であるときは、会社法人等番号を提供します。ただし、作成後 3 か月以内の当該法人の代表者の資格を証する登記事項証明書を提供したときは、会社法人等番号の提供は要しません（規則 36 条 1 項、2 項）。

⑦　代理権限証明情報

　代理人によって登記を申請するときは、当該代理人の権限を証する情報を提供します（令 7 条 1 項 2 号）。たとえば、委任状などです。

⑧　固定資産の評価証明書

　法定の添付情報ではありませんが、登録免許税を計算するために必要なため、市区町村が発行している「固定資産の評価証明書」を提供しているのが実情です。

（4）　登録免許税

①　所有権移転登記

　所有権移転登記については、非課税です（登録免許税法 7 条 1 項 1 号）。その場合には、申請書に免除の根拠となる法令の条項を記載します（規則 189 条 2 項）。

②　信託の登記

　不動産の価額の 1000 分の 4 となります（登録免許税法別表第 1、1、⑩イ）。ただし、土地に関する所有権の信託の登記については、令和 8 年 3 月 31 日までの間に申請する場合の税率は 1000 分の 3 となりま

す（租税特別措置法 72 条 1 項 2 号）。その場合には、申請書に軽減の根拠となる条項を記載します（規則 189 条 3 項）。

申請書見本　　後継ぎ遺贈型信託

登 記 申 請 書

登記の目的　　所有権移転及び信託
原　　　因　　令和○年○月○日信託
権利者兼信託登記申請人
（受託者）　　　○市○町○丁目○番○号
　　　　　　　　甲　田　春　雄
義務者　　　　○市○町○丁目○番○号
　　　　　　　　甲　田　二　郎
添付情報
登記原因証明情報　　登記識別情報　　印鑑証明書
住所証明情報　　代理権限証明情報　　信託目録に記録すべき情報

登記完了後に通知される登記識別情報通知書・登記完了証・還付される添付情報は代理人の住所に送付を希望します。
令和○年○月○日　○地方法務局○出張所　御中
代　理　人　　○市○町○丁目○番○号
　　　　　　　　法　令　守　㊞
連絡先の電話番号○○○ - ○○○ - ○○○○
課税価格　　金○ , ○○○ ,000 円[※1]
登録免許税　金○○ , ○ 00 円[※2]
　移転分　　　登録免許税法 7 条 1 項 1 号により非課税[※3]
　信託分　　金○○ , ○ 00 円
不動産の表示
　所　　　在　○市○町一丁目 200 番地
　家 屋 番 号　200 番
　種　　　類　共同住宅
　構　　　造　軽量鉄骨造 2 階建
　床 面 積　1 階　100. 00m^2
　　　　　　　2 階　100. 00m^2

※1　固定資産の評価証明書に記載されている不動産の価格のうち、1,000 円未満の端数を切り捨てた金額を記載します。
※2　課税価格に所定の税率（1000 分の 4 または 1000 分の 3）を掛けて出てきた金額のうち、100 円未満の端数を切り捨てた金額を記載します。

※3　所有権移転登記については、非課税です。その場合には、非課税となる根拠法令の条項を記載します（規則189条2項）。

委任状見本　　後継ぎ遺贈型信託

委　任　状

　私は、○市○町○番○号　法令守を代理人と定め、次の権限を委任します。
1　下記の登記に関し、登記の申請書を作成すること及び当該登記の申請に必要な書面と共に登記申請書を管轄登記所に提出すること
2　登記完了後に通知される登記識別情報通知書・登記完了証及び還付される添付書面を受領すること
3　登記の申請に不備がある場合に、当該登記の申請を取下げ、又は補正をすること
4　登記に係る登録免許税の還付金を受領すること
5　以上のほか、下記登記の申請に関し必要な一切の権限
令和○年○月○日
　　　　　　　　権利者兼信託登記申請人　　○市○町○丁目○番○号
　　　　　　　　　　　（受託者）　　　甲　田　春　雄　㊞
　　　　　　　　義務者（委託者）　　　　○市○町○丁目○番○号
　　　　　　　　　　　　　　　　　　甲　田　二　郎　㊞※

記

登記の目的　　　所有権移転及び信託
原　　　因　　　令和○年○月○日信託
権利者兼信託登記申請人　　○市○町○丁目○番○号
　　　　　　　　　　　　甲　田　春　雄
義務者　　　　　　　　　　○市○町○丁目○番○号
　　　　　　　　　　　　甲　田　二　郎
不動産の表示
　　　　○市○町一丁目200番地
　　　　家屋番号　200番　共同住宅　軽量鉄骨造2階建
　　　　1階　100.00m^2　2階　100.00m^2

※　義務者は実印を押します。

報告形式の登記原因証明情報見本　　**後継ぎ遺贈型信託**

登記原因証明情報

1　登記申請情報の要項
(1)　登記の目的　所有権移転及び信託
(2)　原　　　因　令和○年○月○日信託
(3)　当事者
　　　権利者（甲）　　　○市○町○丁目○番○号
　　　（受託者）　　　　甲　田　春　雄
　　　義務者（乙）　　　○市○町○丁目○番○号
　　　　　　　　　　　　甲　田　二　郎
(4)　不動産の表示
　　　所　　　在　○市○町一丁目 200 番地
　　　家 屋 番 号　200 番
　　　種　　　類　共同住宅
　　　構　　　造　軽量鉄骨造２階建
　　　床　面　積　１階　100. 00m^2
　　　　　　　　　２階　100. 00m^2
(5)　信託目録に記録すべき情報　別紙「信託目録に記録すべき情報」のとおり
2　登記原因となる事実又は法律行為
(1)　令和○年○月○日、甲と乙は、本件不動産について、別紙信託目録に記録すべき情報のとおり○市○町○丁目○番○号甲田二郎を受益者とする信託契約を締結した。
(2)　よって、同日、本件不動産の所有権は乙から甲へと信託を原因として移転した。
令和○年○月○日　○地方法務局○出張所　御中
　上記の登記原因のとおり相違ありません。
　　　　　　　　　　　　権利者（受託者）　○市○町○丁目○番○号
　　　　　　　　　　　　　　　甲　田　春　雄　㊞
　　　　　　　　　　　　義務者（委託者）　○市○町○丁目○番○号
　　　　　　　　　　　　　　　甲　田　二　郎　㊞

信託目録に記録すべき情報の見本　　**後継ぎ遺贈型信託**

　以下の文例はあくまでも参考のためのものですから、実際の信託の設定に当たっては、各家庭の事情を考慮して設定してください。

信託目録に記録すべき情報

1　委託者に関する事項
　　○市○町○丁目○番○号
　　甲　田　二　郎
2　受託者に関する事項
　　○市○町○丁目○番○号
　　甲　田　春　雄
3　受益者に関する事項等
　　○市○町○丁目○番○号
　　甲　田　二　郎
4　信託条項
　(1)　信託の目的
　　　受託者は、受益者のために信託財産を管理・運用及び処分をして、受益者の安定した生活の支援と福祉を確保すること。
　(2)　信託財産の管理方法
　　　受託者は、受益者の指図に従い、信託財産の管理・運用・処分及びその他の当該目的の達成のために必要な行為を行う権限を有する。
　(3)　信託の終了の事由
　　　本信託は、次の各号のいずれかに該当したときは終了する。
　　　本契約は令和○年○月○日から満 30 年とする。
　　i　信託期間が満了したとき。
　　ii　信託財産が消滅したとき。
　　iii　受益者甲田二郎、第二次受益者甲田花子及び第三次受益者乙川翔平の３人が死亡したとき。
　(4)　その他の信託の条項
　　i　当初受益者は、委託者とする。[※1]
　　ii　当初受益者甲田二郎が死亡したときはその者の有する受益権は消滅し、妻の甲田花子（第二次受益者）が新たな受益権を取得する。
　　iii　第二次受益者が死亡したときはその者の有する受益権は消滅し、甲田二郎の甥乙川翔平（第三次受益者）が新たな受益権を取得する。
　　iv　受益権は譲渡分割することができない。

　　　ⅴ　委託者が死亡したときは、委託者の地位は相続人に承継さ
　　　　れず、受益者の地位とともに移転する。[※2]
　　　ⅵ　残余財産は、以下の者に次の順序で帰属する。[※3]
　　　　①　信託終了時の受益者
　　　　②　信託終了時の受託者

[※1]　その他の信託の条項を記載します。
　　　　信託法91条の定めの方法としては、次の方法があります。
　　①　当該受益者の有する受益権が消滅し、他の者が新たな受益権を取得す
　　　る旨の定め
　　②　受益者の死亡により順次他の者が受益権を取得する旨の定め

　　　　見本は、①の定めのある場合ですが、②の記載例としては、「①第一次受
　　益者は委託者Aとする。②第一次受益者が死亡したときは、○市○町○丁目
　　○番○号Bを第二次受益者とする。第二次受益者が死亡したときは、○市○
　　町○丁目○番○号Cを第三次受益者とする。」など。
[※2]　委託者の地位は相続の対象となりますが、委託者の相続人の関与を排除し
　　たい場合には、見本のように「委託者の地位は相続人に承継されず」と明ら
　　かにするのがよいでしょう。しかし、委託者が信託行為において関与するこ
　　とが多いため（信託法145条）、委託者が存在しなくなると不都合な場合も
　　生じます。委託者の地位は、信託行為において定めた方法に従い、第三者に
　　移転することができますので（信託法146条）、あらかじめ見本のように「委
　　託者の地位は、受益者の地位とともに移転する。」と定めておけば便利でしょ
　　う。
[※3]　信託が終了した場合の信託財産の帰属権利者を信託行為で定めておくと便
　　利です。ただし、その場合、帰属権利者となる者にあらかじめ受け取ってく
　　れるかの確認をしておくのがよいでしょう。
　　　　記載例
　　　「①　受益者であるAが死亡して信託が終了した場合は、その妻Bに帰属
　　　　させる。
　　　　②　本信託終了時にBが死亡している場合には、その長女Cに帰属させ
　　　　る。」

7　福祉型信託

1. はじめに

　福祉型信託についての明確な定義があるわけではありませんが、年少者、知的障害者あるいは高齢者等の生活の支援を目的とした信託であるといえます。この福祉型信託を有効活用するためには、受益者の権利を保護する制度が必要です。また、だれを受託者とするかも重要になってきます。

2. 受益者を保護する信託関係人

　信託法では、受益者の権利を保護するため、信託管理人（信託法123条ないし130条）、信託監督人（信託法131条ないし137条）、受益者代理人（信託法138条ないし144条）の制度を設けています。

　福祉型信託は、受益者が高齢であったり、意思能力が欠けていたり、未成年である場合にされるものですから、受益者の権利を保護するためにもこれらの信託関係人を定めておくのがよいでしょう。これらの信託関係人についての詳細は第1編第4章50頁以下にありますが、主なポイントは次のようなことです。

① 　信託管理人は、受益者が現に存しない場合に設けることができます。

② 　信託監督人は、受益者が現に存する場合に設けることができますが、年少者、知的障害者あるいは高齢者等を受益者とした福祉型信託の利用の促進を図るために、受益者のために受託者を監視・監督するために設けた制度です。

　　信託をすると信託財産は受託者の名義となりますので、受託者が勝手に信託財産を費消しないよう監督するのが信託監督人の仕事です。

③ 　受益者代理人は、現に存する受益者のために当該受益者の権利に関する一切の裁判上または裁判外の行為をする権限を有する者です。すなわち、受益者代理人は、受益者のために受託者の監視・監督する権利だけでなく、受益者を代理して信託の変更等、信託の意思決定をす

る権限を有します。したがって、受益者は信託法92条の監視・監督権限を除いて、受益者自身は権利を行使できません。

3.第三者への信託事務の委任

(1)　受託者は、委託者から信頼されて財産等の管理を任されたのですから、受託者自らが信託事務を処理すべきですが、不動産等の管理業務が専門的になっている現在において、受託者1人が信託事務を行うのは現実的ではありません。また、福祉型信託の場合には、親族等が受託者となる場合が考えられますが、その場合、受託者の能力不足によって受益者の保護がおろそかになることも考えられます。

　　そこで、信託法では、第三者に信託事務を委託することを認めています(信託法28条)。その場合には、次の要件を充たす必要があります。①信託行為に信託事務の処理を第三者に委託する旨または委託することができる旨の定めがあるとき。②信託行為に信託事務の処理の第三者への委託に関する定めがない場合において、信託事務の処理を第三者に委託することが信託の目的に照らして相当であると認められるとき。③信託行為に信託事務の処理を第三者に委託してはならない旨の定めがある場合において、信託事務の処理を第三者に委託することにつき信託の目的に照らしてやむを得ない事由があると認められるとき。

(2)　受託者が信託事務の処理を第三者に委託するときは、受託者は、信託の目的に照らして適切な者に委託し（信託法35条1項）、必要かつ適切な監督を行わなければなりません（同条2項）。

　　信託事務の処理をする第三者が信託行為によって定められた場合、信託行為において受託者が委託者または受益者の指名に従い信託事務の処理を第三者に委託する旨の定めによって指名された場合には、信託法35条1項および2項の選任監督責任は負いません。ただし、受託者は、その第三者が不適任もしくは不誠実であることまたはその第三者による事務の処理が不適切であることを知ったときは、その旨の受益者に対する通知、その第三者への委託の解除その他の必要な措置をとる義務があります（信託法35条3項本文）。ただし、この義務も信託行為の定めにより加重、軽減することもできます（同条4項）。

４．登記申請手続

(1)　登記申請手続の申請書等については、「第２編第２章**２**所有権移転と信託（受託者が１人の場合）99 頁以下」を参照してください。

(2)　信託目録に記録すべき情報について

　　福祉型信託において信託行為を定める際に注意すべき事項は次のとおりです。

① 後継受託者を定めておく

　　受託者が欠けた場合、新たな受託者が就任しない状態が１年間継続したときは、信託は終了します（信託法 163 条 3 号）。また、受託者が死亡、後見開始または保佐開始の審判を受けること等によって、受託者の任務は終了してしまいます（信託法 56 条 1 項）。そこで、あらかじめ受託者が欠けた場合の対策として後継受託者を定めるかまたは定める方法を定めておくのがよいでしょう。

信託目録に記録すべき情報例　　　後継受託者を定めた場合

```
　4　信託条項
　(4)　その他の信託の条項
　　　　後継受託者
　　　　当初受託者 A が死亡した場合の後継受託者は、次の者とする。
　　　　○市○町○丁目○番○号　B
```

② 受益者代理人を選任しておく

　　福祉型信託は、受益者が高齢であったり、意思能力が欠けていたり、未成年である場合にされるものですから、受益者の利益を確保するために受益者代理人を選任しておくのがよいでしょう。

　　受益者代理人は、信託行為に別段の定めがない限り、その代理する受益者のために当該受益者の権利（信託法 42 条の規定による責任の免除に係るものを除く）に関する一切の裁判上または裁判外の行為をする権限を有します（信託法 139 条 1 項）。

　　受益者代理人は、信託行為のみによって定めることができますので、当初指定した受益者代理人が就任しなかった場合など、受益者代理人が

143

欠けたときに備えて、その次の者を予備的に選任するのがよいでしょう。

信託目録に記録すべき情報例　　**受益者代理人を定めた場合**

> 3　受益者に関する事項等
> 　受益者　　○市○町○丁目○番○号　　A
> 　上記受益者代理人　　○市○町○丁目○番○号　　B

※　受益者代理人の登記をした場合には、当該受益者代理人が代理する受益者の
　氏名または名称および住所は登記をすることを要しないとされています（法97
　条2項）。しかし、受益者が現に存在し、その氏名等を特定することができる
　場合には、受益者の氏名等を併せて登記して差し支えないとされています（施
　行通達第2、1）。

③　信託監督人の選任を考える

　信託監督人は、受託者を監視監督する立場の第三者であり、受益者
のために自己の名をもって信託法92条各号（17号、18号、21号お
よび23号を除く）に掲げる権利に関する一切の裁判上または裁判外
の行為をする権限を有します（信託法132条1項）。受託者を監視監
督する者ですから弁護士、司法書士等の専門家に依頼するのがよいか
もしれません。ただし、受益者代理人が選任されている場合には、信
託監督人は不要とすることも考えられます。

申請書見本　　高齢者の財産管理の場合

　本見本は、高齢の委託者が認知症になる前に、自己の財産の管理運用を長女に託した場合の信託を想定したものです。

　委託者兼受益者は乙川春雄、受託者は長女の乙川夏子、受益者代理人は長男の乙川冬樹、後継受託者は乙川夏子の長男乙川雄一を想定しています。

登　記　申　請　書

登記の目的　　所有権移転及び信託
原　　　因　　令和○年○月○日信託
権利者兼信託登記申請人
　　　　　　　○市○町○丁目○番○号
　　　　　　　乙　川　夏　子
義務者　　　　○市○町○丁目○番○号
　　　　　　　乙　川　春　雄
添付情報
　登記原因証明情報　　登記識別情報　　　印鑑証明書
　住所証明情報　　　代理権限証明情報　　　信託目録に記録すべき情報

登記完了後に通知される登記識別情報通知書・登記完了証・還付される添付情報は代理人の住所に送付を希望します。

令和○年○月○日　○地方法務局○出張所御中
代　理　人　　○市○町○丁目○番○号
　　　　　　　法　令　守　㊞
連絡先の電話番号○○○－○○○－○○○○
課税価格　　金○○,000 円[※1]
登録免許税　金○○,○00 円[※2]
　移転分　　　登録免許税法７条１項１号により非課税[※3]
　信託分　　金○○,○00 円

不動産の表示（省略）

※１　固定資産の評価証明書に記載されている不動産の価格のうち、1,000 円未満の端数を切り捨てた金額を記載します。
※２　課税価格に所定の税率（1000 分の４または 1000 分の３）を掛けて出てきた金額のうち、100 円未満の端数を切り捨てた金額を記載します。
※３　所有権移転登記については、非課税です。その場合には、非課税となる根

拠法令の条項を記載します（規則 187 条 2 項）。

報告形式の登記原因証明情報見本　　福祉型信託

登記原因証明情報

1　登記申請情報の要項
(1)　登記の目的　所有権移転及び信託
(2)　原　　　因　令和○年○月○日信託
(3)　当事者
　　　権利者（甲）　　○市○町○丁目○番○号
　　　（受託者）　　　　乙　川　夏　子
　　　義務者（乙）　　○市○町○丁目○番○号
　　　　　　　　　　　　乙　川　春　雄
(4)　不動産の表示
　　　（省略）
(5)　信託目録に記録すべき情報　別紙「信託目録に記録すべき情報」のとおり
2　登記原因となる事実又は法律行為
(1)　令和○年○月○日、甲と乙は、本件不動産について、別紙信託目録に記録すべき情報のとおり○市○町○丁目○番○号乙川春雄を受益者とする信託契約を締結した。
(2)　よって、同日、本件不動産の所有権は乙から甲へと信託を原因として移転した。
令和○年○月○日　○地方法務局○出張所　御中
　上記の登記原因のとおり相違ありません。
　　　　　　　　　　　権利者（受託者）　○市○町○丁目○番○号
　　　　　　　　　　　　　　　乙　川　夏　子 ㊞
　　　　　　　　　　　義務者（委託者）　○市○町○丁目○番○号
　　　　　　　　　　　　　　　乙　川　春　雄 ㊞

信託目録に記録すべき情報の見本　**福祉型信託**

　以下の文例はあくまでも参考のためのものですから、実際の信託の設定に当たっては、各家庭の事情を考慮して設定してください。

信託目録に記録すべき情報

1　委託者に関する事項
　　○市○町○丁目○番○号
　　　乙　川　春　雄
2　受託者に関する事項
　　○市○町○丁目○番○号
　　　乙　川　夏　子
3　受益者に関する事項等[※1]
　　受益者　　○市○町○丁目○番○号
　　　乙　川　春　雄
　　上記受益者代理人　　○市○町○丁目○番○号
　　　乙　川　冬　樹
4　信託条項
　(1)　信託の目的
　　　本信託は、受託者が、信託財産を受益者のために管理、運用及び処分を行い、受益者の安定した生活を支援し、福祉を確保することを目的とする。
　(2)　信託財産の管理方法
　　ⅰ　受託者は、信託財産の管理運営及び処分を行うこととし、居住用不動産については受益者の生活の本拠として、賃貸用不動産については安定的な収益を図ることとして管理運用する。
　　ⅱ　受託者は、受益者代理人の書面による承諾を得たときは、信託財産を売却することができる。
　(3)　信託の終了の事由
　　　本信託は、次の各号のいずれかに該当したときに終了する。
　　ⅰ　受益者乙川春雄が死亡したとき。
　　ⅱ　信託財産が消滅したとき。
　(4)　その他の信託の条項
　　ⅰ　受託者の同意なく、受益権を譲渡、分割、質入れをすることができない。
　　ⅱ　本信託の内容を変更するためには、受託者及び受益者代理人の同意を要する。

---

　　iii　受託者は、受益者代理人の書面による同意があれば辞任することができる。[2]
　　iv　後継受託者
　　　　当初受託者乙川夏子の任務が辞任または死亡等の事由によって終了した場合には、乙川夏子の長男である、○市○町○丁目○番○号　乙川雄一が受託者となる。
　　v　受益者代理人の任務が辞任または死亡等の事由によって終了した場合には、乙川冬樹の長男である、○市○町○丁目○番○号　乙川翔平が受益者代理人となる。
　　vi　本件信託の終了に伴い、信託の清算を行う清算受託者は信託終了時の受託者とする。
　　vii　信託終了時の残余財産は、信託終了時の受託者に帰属させる。

[1]　受益者に関する事項等として、受益者の氏名等を記載します。ただし、受益者代理人を定めた場合は、受益者代理人の氏名等のみを記載し、受益者の氏名等は記載しないのが原則です（法97条2項）。しかし、受益者が現に存在し、その氏名等を特定することができる場合には、受益者の氏名等を併せて登記しても差し支えないとされています（施行通達第2、1）。

[2]　受託者が辞任する場合には、原則として委託者と受益者の同意を要しますから（信託法57条1項）、委託者が認知症になったりすると受託者が辞任するのに手続が面倒になるので、見本のようにあらかじめ信託行為で別段の定めをしておくのがよいでしょう。

信託目録に記録すべき情報の見本　　未成年者の財産管理の場合

　見本は、祖父が孫の教育費のために自己の不動産を信託し、孫が一定の年齢に達したら、信託財産を孫に譲ることを想定したものです。

　以下の文例はあくまでも参考のためのものですから、実際の信託の設定に当たっては、各家庭の事情を考慮して設定してください。

　　　　　　　　　　信託目録に記録すべき情報

　1　委託者に関する事項
　　　○市○町○丁目○番○号
　　　丙　田　大　輔
　2　受託者に関する事項
　　　○市○町○丁目○番○号
　　　丙　田　太　郎

3　受益者に関する事項等
　　受益者　○市○町○丁目○番○号
　　　丙　田　京　子
　　上記受益者代理人　○市○町○丁目○番○号
　　　丙　田　花　子
4　信託条項
　(1)　信託の目的
　　　　本信託は、受託者が、信託財産を受益者のために管理、運用及び処分を行い、受益者の教育費の給付を行い、受益者の教育の機会を確保することを目的とする。
　(2)　信託財産の管理方法
　　　i　受託者は、信託財産の管理・運用・処分及びその他の当該目的の達成のために必要な行為を行う権限を有する。
　　　ii　受託者は、受益者代理人の書面による承諾を得たときは、信託財産を売却することができる。
　(3)　信託の終了の事由
　　　　本信託は、次の各号のいずれかに該当したときに終了する。
　　　i　受益者が満25歳に達したとき。
　　　ii　受益者が死亡したとき。
　　　iii　信託財産が消滅したとき。
　(4)　その他の信託の条項
　　　i　受益権は譲渡、分割、質入れをすることができない。
　　　ii　委託者の死亡により、委託者の権利は消滅する。
　　　iii　本信託の内容の変更は、委託者及び受託者の書面による合意により変更することができる。委託者が死亡している場合には、受益者代理人と受託者の書面による合意により変更することができる。
　　　iv　受託者は、受益者代理人の書面による同意があれば辞任することができる。
　　　v　後継受託者
　　　　　当初受託者丙田太郎の任務が辞任または信託法56条1項の事由によって終了した場合には、丙田太郎の長男である、○市○町○丁目○番○号　丙田雄一が受託者となる。
　　　vi　信託終了時の残余財産は、受益者に帰属する。ただし、受益者の死亡により信託が終了した場合には、受益者の母である丙田夏子に帰属する。

8　信託財産の処分により不動産を取得した場合

1. はじめに

　たとえば、金銭が信託されれば、その金銭が信託財産となります。この金銭で第三者から不動産を買えば、その不動産は信託財産となります（信託法16条1号）。この場合、信託財産である金銭を処分して、不動産を取得したということができますので、「信託財産の処分による信託」といいます。この場合の登記義務者は、当該信託登記の委託者ではありません。委託者は金銭信託の委託者であり、当該登記の義務者は、不動産の売主となります。そこが、「所有権移転及び信託」の場合と違うところです。

　たとえば、Bは金銭を有効に運用してもらうためにAに信託します。Aはその金銭で、甲から不動産を買います。そうすると、この不動産が信託財産となります。この場合の委託者は、甲ではなくて、Bであることがわかるかと思います。

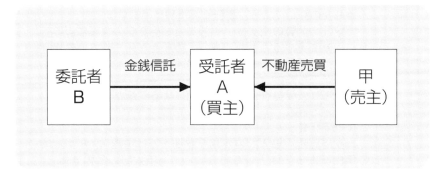

2. 登記申請手続

（1）　申　請　人

　当該不動産の所有権の登記名義人が登記義務者となり、受託者が登記権利者となって共同で申請します。信託の登記は、受託者が単独で申請

することができます（法98条2項）。

(2)　申請情報

申請情報として申請書に次の事項を記載します。

① 　**登記の目的**（令3条5号）

登記の目的は「所有権移転及び信託財産の処分による信託」とします。

② 　**登記原因およびその日付**（令3条6号）

登記の原因日付は「令和○年○月○日売買」で、その日付は売買契約成立の日です。

③ 　**申請人の表示**（令3条1号、2号）

　ⅰ 　権利者兼信託登記申請人の表示

登記権利者および信託登記の申請人である受託者の氏名または名称および住所を記載します。受託者が法人の場合には、その代表者の氏名も記載します。また、会社法人等番号を有する法人であるときは、その会社法人等番号も記載します。

　ⅱ 　義務者の表示

登記義務者として、当該不動産の売主である所有権の登記名義人の氏名または名称および住所を記載します。登記義務者が法人の場合には、その代表者の氏名も記載します。また、会社法人等番号を有する法人であるときは、その会社法人等番号も記載します。

④ 　**添付情報の表示**（規則34条1項6号）

添付する情報を記載します。

⑤ 　登記識別情報の通知の送付を希望する場合には、その旨を記載します。

⑥ 　登記識別情報の通知を希望しない場合には、その旨を記載します。

⑦ 　**申請の年月日**（同7号）

⑧ 　**登記所の表示**（同8号）

⑨ 　**代理人の住所、氏名**（令3条3号）

代理人によって登記を申請するときは、その代理人の氏名または名称および住所、代理人が法人であるときはその代表者の氏名、また、会社法人等番号を有する法人であるときは、その会社法人等番号も記

載します。

⑩　**申請人または代理人の電話番号その他の連絡先**（規則34条1項1号）

⑪　**課税価格および登録免許税額の表示**（規則189条1項）

　　課税価格（不動産の価額）と登録免許税額を記載します。

⑫　**不動産の表示**（令3条7号、8号）

　　不動産の表示は、登記事項証明書の記載と符合するように記載します。ただし、不動産番号を記載した場合には、土地の場合は、土地の所在、地番、地目および地積の記載を省略できます。建物の場合は、建物の所在と土地の地番、家屋番号、建物の種類、構造および床面積等の記載を省略できます（令6条1項）。

(3)　添付情報

添付情報として次の情報（書面）を提供します。

①　**登記原因証明情報**（令別表の30の項添付情報欄イ、同65の項添付情報欄ロ）

　　登記原因証明情報とは、登記の原因となった事実または法律行為およびこれに基づき現に権利変動が生じたことを証する情報をいいます。本件の場合は、所有権移転登記と信託登記の2つの登記原因証明情報を提供します。

　　所有権移転の登記原因証明情報としては、売買契約書があります。売買契約書がない場合または提供できない場合には、契約の内容を記載した書面を提供します。これを「報告形式の登記原因証明情報」といいます。

　　信託に関する登記については、信託行為が信託契約の場合には、信託契約書または信託契約の内容が記載されている、いわゆる報告形式の登記原因証明情報を提供します。

②　**登記識別情報または登記済証**（法22条）

　　登記義務者が所有権の保存または移転の登記をして登記名義人となったときに通知または交付を受けた登記識別情報または登記済証を提供します。

③　**印鑑証明書**

　　登記義務者である所有権の登記名義人の印鑑証明書を提供します。

　登記義務者が個人の場合は、市区町村長の作成した印鑑証明書となります。登記義務者が会社等の法人の場合は、登記官の作成した当該法人の代表者の印鑑証明書となります。これらの印鑑証明書は、作成後３か月以内のものでなければなりません（令16条２項、３項）。

　ただし、会社法人等番号を有する法人の場合において会社法人等番号を申請書に記載した場合であり、かつ、登記官が記名押印した者の印鑑に関する証明書を作成することが可能である場合には、印鑑証明書の提供は必要ありません（規則48条１号）。

④　**住所証明情報**（令別表の30の項添付情報欄ハ）

　登記名義人となる者（受託者）の住所を証する市区町村長または登記官その他の公務員が職務上作成した証明書を提供します。

　具体的には、自然人の場合は、市区町村長の作成した「住民票の写し」、「住民票記載事項証明書」または「戸籍の附票の写し」です。

　法人の場合は、登記官が作成した法人の登記事項証明書を提供します。ただし、会社法人等番号を有する法人の場合において会社法人等番号を提供した場合には、住所証明情報を提供する必要はありません（令９条、規則36条４項）。

⑤　**信託目録に記録すべき情報**（令15条、令別表の65の項添付情報欄ハ）

　信託の登記の申請を書面申請によりするときは、申請人は信託目録に記録すべき情報を記載した書面（当該情報が電磁的記録で作成されている場合は、当該添付情報を記録した磁気ディスクを含む）を提供します。

⑥　**会社法人等番号**（令７条１項１号イ）

　申請人が会社法人等番号を有する法人であるときは、会社法人等番号を提供します。ただし、作成後３か月以内の当該法人の代表者の資格を証する登記事項証明書または支配人等の権限を証する登記事項証明書を提供したときは、会社法人等番号の提供は要しません（規則36条１項、２項）。

⑦　**代理権限証明情報**

　代理人によって登記を申請するときは、当該代理人の権限を証する情報を提供します（令７条１項２号）。たとえば、委任状などです。

⑧　**固定資産の評価証明書**

　法定の添付情報ではありませんが、登録免許税を計算するために必要なため、市区町村が発行している「固定資産の評価証明書」を提供しているのが実情です。

(4)　登録免許税

① 所有権移転登記

　所有権移転登記については、不動産の価額の1000分の20となります（登録免許税法別表第1、1、(2)ハ）。ただし、土地の売買については、租税特別措置法72条1項1号の軽減の規定があり、令和8年3月31日までは、税率は1000分の15になります。その場合には、申請書に軽減の根拠となる法令の条項を記載します（規則189条3項）。

② 信託の登記

　不動産の価額の1000分の4となります（登録免許税法別表第1、1、⑽イ）。ただし、土地に関する所有権の信託の登記については、租税特別措置法72条1項2号の軽減の規定があり、令和8年3月31日までは、税率は1000分の3になります。その場合には、申請書に軽減の根拠となる法令の条項を記載します（規則189条3項）。

申請書見本

登　記　申　請　書

登記の目的　　所有権移転及び信託財産の処分による信託
原　　　因　　令和〇年〇月〇日売買
権利者兼信託登記申請人
　　　　　　　　〇市〇町〇丁目〇番〇号
　　　　　　　　甲　某
義　務　者　　〇市〇町〇丁目〇番〇号
　　　　　　　　乙　某

添 付 情 報
登記原因証明情報　　登記識別情報　　印鑑証明書
住所証明情報　　代理権限証明情報　　信託目録に記録すべき情報
登記完了後に通知される登記識別情報通知書・登記完了証・還付される添付情報は代理人の住所に送付を希望します。[※1]
令和〇年〇月〇日　　〇地方法務局〇出張所
代　理　人　　〇市〇町〇丁目〇番〇号
　　　　　　　　〇　〇　〇　〇　㊞
　　　　　　　　連絡先の電話番号　〇〇〇-〇〇〇〇-〇〇〇〇
課 税 価 格　　金〇〇, 000 円[※2]
登録免許税　　金〇, 〇00 円[※3]
　　移転分　　金〇円
　　信託分　　金〇円
不動産の表示（省略）

※１　登記識別情報の通知は、登記所の窓口または送付によって受領することができます。送付を希望する場合には、その旨と送付先を記載します。窓口で受領する場合には何も記載する必要はありません。

※２　固定資産の評価証明書に記載されている不動産の価格のうち、1,000 円未満の端数を切り捨てた金額を記載します。

※３　移転登記分と信託登記分の金額の合計金額のうち、100 円未満の端数を切り捨てた金額を記載します。

報告形式の登記原因証明情報見本

登記原因証明情報

1　登記申請情報の要項

(1)　登記の目的　　所有権移転及び信託財産の処分による信託

(2)　原　　　因　　令和○年○月○日売買

(3)　当　事　者

権利者兼信託登記申請人

○市○町○丁目○番○号

甲　某

義　務　者　　○市○町○丁目○番○号

乙　某

(4)　不動産の表示　後記のとおり

(5)　信託目録に記録すべき情報　別紙のとおり

2　登記の原因となる事実又は法律行為

(1)　信託契約の締結

受託者甲某と委託者丙某は令和○年○月○日、受益者を丁某とする金銭の管理運用処分を目的とした金銭信託契約を締結した。

当該信託契約には、当該金銭によって受益者のために賃貸用不動産を購入することができる旨の規定があり、これにより取得した不動産は信託財産とする旨の規定がある。

(2)　上記信託契約に基づき、令和○年○月○日、受託者甲某は、乙某と当該不動産の売買契約を締結し、同日、甲某は乙某に信託財産である金銭をもって売買代金の全額を支払い、乙某はこれを受領した。

よって、本件不動産の所有権は、同日売買を原因として乙某から甲某に移転し、同時に本件不動産は信託財産となった。

令和○年○月○日　○地方法務局　○出張所御中

上記の登記原因のとおり相違ありません。

権利者　○市○町○丁目○番○号
（受託者）　　　　甲　　某　㊞

義務者　○市○町○丁目○番○号
乙　　某　㊞

不動産の表示（省略）

信託目録に記録すべき情報（省略）

登記記録例　　信託財産の処分により不動産を取得した場合

権利部（甲区）　　（所有権に関する事項）			
順位番号	登記の目的	受付年月日・受付番号	権利者その他の事項
2	所有権移転	令和○年○月○日 第○号	原因　令和○年○月○日売買 所有者　○市○町○丁目○番○号 　　　　乙　某
3	所有権移転	令和○年○月○日 第○号	原因　令和○年○月○日売買[※1] 所有者[※2]　○市○町○丁目○番○号 　　　　甲　某
	信託財産の 処分による 信託	余白	信託目録第○号

※1　所有権移転の原因は、「信託」ではなく、「売買」となります。

※2　権利者の表記は、「受託者」ではなく、「所有者」となります。

9　信託財産の処分により別信託の目的である不動産を取得した場合

1 . はじめに

　別信託の受託者乙が信託契約に定められた目的および方法によって信託財産である当該不動産を丙に売却したときは、当該不動産は信託財産ではなくなりますので、その場合には、所有権移転の登記と同時に信託の登記の抹消登記を申請します。しかし、買主である丙が不動産を買った資金は、他の委託者から委託を受けた金銭である場合には、信託財産である金銭を処分して不動産を取得したのですから、当該不動産は信託財産となります。

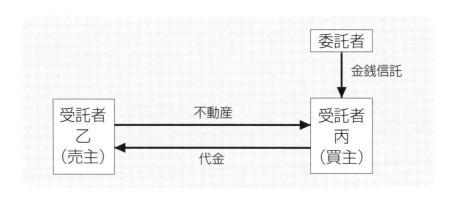

2 . 登記申請手続

(1)　申　請　人

　当該不動産の所有権の登記名義人が登記義務者となり、受託者が登記権利者となって共同で申請します。信託の登記は、受託者が単独で申請することができます（法98条2項）。

(2)　申請情報

申請情報として申請書に次の事項を記載します。

① **登記の目的**（令３条５号）

　　登記の目的は「所有権移転、○番信託登記抹消及び信託財産の処分による信託」とします。

② **登記原因およびその日付**（令３条６号）

　　所有権移転の登記の原因日付は「令和○年○月○日売買」で、その日付は売買契約成立の日です。

　　信託登記の抹消の原因は、信託財産である当該不動産を処分したことによる抹消登記のため「信託財産の処分」とし、その日付は記載しません。

③ **申請人の表示**（令３条１号、２号）

　ⅰ　権利者兼信託登記申請人の表示

　　　登記権利者および信託登記の申請人である受託者の氏名または名称および住所を記載します。受託者が法人の場合には、その代表者の氏名も記載します。また、会社法人等番号を有する法人であるときは、その会社法人等番号も記載します。

　ⅱ　義務者の表示

　　　登記義務者として、当該不動産の売主である所有権の登記名義人の氏名または名称および住所を記載します。登記義務者が法人の場合には、その代表者の氏名も記載します。また、会社法人等番号を有する法人であるときは、その会社法人等番号も記載します。

④ **添付情報の表示**（規則34条１項６号）

　　添付する情報を記載します。

⑤ **登記識別情報の通知の送付を希望する場合には、その旨を記載します。**

⑥ **登記識別情報の通知を希望しない場合には、その旨を記載します。**

⑦ **申請の年月日**（同７号）

⑧ **登記所の表示**（同８号）

⑨ **代理人の住所、氏名**（令３条３号）

　　代理人によって登記を申請するときは、その代理人の氏名または名

称および住所、代理人が法人であるときはその代表者の氏名、また、会社法人等番号を有する法人であるときは、その会社法人等番号も記載します。

⑩ **申請人または代理人の電話番号その他の連絡先**（規則34条1項1号）

⑪ **課税価格および登録免許税額の表示**（規則189条1項）

課税価格（不動産の価額）と登録免許税額を記載します。

⑫ **不動産の表示**（令3条7号、8号）

不動産の表示は、登記事項証明書の記載と符合するように記載します。ただし、不動産番号を記載した場合には、土地の場合は、土地の所在、地番、地目および地積の記載を省略できます。建物の場合は、建物の所在と土地の地番、家屋番号、建物の種類、構造および床面積等の記載を省略できます（令6条1項）。

(3) 添付情報

添付情報として次の情報（書面）を提供します。

① **登記原因証明情報**（令別表の30の項添付情報欄イ、同65の項添付情報欄ロ）

登記原因証明情報とは、登記の原因となった事実または法律行為およびこれに基づき現に権利変動が生じたことを証する情報をいいます。本件の場合は、所有権移転登記、信託登記の抹消および信託登記の3つの登記原因証明情報を提供します。

所有権移転の登記および信託登記の抹消の原因証明情報としては、売買契約書（売却により所有権が移転し、信託が終了したことがわかる情報）があります。売買契約書がない場合または提供できない場合には、契約の内容を記載した書面を提供します。これを「報告形式の登記原因証明情報」といいます。

信託に関する登記については、信託行為が信託契約の場合には、信託契約書または信託契約の内容が記載されている、いわゆる報告形式の登記原因証明情報を提供します。

② **登記識別情報または登記済証**（法22条）

登記義務者が所有権の保存または移転の登記をして登記名義人となったときに通知または交付を受けた登記識別情報または登記済証を

　提供します。

③　印鑑証明書

　　登記義務者である所有権の登記名義人の印鑑証明書を提供します。

　　登記義務者が個人の場合は、市区町村長の作成した印鑑証明書となります。登記義務者が会社等の法人の場合は、登記官の作成した当該法人の代表者の印鑑証明書となります。これらの印鑑証明書は、作成後3か月以内のものでなければなりません（令16条2項、3項）。

　　ただし、会社法人等番号を有する法人の場合において会社法人等番号を申請書に記載した場合であり、かつ、登記官が記名押印した者の印鑑に関する証明書を作成することが可能である場合には、印鑑証明書の提供は必要ありません（規則48条1号）。

④　住所証明情報（令別表の30の項添付情報欄ハ）

　　登記名義人となる者（権利者）の住所を証する市区町村長または登記官その他の公務員が職務上作成した証明書を提供します。

　　具体的には、自然人の場合は、市区町村長の作成した「住民票の写し」、「住民票記載事項証明書」または「戸籍の附票の写し」です。

　　法人の場合は、登記官が作成した法人の登記事項証明書を提供します。ただし、会社法人等番号を有する法人の場合において会社法人等番号を提供した場合には、住所証明情報を提供する必要はありません（令9条、規則36条4項）。

⑤　信託目録に記録すべき情報（令15条、令別表の65の項添付情報欄ハ）

　　信託の登記の申請を書面申請によりするときは、申請人は信託目録に記録すべき情報を記載した書面（当該情報が電磁的記録で作成されている場合は、当該添付情報を記録した磁気ディスクを含む）を提供します。

⑥　会社法人等番号（令7条1項1号イ）

　　申請人が会社法人等番号を有する法人であるときは、会社法人等番号を提供します。ただし、作成後3か月以内の当該法人の代表者の資格を証する登記事項証明書または支配人等の権限を証する登記事項証明書を提供したときは、会社法人等番号の提供は要しません（規則36条1項、2項）。

⑦　代理権限証明情報

代理人によって登記を申請するときは、当該代理人の権限を証する情報を提供します（令7条1項2号）。たとえば、委任状などです。

⑧　固定資産の評価証明書

法定の添付情報ではありませんが、登録免許税を計算するのに必要なため、市区町村が発行している「固定資産の評価証明書」を提供しているのが実情です。

(4)　登録免許税

①　所有権移転登記

所有権移転登記については、不動産の価額の1000分の20となります（登録免許税法別表第1、1、(2)ハ）。ただし、土地の売買については、租税特別措置法72条1項1号の軽減の規定があり、令和8年3月31日までは、税率は1000分の15になります。その場合には、申請書に軽減の根拠となる法令の条項を記載します（規則189条3項）。

②　信託の抹消の登記

不動産1個につき1,000円となります。

③　信託の登記

不動産の価額の1000分の4となります（登録免許税法別表第1、1、⑽イ）。ただし、土地に関する所有権の信託の登記については、租税特別措置法72条1項2号の軽減の規定があり、令和8年3月31日までは、税率は1000分の3になります。その場合には、申請書に軽減の根拠となる法令の条項を記載します（規則189条3項）。

申請書見本

登 記 申 請 書

登記の目的　　所有権移転、3番信託登記抹消及び信託財産の処分
　　　　　　　による信託
原　　　因　　所有権移転　令和○年○月○日売買
　　　　　　　信託登記抹消　信託財産の処分
権利者兼信託登記申請人
　　　　　　　　○市○町○丁目○番○号
　　　　　　　　株式会社　A
　　　　　　　（会社法人等番号　1234 − 56 − 789012）
　　　　　　　　代表取締役　甲　某
義　務　者　　○市○町○丁目○番○号
　　　　　　　　乙　某
添 付 情 報
登記原因証明情報　　登記識別情報　　印鑑証明書
代理権限証明情報　　信託目録に記録すべき情報　会社法人等番号
登記完了後に通知される登記識別情報通知書・登記完了証・還付される添付情報は代理人の住所に送付を希望します。[※1]
令和○年○月○日　　○地方法務局○出張所
代 理 人　　○市○町○丁目○番○号
　　　　　　　　○　○　○　○　㊞
　　　　　　　　連絡先の電話番号　○○○ - ○○○○ - ○○○○
課税価格　　金○○, 000 円[※2]
登録免許税　　金○, ○ 00 円[※3]
　　移転分　　金○円
　　抹消分　　金○円
　　信託分　　金○円
不動産の表示及び信託目録の表示（省略）

※1　登記識別情報の通知は、登記所の窓口または送付によって受領することができます。送付を希望する場合には、その旨と送付先を記載します。窓口で受領する場合には何も記載する必要はありません。

※2　固定資産の評価証明書に記載されている不動産の価格のうち、1,000円未満の端数を切り捨てた金額を記載します。

※3　移転登記分、信託の抹消登記分および信託登記分の金額の合計金額のうち、100円未満の端数を切り捨てた金額を記載します。

登記記録例　信託財産の処分により別信託の目的である不動産を取得した場合

権利部（甲区）	（所有権に関する事項）		
順位番号	登記の目的	受付年月日・受付番号	権利者その他の事項
2	所有権移転	（省略）	（省略）
3	所有権移転	令和○年○月○日第○号	原因　令和○年○月○日売買 受託者　○市○町○丁目○番○号 　　　　乙　某
	信託	余白抹消	信託目録第10号
4	所有権移転	令和○年○月○日第○号	原因　令和○年○月○日売買[1] 所有者[2]○市○町○丁目○番○号 　　　　株式会社　A
	3番信託登記抹消	余白	原因　信託財産の処分
	信託財産の処分による信託	余白	信託目録第20号

※1　順位番号4番の所有権移転の原因は、「信託」ではなく、「売買」となります。
※2　順位番号4番の権利者の表記は、「受託者」ではなく、「所有者」となります。

🔟　地上権移転と信託

1. はじめに

　不動産の所有権以外の権利（地上権等）も信託に供することができます。その場合、権利の移転登記と信託の登記は同時に申請しなければならないとされていますが、同時にするということは、同一の申請書ですることになります（法98条1項、令5条2項）。

2. 登記申請手続

(1)　申　請　人

　地上権移転の登記については、当該不動産の地上権の登記名義人である委託者が登記義務者となり、受託者が登記権利者となって共同で申請します。信託の登記は、受託者が単独で申請することができます（法98条2項）。

(2)　申請情報

申請情報として申請書に次の事項を記載します。
① 　登記の目的（令3条5号）
　　登記の目的は「○番地上権移転及び信託」とします。
　　受託者が2人以上の場合は「○番地上権移転（合有）及び信託」とします。
② 　登記原因およびその日付（令3条6号）
　　登記の原因日付は「令和○年○月○日信託」で、その日付は信託契約成立の日です。
③ 　申請人の表示（令3条1号、2号）
　　ｉ　権利者兼信託登記申請人の表示
　　　登記権利者および信託登記の申請人である受託者の氏名または名称および住所を記載します。受託者が2人以上の場合でも持分の記

載はしません。

受託者が法人の場合には、その代表者の氏名も記載します。また、会社法人等番号を有する法人であるときは、その会社法人等番号も記載します。

ⅱ　義務者の表示

登記義務者として、委託者である地上権の登記名義人の氏名または名称および住所を記載します。委託者が法人の場合には、その代表者の氏名も記載します。また、会社法人等番号を有する法人であるときは、その会社法人等番号も記載します。

④　**添付情報の表示**（規則34条1項6号）

添付する情報を記載します。

⑤　**登記識別情報の通知の送付を希望する場合には、その旨を記載します。**

⑥　**登記識別情報の通知を希望しない場合には、その旨を記載します。**

⑦　**申請の年月日**（同7号）

⑧　**登記所の表示**（同8号）

⑨　**代理人の住所、氏名**（令3条3号）

代理人によって登記を申請するときは、その代理人の氏名または名称および住所、代理人が法人であるときはその代表者の氏名、また、会社法人等番号を有する法人であるときは、その会社法人等番号も記載します。

⑩　**申請人または代理人の電話番号その他の連絡先**（規則34条1項1号）

⑪　**課税価格および登録免許税額の表示**（規則189条1項）

課税価格（不動産の価額）と登録免許税額を記載します。

⑫　**不動産の表示**（令3条7号、8号）

不動産の表示は、登記事項証明書の記載と符合するように記載します。ただし、不動産番号を記載した場合には、土地の場合は、土地の所在、地番、地目および地積の記載を省略できます（令6条1項）。

（3）　添付情報

添付情報として次の情報（書面）を提供します。

①　**登記原因証明情報**（令7条1項5号ロ、令別表の65の項添付情報欄ロ）

　登記原因証明情報とは、登記の原因となった事実または法律行為およびこれに基づき現に権利変動が生じたことを証する情報をいいます。

　信託に関する登記については、信託行為が信託契約の場合には、信託契約書または信託契約の内容が記載されている、いわゆる報告形式の登記原因証明情報を提供します。

② **登記識別情報または登記済証**（法22条）

　登記義務者が地上権の設定または移転の登記をして登記名義人となったときに通知または交付を受けた登記識別情報または登記済証を提供します。

③ **信託目録に記録すべき情報**（令15条、令別表の65の項添付情報欄ハ）

　信託の登記の申請を書面申請によりするときは、申請人は信託目録に記録すべき情報を記載した書面（当該情報が電磁的記録で作成されている場合は、当該添付情報を記録した磁気ディスクを含む）を提供します。

④ **会社法人等番号**（令７条１項１号イ）

　申請人が会社法人等番号を有する法人であるときは、会社法人等番号を提供します。ただし、作成後３か月以内の当該法人の代表者の資格を証する登記事項証明書または支配人等の権限を証する登記事項証明書を提供したときは、会社法人等番号の提供は要しません（規則36条１項、２項）。

⑤ **代理権限証明情報**

　代理人によって登記を申請するときは、当該代理人の権限を証する情報を提供します（令７条１項２号）。たとえば、委任状などです。

⑥ **固定資産の評価証明書**

　法定の添付情報ではありませんが、登録免許税を計算するために必要なため、市区町村が発行している「固定資産の評価証明書」を提供しているのが実情です。

(4)　登録免許税

① **地上権移転登記**

　地上権移転登記については、非課税です（登録免許税法７条１項１

号）。その場合には、申請書に免除の根拠となる法令の条項を記載します（規則 189 条 2 項）。

② 信託の登記

不動産の価額の 1000 分の 2 となります（登録免許税法別表第 1、1、⑽ハ）。

申請書見本

登 記 申 請 書

登記の目的　　２番地上権移転及び信託[※1]

原　　　因　　令和○年○月○日信託

権利者兼信託登記申請人

　　　　　　　○市○町○丁目○番○号
　　　　　　　　甲　某

義　務　者　　○市○町○丁目○番○号
　　　　　　　　乙　某

添付情報

登記原因証明情報　　登記識別情報

代理権限証明情報　　信託目録に記録すべき情報

登記完了後に通知される登記識別情報通知書・登記完了証・還付される添付情報は代理人の住所に送付を希望します[※2]。

令和○年○月○日　　　○地方法務局○出張所

代　理　人　　○市○町○丁目○番○号
　　　　　　　　○　○　○　○　㊞
　　　　　　　連絡先の電話番号　○○○ - ○○○○ - ○○○○

課 税 価 格　　金○○，000 円[※3]

登録免許税　　金○，○00 円[※4]

　　移転分　　登録免許税法 7 条 1 項 1 号により非課税

　　信託分　　金○円

不動産の表示（省略）

※1　受託者が 2 人以上の場合は、「○番地上権移転（合有）及び信託」とします。

※2　登記識別情報の通知は、登記所の窓口または送付によって受領することができます。送付を希望する場合には、その旨と送付先を記載します。窓口で受領する場合には何も記載する必要はありません。

※3　固定資産の評価証明書に記載されている不動産の価格のうち、1,000 円未

満の端数を切り捨てた金額を記載します。

※4　課税価格に所定の税率（1000分の2）を掛けて出てきた金額のうち、100円未満の端数を切り捨てた金額を記載します。

登記記録例　**地上権移転及び信託の場合**

権利部（乙区）　（所有権以外の権利に関する事項）			
順位番号	登記の目的	受付年月日・受付番号	権利者その他の事項
2	地上権設定	令和○年○月○日 第○号	（省略） 地上権者　○市○町○丁目○番○号 　　　　　乙　某
付記1号	2番地上権移転	令和○年○月○日 第○号	原因　令和○年○月○日信託 受託者　○市○町○丁目○番○号 　　　　甲　某
	信託	余白	信託目録第○号

登記記録例　**地上権移転及び信託の場合（受託者が2人以上の場合）**

権利部（乙区）　（所有権以外の権利に関する事項）			
順位番号	登記の目的	受付年月日・受付番号	権利者その他の事項
2	地上権設定	令和○年○月○日 第○号	（省略） 地上権者　○市○町○丁目○番○号 　　　　　乙　某
付記1号	2番地上権移転（合有）	令和○年○月○日 第○号	原因　令和○年○月○日信託 受託者　○市○町○丁目○番○号 　　　　甲　某 　　　　○市○町○丁目○番○号 　　　　丙　某
	信託	余白	信託目録第○号

11 抵当権移転と信託

1. はじめに

　不動産の所有権以外の権利（抵当権等）も信託に供することができます。その場合、権利の移転登記と信託の登記は同時に申請しなければならないとされていますが、同時にするということは、同一の申請書ですることになります（法98条1項、令5条2項）。

　債権も財産権の1つですから、その債権を信託することも可能です。その債権が抵当権付債権であれば、債権の移転とともに、抵当権も移転しますので、委託者および受託者の申請によって抵当権の移転と同時に信託の登記をすることができます。

　なお、担保権のみを信託譲渡する抵当権移転の登記もすることができます。

2. 登記申請手続

(1)　申　請　人

　抵当権移転の登記については、当該不動産の抵当権の登記名義人である委託者が登記義務者となり、受託者が登記権利者となって共同で申請します。信託の登記は、受託者が単独で申請することができます（法98条2項）。

(2)　申請情報

　申請情報として申請書に次の事項を記載します。
① 　登記の目的（令3条5号）
　　登記の目的は「○番抵当権移転及び信託」とします。
② 　登記原因およびその日付（令3条6号）
　　登記の原因日付は担保（抵当権）付債権を信託財産とする信託に伴う抵当権移転の場合は「令和○年○月○日債権譲渡（信託）」とし、

担保権のみを信託譲渡する抵当権移転の場合は「令和○年○月○日信託」とし、いずれもその日付は信託契約成立の日です。

③　**申請人の表示**（令 3 条 1 号、2 号）

　i　権利者兼信託登記申請人の表示

　　　登記権利者および信託登記の申請人である受託者の氏名または名称および住所を記載します。受託者が 2 人以上の場合でも持分の記載はしません。

　　　受託者が法人の場合には、その代表者の氏名も記載します。また、会社法人等番号を有する法人であるときは、その会社法人等番号も記載します。

　ii　義務者の表示

　　　登記義務者として、委託者である抵当権の登記名義人の氏名または名称および住所を記載します。委託者が法人の場合には、その代表者の氏名も記載します。また、会社法人等番号を有する法人であるときは、その会社法人等番号も記載します。

④　**添付情報の表示**（規則 34 条 1 項 6 号）

　　添付する情報を記載します。

⑤　**登記識別情報の通知の送付を希望する場合には、その旨を記載します。**

⑥　**登記識別情報の通知を希望しない場合には、その旨を記載します。**

⑦　**申請の年月日**（同 7 号）

⑧　**登記所の表示**（同 8 号）

⑨　**代理人の住所、氏名**（令 3 条 3 号）

　　代理人によって登記を申請するときは、その代理人の氏名または名称および住所、代理人が法人であるときはその代表者の氏名、また、会社法人等番号を有する法人であるときは、その会社法人等番号も記載します。

⑩　**申請人または代理人の電話番号その他の連絡先**（規則 34 条 1 項 1 号）

⑪　**課税価格および登録免許税額の表示**（規則 189 条 1 項）

　　課税価格（債権金額）と登録免許税額を記載します。

⑫　**不動産の表示**（令 3 条 7 号、8 号）

　　不動産の表示は、登記事項証明書の記載と符合するように記載しま

す。ただし、不動産番号を記載した場合には、土地の場合は、土地の所在、地番、地目および地積の記載を省略できます。建物の場合は、建物の所在と土地の地番、家屋番号、建物の種類、構造および床面積等の記載を省略できます（令６条１項)。

(3)　添付情報

添付情報として次の情報（書面）を提供します。

① **登記原因証明情報**（令７条１項５号ロ、令別表の65の項添付情報欄ロ)

　　登記原因証明情報とは、登記の原因となった事実または法律行為およびこれに基づき現に権利変動が生じたことを証する情報をいいます。

　　信託に関する登記については、信託行為が信託契約の場合には、信託契約書または信託契約の内容が記載されている、いわゆる報告形式の登記原因証明情報を提供します。

② **登記識別情報または登記済証**（法22条)

　　登記義務者が抵当権の設定または移転の登記をして登記名義人となったときに通知または交付を受けた登記識別情報または登記済証を提供します。

③ **信託目録に記録すべき情報**（令15条、令別表の65の項添付情報欄ハ)

　　信託の登記の申請を書面申請によりするときは、申請人は信託目録に記録すべき情報を記載した書面（当該情報が電磁的記録で作成されている場合は、当該添付情報を記録した磁気ディスクを含む）を提供します。

④ **会社法人等番号**（令７条１項１号イ)

　　申請人が会社法人等番号を有する法人であるときは、会社法人等番号を提供します。ただし、作成後３か月以内の当該法人の代表者の資格を証する登記事項証明書または支配人等の権限を証する登記事項証明書を提供したときは、会社法人等番号の提供は要しません（規則36条１項、２項)。

⑤ **代理権限証明情報**

　　代理人によって登記を申請するときは、当該代理人の権限を証する情報を提供します（令７条１項２号)。たとえば、委任状などです。

（4）　登録免許税

①　抵当権移転登記

抵当権移転登記については、非課税です（登録免許税法7条1項1号）。その場合には、申請書に免除の根拠となる法令の条項を記載します（規則189条2項）。

②　信託の登記

債権金額の1000分の2となります（登録免許税法別表第1、1、(10)ロ）。

申請書見本

登　記　申　請　書

登記の目的　　2番抵当権移転及び信託
原　　　因　　令和○年○月○日債権譲渡（信託）[※1]
権利者兼信託登記申請人
　　　　　　　　　○市○町○丁目○番○号
　　　　　　　　　　甲　某
義　務　者　　○市○町○丁目○番○号
　　　　　　　　　　乙　某

添　付　情　報
登記原因証明情報　　　登記識別情報
代理権限証明情報　　　信託目録に記録すべき情報

登記完了後に通知される登記識別情報通知書・登記完了証・還付される添付情報は代理人の住所に送付を希望します。[※2]
令和○年○月○日　　　○地方法務局○出張所
代　理　人　　○市○町○丁目○番○号
　　　　　　　　　　○　○　○　○　○　㊞
　　　　　　　　　連絡先の電話番号　　○○○-○○○○-○○○○
課　税　価　格　　金○○，000円[※3]
登録免許税　　　金○，○00円[※4]
　　移転分　　　登録免許税法7条1項1号により非課税
　　信託分　　　金○円
不動産の表示（省略）

※1　担保（抵当権）付債権を信託財産とする信託に伴う抵当権移転の場合は「令和○年○月○日債権譲渡（信託）」とし、担保権のみを信託譲渡する抵当権移転の場合は「令和○年○月○日信託」とします。

※2　登記識別情報の通知は、登記所の窓口または送付によって受領することができます。送付を希望する場合には、その旨と送付先を記載します。窓口で受領する場合には何も記載する必要はありません。

※3　債権金額のうち、1,000円未満の端数を切り捨てた金額を記載します。

※4　債権金額に所定の税率（1000分の2）を掛けて出てきた金額のうち、100円未満の端数を切り捨てた金額を記載します。

報告形式の登記原因証明情報見本

登記原因証明情報

1　登記申請情報の要項
　(1)　登記の目的　　２番抵当権移転及び信託
　(2)　登記の原因　　令和○年○月○日債権譲渡（信託）
　(3)　当　事　者
　　　　　権利者（甲）　　○市○町○丁目○番○号
　　　　　（受託者）　　　甲　某
　　　　　義務者（乙）　　○市○町○丁目○番○号
　　　　　（委託者）　　　乙　某
　(4)　不動産の表示　後記のとおり
　(5)　信託目録に記録すべき情報　別紙のとおり
2　登記の原因となる事実又は法律行為
　(1)　乙は債務者丙某に対して金○円の債権を有し、その債権を担保するために本件不動産に対して抵当権を設定している（令和○年○月○日受付第○号）。
　(2)　甲及び乙は、この債権を受益者のために管理・処分することを目的として、令和○年○月○日その旨の信託契約を締結した。
　　　　なお、乙は、令和○年○月○日、債務者丙某に対して、本件信託契約に伴い債権が譲渡された旨の通知をした。
　(3)　本件信託契約に基づき、当該信託された債権は乙から甲へ移転し、これに伴い前記抵当権も同日、乙から甲へ移転した。
令和○年○月○日　○地方法務局　○出張所御中
　上記の登記原因のとおり相違ありません。
　　　　　　　　　　　　　権利者　○市○町○丁目○番○号
　　　　　　　　　　　　（受託者）甲　　　某　㊞

　　　　　　　　　　　　　義務者　○市○町○丁目○番○号
　　　　　　　　　　　　（委託者）乙　　　某　㊞
不動産の表示（省略）
信託目録に記録すべき情報（省略）

登記記録例　抵当権移転及び信託の場合

権利部（乙区）　　（所有権以外の権利に関する事項）			
順位番号	登記の目的	受付年月日・受付番号	権利者その他の事項
2	抵当権設定	令和○年○月○日 第○号	（省略） 抵当権者　　○市○町○丁目○番○ 　　　　　　　号 　　　　　　　乙　某
付記1号	2番抵当権移転	令和○年○月○日 第○号	原因　令和○年○月○日債権譲渡 　　　　（信託） 受託者　　○市○町○丁目○番○号 　　　　　　甲　某
	信託	余白	信託目録第○号

12　抵当権設定とセキュリティ・トラスト

1. はじめに

(1)　セキュリティ・トラストとは

　信託の設定は、通常は委託者の有する財産権を受託者に移転するわけですが、ある財産を受託者に帰属させるという形で設定されることがあります。

　セキュリティ・トラストとは、担保権を被担保債権から切り離して信託財産とする信託のことをいいます。

　たとえば、委託者が自己の不動産に抵当権を設定して、抵当権者を受託者として、その担保権を保有・管理させ、債権者を受益者とすることです。シンジケート・ローン※のように債権者が多数の場合には、各債権者が担保権を有しているよりも特定の者が債権者のために担保権を有しているほうが便利であるとされています。たとえば、債権譲渡をすればそれに伴って抵当権も移転しますので、その登記費用はばかになりません。そこで、抵当権自体を債権者と切り離しておけばそのようなことをする必要がありませんので、信託法では、セキュリティ・トラストの有効性を明確化しました（信託法3条1号、2号）。

　セキュリティ・トラストを設定するためには、いわゆる直接設定方式と二段階設定方式が考えられています。

　直接設定方式とは、抵当権設定者が債権者を受益者と指定したうえで受託者に抵当権を設定することによって信託を設定する方法を指すといわれています。

　二段階設定方式とは、いったん債権者が抵当権設定者から抵当権の設定を受けてから、当該抵当権を被担保債権と分離して受託者に移転することによって信託する方法を指すといわれています（井上聡編著『新しい信託30講』弘文堂158頁参考）。

　セキュリティ・トラストといえば通常は直接設定方式のことをいいますが、二段階設定方式のほうが移転形式をとるため理解しやすいかもし

れません。

> ※　シンジケート・ローンとは、複数金融機関が中長期の大口または巨額融資案件の資金負担とリスクを分散するため、金融機関（シンジケート団）を組成して行う協調融資のことをいいます。その場合、同一の条件・契約書によって融資を行います。

(2)　債権者の同意の要否について

　セキュリティ・トラストを設定するに際して、受益者たる債権者の同意は必要かという点ですが、受益者は信託契約の当事者ではなく、原則として受益者の同意がなくても他益信託※が成立することから（信託法88条1項参照）、セキュリティ・トラストについても受益者の同意は必要ないとされています（佐藤哲治編著『よくわかる信託法』ぎょうせい67頁）。しかし、直接設定方式における信託行為（信託契約）が同時に抵当権設定行為でもある以上、担保権者＝債権者原則の例外を認めるために受益者となるべき債権者の同意を必要とするという意見（井上聡編著『新しい信託30講』弘文堂159頁）もあります。

> ※　他益信託とは、受託者の行う財産の管理・処分が委託者本人の利益のためではなく、それ以外の第三者である受益者の利益のためになされる信託のことです（新井67頁）。

(3)　担保権の実行について

　担保権実行の手続きに関しては、被担保債権の債権者ではないが、担保権者である受託者は、信託事務として、担保権の実行の申立てをし、売却代金の配当または弁済金の交付を受けることができるとされています（信託法55条）。

2．登記申請手続

(1)　申　請　人

　当該不動産の所有権の登記名義人である委託者が登記義務者となり、受託者が登記権利者となって共同で申請します。信託の登記は、受託者

が単独で申請することができます（法98条2項）。

(2)　申請情報

申請情報として申請書に次の事項を記載します。

① **登記の目的**（令3条5号）

登記の目的は「抵当権設定及び信託」とします。

② **登記原因およびその日付**（令3条6号）

登記の原因日付は被担保債権の発生原因とその日付および抵当権を信託とする契約が成立した日を「令和○年○月○日金銭消費貸借令和○年○月○日信託」のように記載します。

③ **債権額**（法83条1項1号）

④ **利息**（法88条1項1号、令別表の55の項申請情報欄ロ）

利息に関する定めがあるときは記載します。

⑤ **損害金**（法88条1項2号、令別表の55の項申請情報欄ロ）

損害金に関する定めがあるときは記載します。

⑥ **債権に条件を付したときはその条件**（法88条1項3号、令別表の55の項申請情報欄ロ）

⑦ **民法370条ただし書の別段の定めがあるときは、その定め**（法88条1項4号、令別表の55の項申請情報欄ロ）

⑧ **債務者の表示**（法83条1項2号）

⑨ **申請人の表示**（令3条1号、2号）

　ⅰ　権利者兼信託登記申請人の表示

登記権利者である抵当権者および信託登記の申請人である受託者の氏名または名称および住所を記載します。受託者が法人の場合には、その代表者の氏名も記載します。また、会社法人等番号を有する法人であるときは、その会社法人等番号も記載します。

　ⅱ　義務者の表示

登記義務者として、委託者である所有権の登記名義人の氏名または名称および住所を記載します。委託者が法人の場合には、その代表者の氏名も記載します。また、会社法人等番号を有する法人であるときは、その会社法人等番号も記載します。

⑩ **添付情報の表示**（規則34条1項6号）

添付する情報を記載します。

⑪　登記識別情報の通知の送付を希望する場合には、その旨を記載します。

⑫　登記識別情報の通知を希望しない場合には、その旨を記載します。

⑬　申請の年月日（同７号）

⑭　登記所の表示（同８号）

⑮　代理人の住所、氏名（令３条３号）

代理人によって登記を申請するときは、その代理人の氏名または名称および住所、代理人が法人であるときはその代表者の氏名、また、会社法人等番号を有する法人であるときは、その会社法人等番号も記載します。

⑯　申請人または代理人の電話番号その他の連絡先（規則34条１項１号）

⑰　課税価格および登録免許税額の表示（規則189条１項）

課税価格（債権金額）と登録免許税額を記載します。

⑱　不動産の表示（令３条７号、８号）

不動産の表示は、登記事項証明書の記載と符合するように記載します。

ただし、不動産番号を記載した場合には、土地の場合は、土地の所在、地番、地目および地積の記載を省略できます。建物の場合は、建物の所在と土地の地番、家屋番号、建物の種類、構造および床面積等の記載を省略できます（令６条１項）。

(3)　添付情報

添付情報として次の情報（書面）を提供します。

①　登記原因証明情報（令７条１項５号ロ、令別表の65の項添付情報欄ロ）

登記原因証明情報とは、登記の原因となった事実または法律行為およびこれに基づき現に権利変動が生じたことを証する情報をいいます。

抵当権設定および信託の場合は、抵当権設定契約書と信託契約書がこれにあたります。

契約書等がない場合または提供できない場合には、抵当権設定契約および信託契約の内容が記載されている、いわゆる報告形式の登記原

因証明情報を提供します。

② **登記識別情報または登記済証**（法 22 条）

登記義務者が所有権の保存または移転の登記をして登記名義人となったときに通知または交付を受けた登記識別情報または登記済証を提供します。

③ **印鑑証明書**

登記義務者である所有権の登記名義人の印鑑証明書を提供します。

登記義務者が個人の場合は、市区町村長の作成した印鑑証明書となります。登記義務者が会社等の法人の場合は、登記官の作成した当該法人の代表者の印鑑証明書となります。これらの印鑑証明書は、作成後 3 か月以内のものでなければなりません（令 16 条 2 項、3 項）。

ただし、会社法人等番号を有する法人の場合において会社法人等番号を申請書に記載した場合であり、かつ、登記官が記名押印した者の印鑑に関する証明書を作成することが可能である場合には、印鑑証明書の提供は必要ありません（規則 48 条 1 号）。

④ **信託目録に記録すべき情報**（令 15 条、令別表 65 の項添付情報欄ハ）

信託の登記の申請を書面申請によりするときは、申請人は信託目録に記録すべき情報を記載した書面（当該情報が電磁的記録で作成されている場合は、当該添付情報を記録した磁気ディスクを含む）を提供します。

⑤ **会社法人等番号**（令 7 条 1 項 1 号イ）

申請人が会社法人等番号を有する法人であるときは、会社法人等番号を提供します。ただし、作成後 3 か月以内の当該法人の代表者の資格を証する登記事項証明書または支配人等の権限を証する登記事項証明書を提供したときは、会社法人等番号の提供は要しません（規則 36 条 1 項、2 項）。

⑥ **代理権限証明情報**

代理人によって登記を申請するときは、当該代理人の権限を証する情報を提供します（令 7 条 1 項 2 号）。たとえば、委任状などです。

（4）　登録免許税

① **抵当権設定登記**

抵当権設定登記については、債権金額の 1000 分の 4 となります（登録免許税法別表第 1、1、(5)）。

② **信託の登記**

債権金額の 1000 分の 2 となります（登録免許税法別表第 1、1、(10)ロ）。

申請書見本

```
            登 記 申 請 書

登記の目的    抵当権設定及び信託
原    因    令和○年○月○日金銭消費貸借令和○年○月○日信
            託
債 権 額    金 600 万円
利    息    年○. ○%
損 害 金    年○. ○%
債 務 者    ○市○町○丁目○番○号
            乙 某
権利者兼信託登記申請人
            ○市○町○丁目○番○号
            株式会社　A
            (会社法人等番号　000000000000)
            代表取締役　○○○○
義 務 者    ○市○町○丁目○番○号
            乙 某
添 付 情 報
登記原因証明情報　　登記識別情報　　印鑑証明書
代理権限証明情報　信託目録に記録すべき情報　会社法人等番号

令和○年○月○日　　○地方法務局○出張所
代 理 人    ○市○町○丁目○番○号
            ○　○　○　○　㊞
            連絡先の電話番号　○○○ - ○○○○ - ○○○○
課 税 価 格    金 600 万円
登 録 免 許 税  金 36,000 円
  抵当権設定    金 24,000 円
  信 託 分    金 12,000 円
不動産の表示（省略）
```

報告形式の登記原因証明情報見本

登記原因証明情報

1　登記申請情報の要項
　(1)　登記の目的　　抵当権設定及び信託
　(2)　登記の原因　　令和○年○月○日金銭消費貸借令和○年○月
　　　　　　　　　　○日信託
　(3)　当　事　者
　　　　権利者（甲）　　　○市○町○丁目○番○号
　　　（受託者）　　　　　株式会社　Ａ
　　　　義務者（乙）　　　○市○町○丁目○番○号
　　　（委託者）　　　　　乙　某
　(4)　不動産の表示
　　　　所　在　○市○町三丁目
　　　　地　番　100 番
　　　　地　目　宅地
　　　　地　積　○○．○○㎡
　(5)　信託目録に記録すべき情報　後記のとおり
2　登記の原因となる事実又は法律行為
　(1)　債権者丙某は乙との間で、令和○年○月○日次のとおり金銭
　　　消費貸借契約をし、丙某は債務者乙某に対し、本契約に基づく
　　　金銭を貸し渡した。
　　　　債権額　金 600 万円
　　　　利　　息　　年○．○%
　　　　損　害　金　　年○．○%
　　　　債　務　者　　○市○町○丁目○番○号
　　　　　　　　　　　乙　某
　(2)　甲及び乙は、この債権を担保するために上記不動産に甲を抵
　　　当権者とする抵当権を設定し、同時に受益者丙某のために、令
　　　和○年○月○日信託契約を締結した。
令和○年○月○日　○地方法務局　○出張所御中
　上記の登記原因のとおり相違ありません。
　　　　　　　　　　　　　権利者　○市○町○丁目○番○号
　　　　　　　　　　　（受託者）　株式会社　Ａ
　　　　　　　　　　　　　　　　　代表取締役 ○○○○　㊞
　　　　　　　　　　　　　義務者　○市○町○丁目○番○号
　　　　　　　　　　　（委託者）　乙　　　　某　㊞
　　信託目録に記録すべき情報（省略）

登記記録例　抵当権設定及び信託の場合

権利部（乙区）　（所有権以外の権利に関する事項）			
順位番号	登記の目的	受付年月日・受付番号	権利者その他の事項
2	抵当権設定	令和○年○月○日 第○号	原因　令和○年○月○日金銭消費 　　　　貸借令和○年○月○日信託 債権額　金600万円 利息　年○．○% 損害金　年○．○% 債務者　○市○町○丁目○番○号 　　　　乙　某 受託者　○市○町○丁目○番○号 　　　　株式会社　A
	信託	余白	信託目録第○号

信託目録記録例

信　託　目　録		調製	令和○年○月○日
番　　号	受付年月日・受付番号	予　　備	
第○号	令和○年○月○日 第○○○○号	余白	
1　委託者に関する事項	○市○町○丁目○番○号 　　乙　某		
2　受託者に関する事項	○市○町○丁目○番○号 　　株式会社　A		
3　受益者に関する事項等	受益者　○市○町○丁目○番○号 　　丙　某		
4　信託条項	（省略）		

13　根抵当権設定とセキュリティ・トラスト

1. はじめに

　根抵当権を対象とするセキュリティ・トラストの登記は以下の理由によって可能と考えられ認められています（平成24年4月26日民二第1084号第二課長回答『登記研究』776号　第3編第2章関係通達等**11**）。

　根抵当権の場合、元本の確定前に、当該根抵当権を譲渡するとともに、その被担保債権を譲渡した場合において、当該譲渡に係る債権を当該根抵当権によって担保させるためには、被担保債権の範囲の変更（民法398条の4）により、当該債権を被担保債権に追加する必要があります。

　したがって、根抵当権の信託の登記の場合においても、根抵当権の元本確定前に被担保債権を譲渡する場合には、被担保債権の範囲の変更をしなければ当該債権がセキュリティ・トラストに係る根抵当権によって担保されないのではないかと疑問が生じます。

　しかし、信託行為において、①セキュリティ・トラストに係る受益権、②被担保債権、③セキュリティ・トラストに係る根抵当権の被担保債権の範囲を定める極度貸付契約に係る契約上の地位を一体として譲渡する旨が定められている場合には、譲渡債権が引き続きセキュリティ・トラストの信託財産たる根抵当権によって担保されていると考えられるので、被担保債権の範囲の変更は不要と考えられています。その理由は、①根抵当権によって担保される一定の融資枠をもつ者が、その枠内で生じた債務者に対する債権について、目的物の価格代替物から優先弁済を受ける仕組みが確保されており、根抵当権の本質に反するということができないこと、②受益者の地位に変動が生じたとしても、担保権は変更されず、被担保債権の範囲は、信託行為の定めによって特定することができることから、セキュリティ・トラストの仕組みを前提とすれば、譲渡債権が引き続きセキュリティ・トラストの信託財産である根抵当権によって担保されていると考えられますので、被担保債権の範囲の変更は不要であると解されています（平成24年4月26日民二第1084号第二課長回答『登記研究』776号【解説】116頁・河本哲志）。

2．登記申請手続

（1）　申　請　人

　当該不動産の所有権の登記名義人である委託者が登記義務者となり、受託者が登記権利者となって共同で申請します。信託の登記は、受託者が単独で申請することができます（法98条2項）。

（2）　申請情報

申請情報として申請書に次の事項を記載します。

① **登記の目的**（令3条5号）
　登記の目的は「根抵当権設定及び信託」とします。

② **登記原因およびその日付**（令3条6号）
　登記の原因日付は担保権を信託とした信託契約の締結の年月日を記載し、「令和○年○月○日信託」のように記載します。

③ **極度額**（法88条2項1号、令別表の56の項申請情報欄ロ）

④ **債権の範囲**（法88条2項1号、令別表の56の項申請情報欄ロ）

⑤ **確定期日**（法88条2項3号、令別表の56の項申請情報欄ロ）
　確定期日の定めがあるときは記載します。

⑥ **申請人の表示**（令3条1号、2号）
　ⅰ　権利者兼信託登記申請人の表示
　　登記権利者である根抵当権者および信託登記の申請人である受託者の氏名または名称および住所を記載します。受託者が法人の場合には、その代表者の氏名も記載します。また、会社法人等番号を有する法人であるときは、その会社法人等番号も記載します。
　ⅱ　義務者の表示
　　登記義務者として、委託者である所有権の登記名義人の氏名または名称および住所を記載します。委託者が法人の場合には、その代表者の氏名も記載します。また、会社法人等番号を有する法人であるときは、その会社法人等番号も記載します。

⑦ **添付情報の表示**（規則34条1項6号）
　添付する情報を記載します。

⑧　登記識別情報の通知の送付を希望する場合には、その旨を記載します。

⑨　登記識別情報の通知を希望しない場合には、その旨を記載します。

⑩　**申請の年月日**（同 7 号）

⑪　**登記所の表示**（同 8 号）

⑫　**代理人の住所、氏名**（令 3 条 3 号）

　　代理人によって登記を申請するときは、その代理人の氏名または名称および住所、代理人が法人であるときはその代表者の氏名、また、会社法人等番号を有する法人であるときは、その会社法人等番号も記載します。

⑬　**申請人または代理人の電話番号その他の連絡先**（規則 34 条 1 項 1 号）

⑭　**課税価格および登録免許税額の表示**（規則 189 条 1 項）

　　課税価格（極度金額）と登録免許税額を記載します。

⑮　**不動産の表示**（令 3 条 7 号、8 号）

　　不動産の表示は、登記事項証明書の記載と符合するように記載します。ただし、不動産番号を記載した場合には、土地の場合は、土地の所在、地番、地目および地積の記載を省略できます。建物の場合は、建物の所在と土地の地番、家屋番号、建物の種類、構造および床面積等の記載を省略できます（令 6 条 1 項）。

（3）　添付情報

添付情報として次の情報（書面）を提供します。

①　**登記原因証明情報**（令別表の 56 の項添付情報欄イ、同 65 の項添付情報欄ロ）

　　登記原因証明情報とは、登記の原因となった事実または法律行為およびこれに基づき現に権利変動が生じたことを証する情報をいいます。

　　根抵当権設定および信託の場合は、根抵当権設定契約書と信託契約書がこれにあたります。

　　契約書等がない場合または提供できない場合には、根抵当権設定契約および信託契約の内容が記載されている、いわゆる報告形式の登記原因証明情報を提供します。

② 登記識別情報または登記済証（法22条）

　登記義務者が所有権の保存または移転の登記をして登記名義人となったときに通知または交付を受けた登記識別情報または登記済証を提供します。

③ 印鑑証明書

　登記義務者である所有権の登記名義人の印鑑証明書を提供します。

　登記義務者が個人の場合は、市区町村長の作成した印鑑証明書となります。登記義務者が会社等の法人の場合は、登記官の作成した当該法人の代表者の印鑑証明書となります。これらの印鑑証明書は、作成後3か月以内のものでなければなりません（令16条2項、3項）。

　ただし、会社法人等番号を有する法人の場合において会社法人等番号を申請書に記載した場合であり、かつ、登記官が記名押印した者の印鑑に関する証明書を作成することが可能である場合には、印鑑証明書の提供は必要ありません（規則48条1号）。

④ 信託目録に記録すべき情報（令15条、令別表の65の項添付情報欄ハ）

　信託の登記の申請を書面申請によりするときは、申請人は信託目録に記録すべき情報を記載した書面（当該情報が電磁的記録で作成されている場合は、当該添付情報を記録した磁気ディスクを含む）を提供します。

⑤ 会社法人等番号（令7条1項1号イ）

　申請人が会社法人等番号を有する法人であるときは、会社法人等番号を提供します。ただし、作成後3か月以内の当該法人の代表者の資格を証する登記事項証明書または支配人等の権限を証する登記事項証明書を提供したときは、会社法人等番号の提供は要しません（規則36条1項、2項）。

⑥ 代理権限証明情報

　代理人によって登記を申請するときは、当該代理人の権限を証する情報を提供します（令7条1項2号）。たとえば、委任状などです。

(4)　登録免許税

① 根抵当権設定登記

　根抵当権設定登記については、極度金額の1000分の4となります（登

録免許税法別表第 1、1、(5))。

② **信託の登記**

極度金額の 1000 分の 2 となります(登録免許税法別表第 1、1、(10)ロ)。

申請書見本

登　記　申　請　書

登記の目的　　根抵当権設定及び信託
原　　　因　　令和○年○月○日信託
極　度　額　　金 6,000 万円
債権の範囲
　　　令和○年○月○日継続的金銭消費貸借契約
　　　令和○年○月○日当座貸越契約
　　　令和○年○月○日金銭の相互支払に関する契約
　　　令和○年○月○日相互支払契約
　　　令和○年○月○日金利交換取引契約
　　　令和○年○月○日金銭の相互支払に関する基本契約
　　　令和○年○月○日デリバティブ取引に関する基本契約
　　　令和○年○月○日金銭相互支払契約
　　　令和○年○月○日債権譲渡(譲渡人　株式会社○銀行)にかか
　　　　　る債権
債　務　者　　○市○町○丁目○番○号
　　　　　　　株式会社　B
権利者兼信託登記申請人
　　　　　　　○市○町○丁目○番○号
　　　　　　　株式会社　A
　　　　　　　(会社法人等番号　000000000000)
　　　　　　　　代表取締役　○○○○
義　務　者　　○市○町○丁目○番○号
　　　　　　　株式会社　B
　　　　　　　(会社法人等番号　123456789012)
　　　　　　　　代表取締役　○○○○

添付情報
登記原因証明情報　　登記識別情報　　印鑑証明書
代理権限証明情報　　信託目録に記録すべき情報　会社法人等番号
令和○年○月○日　　○地方法務局○出張所
代　理　人　　○市○町○丁目○番○号
　　　　　　　　　○　○　○　○　㊞
　　　　　　　連絡先の電話番号　○○○ - ○○○○ - ○○○○
課 税 価 格　　金 6,000 万円
登録免許税　　金 360,000 円
　内訳　根抵当権設定　　金 240,000 円
　　　　信　　　託　　金 120,000 円
不動産の表示（省略）

報告形式の登記原因証明情報見本

登記原因証明情報

1　登記申請情報の要項
(1)　登記の目的　　根抵当権設定及び信託
(2)　登記の原因　　令和○年○月○日信託
(3)　当　事　者
　　　　権利者（甲）　　○市○町○丁目○番○号
　　　（受託者）　　　　株式会社　A
　　　　義務者（乙）　　○市○町○丁目○番○号
　　　（委託者）　　　　株式会社　B
(4)　不動産の表示
　　　　所　在　○市○町三丁目
　　　　地　番　100番
　　　　地　目　宅地
　　　　地　積　○○．○○㎡
(5)　信託目録に記録すべき情報　別紙のとおり
2　登記の原因となる事実又は法律行為
(1)　甲と乙は、令和○年○月○日、受益者のために、本件不動産の
　　うえに、下記「根抵当権の内容」及び後記「信託目録に記録すべ
　　き情報」のとおり、根抵当権を設定する方法により信託設定した。
　　　根抵当権の内容
　　　極　度　額　　金6,000万円
　　　債権の範囲
　　　　　令和○年○月○日継続的金銭消費貸借契約
　　　　　令和○年○月○日当座貸越契約
　　　　　令和○年○月○日金銭の相互支払に関する契約
　　　　　令和○年○月○日相互支払契約
　　　　　令和○年○月○日金利交換取引契約
　　　　　令和○年○月○日金銭の相互支払に関する基本契約
　　　　　令和○年○月○日デリバティブ取引に関する基本契約
　　　　　令和○年○月○日金銭相互支払契約
　　　　　令和○年○月○日債権譲渡（譲渡人　株式会社○銀行）にか
　　　　　　　　　　　　かる債権
　　　債　務　者　　○市○町○丁目○番○号
　　　　　　　　　　株式会社　B
　　　確定期日　　　定めない

(2)　受益者について

　　上記(1)の根抵当権信託設定に係る契約において、根抵当権の担保すべき債権の範囲たる後記「被担保債権の範囲」記載の契約における貸付人、個別債権の債権者及び根抵当権信託の受益者の三者が一体となる関係が維持される旨、規定されている。よって、本件被担保債権及び貸付人たる地位が譲渡された場合、本件被担保債権及び貸付人たる地位とともに、根抵当権信託の受益権も、本件被担保債権及び貸付人たる地位の譲受人の下に移転することとなる。

(3)　受益者を定める方法

　　受益者の表記については、個々の具体的な受益者の名称及び住所を記載する方法によらず、不動産登記法第97条第１項第２号による「受益者を定める方法の定め」によるものとし、具体的には、別紙「信託目録に記載する情報」の「受益者に関する事項等」のとおりとする。

(4)　根抵当権設定登記及び信託登記

　　甲と乙は、上記に基づき、本件不動産のうえに、根抵当権設定登記及び信託登記を申請する。

令和○年○月○日　○地方法務局　○出張所御中
　　上記の登記原因のとおり相違ありません。

権利者　○市○町○丁目○番○号

（受託者）株式会社 A

代表取締役　○○○○　㊞

義務者　○市○町○丁目○番○号

（委託者）株式会社 B

代表取締役　○○○○　㊞

※　『信託登記の実務』247 頁を参考。

登記記録例　　根抵当権設定及び信託の場合

順位番号	登記の目的	受付年月日・受付番号	権利者その他の事項
2	根抵当権設定	令和○年○月○日 第○号	原因　令和○年○月○日信託 極度額　金6,000万円 債権の範囲 　令和○年○月○日継続的金銭消費貸借契約 　令和○年○月○日当座貸越契約 　令和○年○月○日金銭の相互支払に関する契約 　令和○年○月○日相互支払契約 　令和○年○月○日金利交換取引契約 　令和○年○月○日金銭の相互支払に関する基本契約 　令和○年○月○日デリバティブ取引に関する基本契約 　令和○年○月○日金銭相互支払契約 　令和○年○月○日債権譲渡（譲渡人　株式会社○銀行）にかかる債権 債務者　○市○町○丁目○番○号 　　　　株式会社B 受託者　○市○町○丁目○番○号 　　　　株式会社A
	信託	余白	信託目録第○号

※表の見出し「権利部（乙区）　　（所有権以外の権利に関する事項）」

信託目録記録例

信　託　目　録		調製	令和○年○月○日
番　　　号	受付年月日・受付番号	予　　備	
第○号	令和○年○月○日 第○号	余白	
1　委託者に関する事項	○市○町○丁目○番○号 株式会社 B		
2　受託者に関する事項	○市○町○丁目○番○号 株式会社 A		
3　受益者に関する事項等	受益者 その時々における(1)令和○年○月○日継続的金銭消費貸借契約（その後の変更を含む。）（以下「本件貸付契約」という。）、令和○年○月○日当座貸越契約（以下「本件当座貸越契約」という。）、令和○年○月○日金銭の相互支払に関する契約・令和○年○月○日相互支払契約・令和○年○月○日金利交換取引契約・令和○年○月○日金銭の相互支払に関する基本契約・令和○年○月○日デリバティブ取引に関する基本契約・令和○年○月○日金銭相互支払契約（以下「本件ヘッジ契約」という。）に基づき各債務者に対する債権を有する者（債権譲渡により債権を譲り受けた者を含む。） (2)本件貸付契約の貸付人（以下「本件リボルビングファシリティ貸付人」という。）、本件当座貸越契約の当座貸越提供者（以下「本件当座貸越提供者」という。）、本件ヘッジ契約取引相手方当事者（以下「本件ヘッジ取引相手方当事者」としての地位を有する者（地位譲渡により地位を譲り受けた者を含む。））とする（以下「本件貸付人等」という。）		
4　信託条項	（省略）		

14　所有権移転仮登記と信託仮登記

1. はじめに

　信託法では、信託契約による信託は、委託者と受託者の契約の締結によって成立するとされています（信託法４条１項）。すなわち財産権の移転がなくても信託の効力は生じます。また、信託行為に停止条件または始期が付されているときは、当該停止条件の成就または当該始期の到来によってその効力が生じます（同条４項）。したがって、法105条１号による仮登記はもちろん２号による仮登記も認められています。

　なお、その場合、信託の仮登記の申請と同時にされずに、信託を登記原因とする停止条件付所有権の移転の仮登記のみの申請は受理されません（平成30年８月３日民二第298号第二課長通知『登記研究』858号101頁　第３編第２章関係通達等12）。

2. 登記申請手続

(1)　申　請　人

　仮登記は仮登記権利者である受託者と仮登記義務者である委託者による共同申請と、仮登記権利者が仮登記義務者の承諾書を提供して行う単独申請があります。その他には、判決による仮登記権利者による単独申請があります。

　本件は、当該不動産の所有権の登記名義人である委託者が登記義務者となり、受託者が登記権利者となって、共同で不動産登記法105条１号の仮登記を申請する場合の例です。

　所有権移転仮登記については、当該不動産の所有権の登記名義人である委託者が登記義務者となり、受託者が登記権利者となって共同で申請します。信託の登記は、受託者が単独で申請することができます（法98条２項）。

(2)　申請情報

申請情報として申請書に次の事項を記載します。

① **登記の目的**（令 3 条 5 号）

登記の目的は「所有権移転仮登記及び信託仮登記」とします。

② **登記原因およびその日付**（令 3 条 6 号）

登記の原因日付は「令和〇年〇月〇日信託」で、その日付は信託契約成立の日です。

③ **申請人の表示**（令 3 条 1 号、2 号）

ⅰ　権利者兼信託登記申請人の表示

登記権利者および信託登記の申請人である受託者の氏名または名称および住所を記載します。受託者が法人の場合には、その代表者の氏名も記載します。また、会社法人等番号を有する法人であるときは、その会社法人等番号も記載します。

ⅱ　義務者の表示

登記義務者として、委託者である所有権の登記名義人の氏名または名称および住所を記載します。委託者が法人の場合には、その代表者の氏名も記載します。また、会社法人等番号を有する法人であるときは、その会社法人等番号も記載します。

④ **添付情報の表示**（規則 34 条 1 項 6 号）

添付する情報を記載します。

⑤ **登記識別情報の通知の送付を希望する場合には、その旨を記載します。**

⑥ **登記識別情報の通知を希望しない場合には、その旨を記載します。**

⑦ **申請の年月日**（同 7 号）

⑧ **登記所の表示**（同 8 号）

⑨ **代理人の住所、氏名**（令 3 条 3 号）

代理人によって登記を申請するときは、その代理人の氏名または名称および住所、代理人が法人であるときはその代表者の氏名、また、会社法人等番号を有する法人であるときは、その会社法人等番号も記載します。

⑩ **申請人または代理人の電話番号その他の連絡先**（規則 34 条 1 項 1 号）

⑪　**課税価格および登録免許税額の表示**（規則 189 条 1 項）

　課税価格（不動産の価額）と登録免許税額を記載します。

⑫　**不動産の表示**（令 3 条 7 号、8 号）

　不動産の表示は、登記事項証明書の記載と符合するように記載します。ただし、不動産番号を記載した場合には、土地の場合は、土地の所在、地番、地目および地積の記載を省略できます。建物の場合は、建物の所在と土地の地番、家屋番号、建物の種類、構造および床面積等の記載を省略できます（令 6 条 1 項）。

(3)　添付情報

添付情報として次の情報（書面）を提供します。

①　**登記原因証明情報**（令 7 条 1 項 5 号ロ、令別表の 65 の項添付情報欄ロ）

　登記原因証明情報とは、登記の原因となった事実または法律行為およびこれに基づき現に権利変動が生じたことを証する情報をいいます。

　信託に関する登記については、信託行為が信託契約の場合には、信託契約書または信託契約の内容が記載されている、いわゆる報告形式の登記原因証明情報を提供します。

②　**印鑑証明書**

　登記義務者である所有権の登記名義人の印鑑証明書を提供します。

　登記義務者が個人の場合は、市区町村長の作成した印鑑証明書となります。登記義務者が会社等の法人の場合は、登記官の作成した当該法人の代表者の印鑑証明書となります。これらの印鑑証明書は、作成後 3 か月以内のものでなければなりません（令 16 条 2 項、3 項）。

　ただし、会社法人等番号を有する法人の場合において会社法人等番号を申請書に記載した場合であり、かつ、登記官が記名押印した者の印鑑に関する証明書を作成することが可能である場合には、印鑑証明書の提供は必要ありません（規則 48 条 1 号）。

③　**信託目録に記録すべき情報**（令 15 条、令別表の 65 の項添付情報欄ハ）

　信託の登記の申請を書面申請によりするときは、申請人は信託目録に記録すべき情報を記載した書面（当該情報が電磁的記録で作成されている場合は、当該添付情報を記録した磁気ディスクを含む）を提供

します。

④ **会社法人等番号**（令7条1項1号イ）

申請人が会社法人等番号を有する法人であるときは、会社法人等番号を提供します。ただし、作成後3か月以内の当該法人の代表者の資格を証する登記事項証明書または支配人等の権限を証する登記事項証明書を提供したときは、会社法人等番号の提供は要しません（規則36条1項、2項）。

⑤ **代理権限証明情報**

代理人によって登記を申請するときは、当該代理人の権限を証する情報を提供します（令7条1項2号）。たとえば、委任状などです。

⑥ **固定資産の評価証明書**

法定の添付情報ではありませんが、登録免許税を計算するために必要なため、市区町村が発行している「固定資産の評価証明書」を提供しているのが実情です。

(4) 登録免許税

① **所有権移転仮登記**

所有権移転仮登記については、非課税です（登録免許税法7条1項1号）。その場合には、申請書に免除の根拠となる法令の条項を記載します（規則189条2項）。

② **信託の仮登記**

不動産の価額の1000分の2となります（登録免許税法別表第1、1⑿ホ⑴）。

申請書見本

登 記 申 請 書

登記の目的　　所有権移転仮登記及び信託仮登記
原　　　因　　令和○年○月○日信託
権利者兼信託登記申請人
　　　　　　　○市○町○丁目○番○号
　　　　　　　　甲　某
義　務　者　　○市○町○丁目○番○号
　　　　　　　　乙　某

添付情報
登記原因証明情報　　印鑑証明書　　代理権限証明情報
信託目録に記録すべき情報

登記完了後に通知される登記識別情報通知書・登記完了証・還付される添付情報は代理人の住所に送付を希望します※1。
令和○年○月○日　　○地方法務局○出張所
代　理　人　　○市○町○丁目○番○号
　　　　　　　　○　○　○　○　㊞
　　　　　　　連絡先の電話番号　○○○ - ○○○○ - ○○○○
課 税 価 格　　金○○，000 円※2
登録免許税　　金○，○00 円※3
　　移転分　　登録免許税法7条1項1号により非課税
　　信託分　　金○円
不動産の表示（省略）

※1　登記識別情報の通知は、登記所の窓口または送付によって受領することができます。送付を希望する場合には、その旨と送付先を記載します。窓口で受領する場合には何も記載する必要はありません。
※2　固定資産の評価証明書に記載されている不動産の価格のうち、1,000円未満の端数を切り捨てた金額を記載します。
※3　課税価格に所定の税率（1000分の2）を掛けて出てきた金額のうち、100円未満の端数を切り捨てた金額を記載します。

登記記録例　所有権移転仮登記及び信託仮登記の場合

権利部（甲区）　　（所有権に関する事項）			
順位番号	登記の目的	受付年月日・受付番号	権利者その他の事項
2	所有権移転	令和○年○月○日 第○号	原因　令和○年○月○日売買 所有者　○市○町○丁目○番○号 　　　　乙　某
3	所有権移転 仮登記	令和○年○月○日 第○号	原因　令和○年○月○日信託 権利者　○市○町○丁目○番○号 　　　　甲　某
	信託仮登記	余白	信託目録第10号
	余白	余白	余白
	余白	余白	余白

信託目録記録例

信　託　目　録		調製	令和○年○月○日
番　　号	受付年月日・受付番号	予　　備	
第10号	令和○年○月○日 第○号	余白	
1　委託者に関する事項	○市○町○丁目○番○号 　　乙　某		
2　受託者に関する事項	○市○町○丁目○番○号 　　甲　某		
3　受益者に関する事項等	受益者　○市○町○丁目○番○号 　　　　丙　某		
4　信託条項	（省略）		

15 所有権移転の仮登記に基づく本登記

1．はじめに

仮登記後、本登記ができる状態になった場合には、当事者はいつでも本登記をすることができます。

本件は、前記14の仮登記後について本登記をする場合の例です。

2．登記申請手続

(1) 申 請 人

所有権移転の仮登記の本登記については、当該不動産の所有権の登記名義人である委託者が登記義務者となり、仮登記名義人である受託者が登記権利者となって共同で申請します。信託の登記は、受託者が単独で申請することができます（法98条2項）。

(2) 申請情報

申請情報として申請書に次の事項を記載します。

① 登記の目的（令3条5号）

　登記の目的は「○番仮登記の所有権移転及び信託本登記」とします。

② 登記原因およびその日付（令3条6号）

　登記の原因日付は「令和○年○月○日信託」で、その日付は信託契約成立の日です。

③ 申請人の表示（令3条1号、2号）

　ⅰ 権利者兼信託登記申請人の表示

　　登記権利者および信託登記の申請人である受託者の氏名または名称および住所を記載します。受託者が法人の場合には、その代表者の氏名も記載します。また、会社法人等番号を有する法人であるときは、その会社法人等番号も記載します。

　ⅱ 義務者の表示

　　登記義務者として、委託者である所有権の登記名義人の氏名また
は名称および住所を記載します。委託者が法人の場合には、その代
表者の氏名も記載します。また、会社法人等番号を有する法人であ
るときは、その会社法人等番号も記載します。

④　添付情報の表示（規則34条1項6号）

　　添付する情報を記載します。

⑤　登記識別情報の通知の送付を希望する場合には、その旨を記載しま
す。

⑥　登記識別情報の通知を希望しない場合には、その旨を記載します。

⑦　申請の年月日（同7号）

⑧　登記所の表示（同8号）

⑨　代理人の住所、氏名（令3条3号）

　　代理人によって登記を申請するときは、その代理人の氏名または名
称および住所、代理人が法人であるときはその代表者の氏名、また、
会社法人等番号を有する法人であるときは、その会社法人等番号も記
載します。

⑩　申請人または代理人の電話番号その他の連絡先（規則34条1項1号）

⑪　課税価格および登録免許税額の表示（規則189条1項）

　　課税価格（不動産の価額）と登録免許税額を記載します。

⑫　不動産の表示（令3条7号、8号）

　　不動産の表示は、登記事項証明書の記載と符合するように記載しま
す。ただし、不動産番号を記載した場合には、土地の場合は、土地の
所在、地番、地目および地積の記載を省略できます。建物の場合は、
建物の所在と土地の地番、家屋番号、建物の種類、構造および床面積
等の記載を省略できます（令6条1項）。

(3)　添付情報

添付情報として次の情報（書面）を提供します。

　信託目録に記録すべき情報は、仮登記の際に、すでに提供しています
ので、本登記の際にあらためて提供する必要はありません。

①　登記原因証明情報（令別表の30の項添付情報欄イ、同65の項添付
情報欄ロ）

　登記原因証明情報とは、登記の原因となった事実または法律行為およびこれに基づき現に権利変動が生じたことを証する情報をいいます。

　信託に関する登記については、信託行為が信託契約の場合には、信託契約書または信託契約の内容が記載されている、いわゆる報告形式の登記原因証明情報を提供します。

② **登記識別情報または登記済証**（法22条）

　登記義務者が所有権の保存または移転の登記をして登記名義人となったときに通知または交付を受けた登記識別情報または登記済証を提供します。

③ **印鑑証明書**

　登記義務者である所有権の登記名義人の印鑑証明書を提供します。

　登記義務者が個人の場合は、市区町村長の作成した印鑑証明書となります。登記義務者が会社等の法人の場合は、登記官の作成した当該法人の代表者の印鑑証明書となります。これらの印鑑証明書は、作成後3か月以内のものでなければなりません（令16条2項、3項）。

　ただし、会社法人等番号を有する法人の場合において会社法人等番号を申請書に記載した場合であり、かつ、登記官が記名押印した者の印鑑に関する証明書を作成することが可能である場合には、印鑑証明書の提供は必要ありません（規則48条1号）。

④ **住所証明情報**（令別表の30の項添付情報欄ハ）

　登記名義人となる者（権利者）の住所を証する市区町村長または登記官その他の公務員が職務上作成した証明書を提供します。

　具体的には、自然人の場合は、市区町村長の作成した「住民票の写し」、「住民票記載事項証明書」または「戸籍の附票の写し」です。

　法人の場合は、登記官が作成した法人の登記事項証明書を提供します。ただし、会社法人等番号を有する法人の場合において会社法人等番号を提供した場合には、住所証明情報を提供する必要はありません（令9条、規則36条4項）。

⑤ **会社法人等番号**（令7条1項1号イ）

　申請人が会社法人等番号を有する法人であるときは、会社法人等番号を提供します。ただし、作成後3か月以内の当該法人の代表者の資

格を証する登記事項証明書または支配人等の権限を証する登記事項証明書を提供したときは、会社法人等番号の提供は要しません（規則36条1項、2項）。

⑥　**代理権限証明情報**

代理人によって登記を申請するときは、当該代理人の権限を証する情報を提供します（令7条1項2号）。たとえば、委任状などです。

⑦　**固定資産の評価証明書**

法定の添付情報ではありませんが、登録免許税を計算するために必要なため、市区町村が発行している「固定資産の評価証明書」を提供しているのが実情です。

(4)　登録免許税

①　**所有権移転登記**

所有権移転登記については、非課税です（登録免許税法7条1項1号）。その場合には、申請書に免除の根拠となる法令の条項を記載します（規則189条2項）。

②　**信託の登記**

不動産の価額の1000分の4から1000分の2を控除した割合1000分の2となります（登録免許税法17条1項）。ただし、土地に関する所有権の信託の登記については、租税特別措置法72条1項2号の軽減の規定があり、その税率は、令和8年3月31日までは1000分の3なので、1000分の3から1000分の2を控除した1000分の1の税率となるものと考えます。

なお、平成15年4月1日から平成18年3月31日までの間に仮登記を受けた者が、土地について本登記を受ける場合には租税特別措置法72条2項2号の適用があるので注意を要します。

申請書見本

登 記 申 請 書

登記の目的　　３番仮登記の所有権移転及び信託本登記
原　　　因　　令和○年○月○日信託
権利者兼信託登記申請人
　　　　　　　　　○市○町○丁目○番○号
　　　　　　　　　甲　某
義　務　者　　○市○町○丁目○番○号
　　　　　　　　　乙　某
添付情報
登記原因証明情報　　登記識別情報　　印鑑証明書
住所証明情報　　代理権限証明情報

登記完了後に通知される登記識別情報通知書・登記完了証・還付される添付情報は代理人の住所に送付を希望します[※1]。
令和○年○月○日　　○地方法務局○出張所
代　理　人　　○市○町○丁目○番○号
　　　　　　　　　○　○　○　○　㊞
　　　　　　　　　連絡先の電話番号　○○○‐○○○○‐○○○○
課 税 価 格　　金○○，000 円[※2]
登録免許税　　金○，○00 円[※3]
　　　移転分　　登録免許税法７条１項１号により非課税
　　　信託分　　金○円
不動産の表示及び信託目録の表示（省略）

※1　登記識別情報の通知は、登記所の窓口または送付によって受領することができます。送付を希望する場合には、その旨と送付先を記載します。窓口で受領する場合には何も記載する必要はありません。
※2　固定資産の評価証明書に記載されている不動産の価格のうち、1,000円未満の端数を切り捨てた金額を記載します。
※3　課税価格に所定の税率（1000分の2または1000分の1）を掛けて出てきた金額のうち、100円未満の端数を切り捨てた金額を記載します。

登記記録例　**所有権移転仮登記に基づく本登記の場合**

権利部（甲区）　　（所有権に関する事項）			
順位番号	登記の目的	受付年月日・受付番号	権利者その他の事項
2	所有権移転	令和○年○月○日 第○号	原因　令和○年○月○日売買 所有者　○市○町○丁目○番○号 　　　　乙　某
3	所有権移転 仮登記	令和○年○月○日 第○号	原因　令和○年○月○日信託 権利者　○市○町○丁目○番○号 　　　　甲　某
	信託仮登記	余白	信託目録第10号
	所有権移転	令和○年○月○日 第○号	原因　令和○年○月○日信託 受託者　○市○町○丁目○番○号 　　　　甲　某
	信託	余白	信託目録第10号※

※　本登記の際の信託目録番号は仮登記のときと同じ番号を記録します。

16　受託者辞任による所有権移転登記

1．はじめに

受託者が辞任して、新受託者が就任すると、受託者の任務は終了し、信託財産についての権利は、新受託者に移ります。したがって、受託者の辞任の登記は、受託者から新受託者への所有権移転の登記がされます。

受託者は次の事由がある場合には辞任することができます（信託法57条）。

① 委託者および受益者の同意を得た場合

受託者は、委託者および受益者の同意を得て、辞任することができます（信託法57条1項本文）。

ただし、信託行為に別段の定めがあるときは、その定めるところによります（同条ただし書）。たとえば、「受託者の辞任および解任ならびに新受託者の選任は、受益者のみで行うこととする。」といった定めを信託行為に置くことなどが考えられています（寺本333頁）。

〈委託者が死亡している場合〉

なお、委託者が死亡等によって現に存しない場合には、受益者のみの同意を得て辞任することはできません（同条6項）。したがって、この場合には、信託行為の別段の定めによるか、または裁判所の許可を得て辞任することになります。ただし、遺言信託※の場合を除いて、委託者の地位は相続人に承継されますので（信託法147条参照）、委託者が現に存しないことになるのは、遺言信託のとき、委託者が死亡して相続人がいないときおよび委託者が法人の場合で当該法人が解散したとき等です。したがって、委託者の相続人がいる場合には、当該相続人の同意を得る必要があります。その場合、前提として委託者の相続による変更登記を申請する必要があると考えます。

したがって、このような事態を想定して、「委託者が死亡したときは、委託者の地位は相続人に承継されず、受益者の地位とともに移転する。」と定めておくと便利でしょう。

※　遺言信託の場合には、委託者の相続人は、委託者の地位を相続により承継

しません。ただし、信託行為に別段の定めがあるときは、その定めるところによります（信託法147条）。

〈委託者・受益者が複数の場合の同意〉

委託者および受益者が複数いる場合には、その全員の同意が必要と考えます。ただし、信託行為に別段の定めがあるときはその定めるところによります。

委託者には原則的に有する権利と信託行為の定めにより認められる権利があります（信託法145条）。信託法145条1項では、委託者は信託法で規定されている権利は原則的に有するとし、それ以外の権利（信託法145条2項に掲げる権利）についても信託行為で定めることができるとしています。受託者の辞任の同意は原則的に有する権利ですので、信託行為に別段の定めがない限り、委託者全員の同意を要するものと考えます。

ただし、たとえば、委託者が3人いたが、そのうち2人が死亡している場合において、かつ、信託行為において「委託者の地位は相続人に承継せず」という規定がある場合には、残りの1人の委託者と受益者の同意があれば受託者は辞任できるものと考えます。

受益者が2人以上ある信託における受益者の意思決定は、すべての受益者の一致によってこれを決するとされています（信託法105条1項本文）。受託者の辞任の同意についての意思決定は信託法105条1項の対象となるとされていますので（寺本293頁）、この場合には受益者全員の同意が必要となります。ただし、信託行為に別段の定めがあるときは、その定めるところによります（同条ただし書）。

② やむを得ない事由があるときに裁判所の許可を得た場合

やむを得ない事由に該当する例としては、受託者が長期間の入院を要する場合等が考えられます。

2. 新受託者の選任

(1) 新受託者の選任について信託行為に定めがある場合

信託行為に新受託者となるべき者を指定する定めがあるときは、利害

関係人は、新受託者となるべき者として指定された者に対し、相当の期間を定めて、その期間内に就任の承諾をするかどうかを確答すべき旨を催告することができます（信託法62条2項本文）。

　前記による催告があった場合において、新受託者となるべき者として指定された者は、前記期間内に委託者および受益者（2人以上の受益者が現に存する場合にあってはその1人、信託管理人が現に存する場合にあっては信託管理人）に対し確答をしないときは、就任の承諾をしなかったものとみなされます（信託法62条3項）。

(2)　信託行為に新受託者に関する定めがない場合

　信託行為に新受託者に関する定めがない場合、または信託行為の定めにより新受託者となるべき者として指定された者が信託の引受けをせず、もしくはこれをすることができないときは、委託者および受益者は、その合意により、新受託者を選任することができます（信託法62条1項）。委託者がすでに死亡しているなど現に存しないときは、受益者が単独で新受託者を選任します（同条8項）。

　なお、協議が困難な場合等には、利害関係人の申立てにより、裁判所が新受託者を選任します（同条4項）。

(3)　権利義務の承継

　新受託者が就任すると、新受託者は、受託者の任務が終了した時に、その時に存する信託に関する権利義務を受託者から承継したものとみなされます（信託法75条1項）。

　ただし、受託者が信託法57条1項に基づいて辞任したことによって任務が終了したときは、新受託者は、就任時に受託者から権利義務を承継したものとみなされます（同条2項）。

3. 登記申請手続

(1)　申請人

受託者と新受託者の共同申請になります（法60条）。

(2)　申請情報

申請情報として申請書に次の事項を記載します。

① **登記の目的**（令3条5号）

　　登記の目的は「所有権移転」とします。

② **登記原因およびその日付**（令3条6号）

　　登記の原因日付は「令和○年○月○日受託者変更」とします。その日付は受託者の任務終了の日を記載します。すなわち、受託者の辞任が、委託者および受益者の同意を得て辞任する場合には、新受託者が就任した日を記載し（信託法75条2項参照）、裁判所の許可を得て辞任した場合は、受託者の辞任の日を記載します（信託登記の実務451頁）。

　　なお、原因を「受託者辞任による変更」として申請している事例がありますが、その場合でもそのまま受理されているようです。しかし、「受託者辞任による変更」は、原因として正確ではないと考えます。辞任は、受託者の任務終了の事由にはなりますが（信託法56条1項5号、57条1項、2項）、受託者変更の事由にはなりません。受託者が辞任しても新受託者が信託事務の処理をすることができるまで、引き続き受託者としての権利義務を有します（信託法59条4項本文）。ただし信託行為に別段の定めがあるときは、この限りではありません（同項ただし書）。

　　なお、同じ辞任でも、やむを得ない事由により裁判所の許可に基づいて辞任した場合には、受託者に任務を継続させるのは酷であるという理由から、原則どおり、受託者は保管・引継ぎの義務だけを負います（信託法59条3項本文）。

　　新受託者が就任したときは、新受託者は、新受託者等が就任した時に、その時に存する信託に関する権利義務を受託者から承継したものとみなされます（信託法75条2項）。

　　すなわち、新受託者が就任承諾したときに受託者の変更が行われると考えますので、原因は「受託者変更」とすべきと考えます。

③ **申請人の表示**（令3条1号、2号）

　　権利者として新受託者の住所氏名を記載します。

　　義務者として前受託者の住所氏名を記載します。この住所氏名が登記事項証明書に記載されているものと異なる場合には、前提として住所変更の登記をしなければなりません。

④　**添付情報の表示**（規則34条1項6号）

　　添付する情報を記載します。

⑤　**登記識別情報の通知の送付を希望する場合には、その旨を記載します。**

⑥　**登記識別情報の通知を希望しない場合には、その旨を記載します。**

⑦　**申請の年月日**（同7号）

⑧　**登記所の表示**（同8号）

⑨　**代理人の住所・氏名**（令3条3号）

　　代理人によって登記を申請するときは、その代理人の氏名または名称および住所、代理人が法人であるときはその代表者の氏名、また、会社法人等番号を有する法人であるときは、その会社法人等番号も記載します。

⑩　**申請人または代理人の電話番号その他の連絡先**（規則34条1項1号）

⑪　**課税価格および登録免許税額の表示**（規則189条1項）

　　受託者の変更に伴う新受託者への移転登記は、非課税ですのでその旨を記載します。

⑫　**不動産の表示**（令3条7号、8号）

　　不動産の表示は、登記事項証明書の記載と符合するように記載します。その他に信託目録の目録番号も記載しているのが一般的です。

　　なお、不動産番号を記載すれば、土地の場合は、土地の所在、地番、地目および地積の記載を省略できます。建物の場合は、建物の所在と土地の地番、家屋番号、建物の種類、構造および床面積等の記載を省略できます（令6条1項）。

（3）　添付情報

添付情報として次の情報（書面）を提供します。

①　**登記原因証明情報**（令別表の30の項添付情報欄イ）

　　登記原因証明情報とは、登記の原因となった事実または法律行為およびこれに基づき現に権利変動が生じたことを証する情報をいいま

す。すなわち、受託者の辞任と新受託者の就任を証する情報を提供します。

　たとえば、委託者と受益者の同意を得て辞任した場合には、その同意書。裁判所の許可を得て辞任した場合には、許可の決定正本の写し。委託者と受益者の合意により新受託者を選任した場合には、その選任書などです。

② **登記識別情報または登記済証**（法22条）

　前受託者が所有権の保存または移転の登記をして登記名義人となったときに通知または交付を受けた登記識別情報または登記済証を提供します。

③ **印鑑証明書**（令16条2項、3項）

　登記義務者（前受託者）の印鑑証明書を提供します。前受託者が個人の場合は、市区町村長の作成した印鑑証明書となります。前受託者が法人の場合は、登記官の作成した当該法人の代表者の印鑑証明書となります。これらの印鑑証明書は、作成後3か月以内のものでなければなりません。

　ただし、会社法人等番号を有する法人の場合において会社法人等番号を申請書に記載した場合であり、かつ、登記官が記名押印した者の印鑑に関する証明書を作成することが可能である場合には、印鑑証明書の提供は必要ありません（規則48条1号）。

④ **住所証明情報**（令別表の30の項添付情報欄ハ）

　登記権利者（新受託者）の住所を証する市区町村長または登記官その他の公務員が職務上作成した証明書を提供します。

　具体的には、個人の場合は、市区町村長の作成した「住民票の写し」、「住民票記載事項証明書」などです。

　法人の場合は、登記官が作成した法人の登記事項証明書を提供します。ただし、会社法人等番号を有する法人の場合において会社法人等番号を提供した場合には、住所証明情報を提供する必要はありません。

⑤ **会社法人等番号**（令7条1項1号）

　申請人が会社法人等番号を有する法人であるときは、会社法人等番号を提供します。ただし、作成後3か月以内の当該法人の代表者の資格を証する登記事項証明書を提供したときは、会社法人等番号の提供

は要しません。

⑥　**代理権限証明情報**（令７条１項２号）

　代理人によって登記を申請するときは、当該代理人の権限を証する情報を提供します。たとえば、委任状などです。

〈第三者の同意等を証する情報の要否〉

　受託者の辞任が委託者および受益者の同意を要するとされている場合に、委託者および受益者の同意を証する情報を提供しなければならないかですが、現在では、同意を証する情報（同意者の印鑑証明書付き）の提供を要するとする考え（横山508頁）と、報告形式の登記原因証明情報に委託者および受益者の同意があった旨を記載すればよいとする考えがあります。

　登記原因について第三者の許可、同意または承諾を要するときは、当該第三者が許可し、同意し、または承諾したことを証する情報を提供しなければなりません（令７条１項５号ハ）。

　第三者の許可等を要する場合とは、第三者の許可等がなければ登記原因たる権利変動が効力を生じない場合はもちろん、第三者の許可等がなければ登記原因たる権利変動が取り消される場合も含むものとされています。そして、この同意書には原則として記名押印した者の印鑑証明遺書の添付が必要とされています（令19条２項）。

〈受託者の辞任は登記原因か？〉

　受託者の辞任は、受託者の任務の終了事由ですが、所有権移転の直接の登記原因ではないのではないかと考えます。本件登記はあくまでも所有権移転の登記ですので、新受託者が就任を承諾したことが直接の登記原因と考えることができます。しかし、そのためには受託者の任務が終了していることが必要なので、受託者の辞任と新受託者の就任がセットで登記原因と考えるべきではないかと思います。したがって、受託者の辞任についての同意書には同意者の印鑑証明書（作成後３か月以内のものでなくてもかまわない）の添付を要するものと考えます。

　また、新受託者が委託者及び受益者の合意によって選任された場合には、その選任書には委託者および受益者の印鑑証明書を添付すべきと考えます。

　いずれにしても、登記申請をする際には提出先の登記官に事前に相談しておくのが無難でしょう。

（4）　登録免許税

　受託者変更に伴い新たな受託者に信託財産を移す場合の財産権の移転の登記は、非課税となりますので、その根拠条文を「登録免許税法7条1項3号により非課税」のように記載します。

4．信託目録の記録変更

　信託目録の記録変更は、登記官が職権で行います（法101条1号）。

申請書見本　　受託者辞任による所有権移転登記

登 記 申 請 書

登記の目的　　所有権移転
原　　　因　　令和○年5月7日受託者変更
権利者　　　　○市○町○丁目○番○号
　　　　　　　　乙　川　雄　一
義務者　　　　○市○町○丁目○番○号
　　　　　　　　乙　川　夏　子
添付情報
　登記原因証明情報　　登記識別情報　　印鑑証明書
　住所証明情報　　代理権限証明情報　　同意書

登記完了後に通知される登記識別情報通知書・登記完了証・還付される添付情報は代理人の住所に送付を希望します。

令和○年○月○日　○地方法務局○出張所御中
代　理　人　　○市○町○丁目○番○号
　　　　　　　　法　令　守　㊞
　　　　　　　　連絡先の電話番号○○○ ・ ○○○ ・ ○○○○

登録免許税　登録免許税法7条1項3号により非課税

不動産の表示及び信託目録の表示（省略）

報告形式の登記原因証明情報見本　受託者辞任による所有権移転登記

登記原因証明情報

1　登記申請情報の要項
(1)　登記の目的　所有権移転
(2)　原　　　因　令和○年５月７日受託者変更
(3)　当事者
　　　権利者（甲）　　○市○町○丁目○番○号
　　　　　　　　　　　乙　川　雄　一
　　　義務者（乙）　　○市○町○丁目○番○号
　　　　　　　　　　　乙　川　夏　子
(4)　不動産の表示
　　　（省略）
2　登記原因となる事実又は法律行為
(1)　令和○年○月○日、乙は、受託者を辞任したく委託者（乙川
　　　春雄）及び受益者（乙川春子）にその旨の同意を求めたところ、
　　　両者とも乙が受託者を辞任することに同意し、乙の受託者の任
　　　務は終了した※。
(2)　信託契約には、受託者が辞任によりその任務が終了した場合
　　　には、甲が新受託者となる旨の定めがある（信託目録その他の
　　　信託の条項○条）。
(3)　受益者は、甲に対して、令和○年○月○日までに、受託者に
　　　就任するかどうかを確答すべき旨を催告したところ、甲は、令
　　　和○年５月７日委託者及び受益者に対して就任を承諾すること
　　　を確答した。
(4)　よって、令和○年５月７日受託者変更を原因として、本件信
　　　託財産は乙から甲へ所有権が移転した。
令和○年○月○日　○地方法務局○出張所　御中
　　上記の登記原因のとおり相違ありません。
　　　　　　　　　　　　権利者　○市○町○丁目○番○号
　　　　　　　　　　　　　　　　乙　川　雄　一　㊞
　　　　　　　　　　　　義務者　○市○町○丁目○番○号
　　　　　　　　　　　　　　　　乙　川　夏　子　㊞

※　受託者が委託者と受益者の同意を得て辞任した場合には、委託者と受益者の
　　同意書（印鑑証明書付き）を提供します。

登記記録例　　**受託者（辞任）の変更による所有権の移転**

順位番号	登記の目的	受付年月日・受付番号	権利者その他の事項
権利部（甲区）　　（所有権に関する事項）			
2	所有権移転	令和○年○月○日 第○号	原因　令和○年○月○日売買 所有者　○市○町○丁目○番○号 　　　　乙川春雄
3	所有権移転	令和○年○月○日 第○号	原因　令和○年○月○日信託 受託者　○市○町○丁目○番○号 　　　　乙川夏子
	信託	余白	信託目録第何号
4	所有権移転	令和○年○月○日 第○号	原因　令和○年５月７日受託者変更 受託者　○市○町○丁目○番○号 　　　　乙川雄一

信託目録記録例　　**受託者（辞任）の変更による所有権の移転**

信　託　目　録		調製	令和○年○月○日
番　　号	受付年月日・受付番号	予　　備	
第○号	令和○年○月○日 第○号	余白	
1　委託者に関する事項	（事項省略）		
2　受託者に関する事項	<u>○市○町○丁目○番○号</u> <u>乙　川　夏　子</u>		
	受託者変更 原因　令和○年５月７日変更 受託者 　　○市○町○丁目○番○号 　　乙　川　雄　一 令和○年○月○日付記		
3　受益者に関する事項等	（事項省略）		
4　信託条項	（事項省略）		

※　信託目録について変更前の受託者を抹消する記号（下線）を記録する。

17　受託者死亡による所有権移転登記

1. はじめに

① 任務の終了

　　受託者が死亡した場合には、受託者の任務は終了します（信託法56条1項1号）。すなわち、受託者としての権利義務を相続人が相続することはありません。そして信託財産は法人となります（信託法74条1項）。ただし、新受託者が就任すると、この法人は成立しなかったものとみなされます（同条4項）。

② 相続人等による通知

　　受託者の死亡によって任務が終了した場合、前受託者の相続人、成年後見人、保佐人は、その事実を知っているときは、知れている受益者に対してこれを通知しなければなりません（信託法60条1項本文）。ただし、信託行為に別段の定めがあるときは、その定めによります（同項ただし書）。

③ 信託財産管理人の選任

　　受託者の任務が終了しても、新受託者が選任されない場合、かつ、必要があるときは、新受託者が選任されるまでの間、裁判所は、利害関係人の申立てにより、信託財産管理者による管理を命ずることができます（信託法63条1項）。この場合、裁判所は信託財産管理人を選任します（信託法64条1項）。

④ 前受託者の権利義務の承継

　　新受託者が就任すると、前受託者の任務は終了し、信託財産についての権利義務は、前受託者の任務が終了した時（前受託者が死亡した時）に新受託者に移ります（信託法75条1項）。したがって、受託者が死亡した場合には、前受託者から新受託者への所有権移転の登記がされます。

２.新受託者の選任

① 　民事信託の場合には、受託者が死亡することを考えて、あらかじめ特定の人を後継受託者として指定しておくのがよいでしょう。

　　なお、新受託者として指定された人は就任を断ることもできますので、信託契約を作成する際には、事前に了解を得ておくのがよいでしょう。

② 　**委託者と受益者の合意によって選任する場合**

　　受託者が死亡した場合に、信託行為に新受託者に関する定めがないとき、または信託行為の定めにより新受託者となるべき者として指定された者が信託の引受けをせず、もしくはこれをすることができないときは、委託者および受益者は、その合意（委託者が現存しないときは受益者単独）により、新受託者を選任することができます（信託法62条１項、８項）。

３.登記申請手続

(1)　申請人

新受託者の単独申請になります（法100条１項）。

(2)　申請情報

申請情報として申請書に次の事項を記載します。

① 　**登記の目的**（令３条５号）

　　登記の目的は「所有権移転」とします。

② 　**登記原因およびその日付**（令３条６号）

　　登記の原因日付は「令和○年○月○日受託者変更」とします。その日付は前受託者の死亡の日を記載します。

　　なお、「年月日受託者死亡による変更」、「年月日受託者死亡」と記載する考えがありますが、記録例では登記簿に「年月日受託者変更」とのみ記録することになっていることから、「年月日受託者変更」とすればよく、前受託者の任務終了事由まで記載する必要はないと考え

ます。

③　**申請人の表示**（令3条1号、2号）

　新受託者の単独による申請となりますので（法100条1項）、新受託者の氏名住所を記載します。

④　**添付情報の表示**（規則34条1項6号）

　添付する情報を記載します。

⑤　登記識別情報の通知の送付を希望する場合には、その旨を記載します。

⑥　登記識別情報の通知を希望しない場合には、その旨を記載します。

⑦　**申請の年月日**（同7号）

⑧　**登記所の表示**（同8号）

⑨　**代理人の住所・氏名**（令3条3号）

　代理人によって登記を申請するときは、その代理人の氏名または名称および住所、代理人が法人であるときはその代表者の氏名、また、会社法人等番号を有する法人であるときは、その会社法人等番号も記載します。

⑩　**申請人または代理人の電話番号その他の連絡先**（規則34条1項1号）

⑪　**課税価格および登録免許税の表示**（規則189条1項）

　受託者の変更に伴う新受託者への移転登記は、非課税ですのでその旨を記載します。

⑫　**不動産の表示**（令3条7号、8号）

　不動産の表示は、登記事項証明書の記載と符合するように記載します。その他に信託目録の目録番号も記載しているのが一般的です。

　ただし、不動産番号を記載した場合には、土地の場合は、土地の所在、地番、地目および地積の記載を省略できます。建物の場合は、建物の所在と土地の地番、家屋番号、建物の種類、構造および床面積等の記載を省略できます（令6条1項）。

(3)　添付情報

①　**登記原因証明情報**（令別表の26の項添付情報欄ホ、同30の項添付情報欄イ）

　登記原因証明情報は、前受託者の死亡を証する情報と新受託者の選

任を証する情報を提供します。

　具体的には、前受託者の死亡の事実が記載されている戸籍事項証明書を提供します。その他に、前受託者の住所が本籍と異なる場合には、本籍の記載のある住民票の除票の写しまたは戸籍の附票の写し（戸籍の表示があるもの）を提供します。

　その他に新受託者の選任を証する情報を提供します。もし、新受託者を委託者および受益者の合意によって選任した場合には、その選任書を提供します。その場合、選任書には委託者と受益者の印鑑証明書を添付すべきと考えます。

② **住所証明情報**（令別表の30の項添付情報欄ハ）

　新受託者の住所証明情報として、住民票の写し（マイナンバーの記載のないもの）または戸籍の附票の写しを提供します。

③ **会社法人等番号**（令7条1項1号イ）

　新受託者が会社法人等番号を有する法人の場合は会社法人等番号を提供します。

④ **代理権限証明情報**（令7条1項2号）

　代理人によって登記を申請するときは、当該代理人の権限を証する情報を提供します。たとえば、委任状などです。

(4)　登録免許税

　登録免許税は非課税です（登録免許税法7条1項3号）。その場合には、申請書に免除の根拠となる法令の条項を記載します（規則189条2項）。

4 . 信託目録の記録変更

　信託目録の記録変更は、登記官が職権で行います（法101条1号）。

申請書見本 受託者死亡による所有権移転登記

登 記 申 請 書

登記の目的　　所有権移転
原　　　因　　令和○年6月6日受託者変更
権利者　　　　○市○町○丁目○番○号
（申請人）　　　乙 川 雄 一

添付情報
　登記原因証明情報　　住所証明情報　　代理権限証明情報

登記完了後に通知される登記識別情報通知書・登記完了証・還付される添付情報は代理人の住所に送付を希望します。

令和○年○月○日　○地方法務局○出張所御中
代　理　人　　○市○町○丁目○番○号
　　　　　　　　法　令　守　㊞
　　　　　　　　連絡先の電話番号○○○・○○○・○○○○
登録免許税　登録免許税法7条1項3号により非課税

不動産の表示及び信託目録の表示（省略）

就任承諾書見本

就任承諾書

　今般、受託者乙川夏子が令和○年6月6日死亡により、その任務が終了しました。私は、令和○年○月○日付けの委託者乙川春雄と受託者乙川夏子による信託契約において、後継受託者として指定されていましたが、本日、その就任を承諾します。

　　　　　　　　　　　　　　令和○年○月○日
　　　　　　　　　　　　　　○市○町○丁目○番○号
　　　　　　　　　　　　　　乙 川 雄 一 ㊞

18　受託者の合併による所有権移転登記

1．はじめに

　所有者である受託者たる法人が合併された場合には、受託者の合併による所有権の移転登記をします。

　従前は、受託者たる法人が合併により解散した場合には、受託者の任務は終了し（旧信託法 42 条 1 項）、新たな受託者が選任されたときは、受託者の更迭^{こうてつ}による権利移転の登記をしていました（信託法の施行に伴う関係法律の整備等に関する法律（平成 18 年法律 109 号）による一部改正前の法 100 条 1 項）。しかし、新信託法では、受託者である法人が合併により解散した場合については、信託行為に別段の定めがない限り（信託法 56 条 3 項）、受託者の任務終了事由とはならず、合併後存続する法人（吸収合併）または合併により設立する法人（新設合併）が任務を引き継ぐこととされました（同条 2 項前段）。そこで、不動産登記法 100 条 1 項においては、改正前において受託者の任務終了事由として掲げられていた「法人の解散」を「法人の合併以外の理由による解散」と改め、これに伴い、法人の合併による解散による権利の移転登記は、不動産登記法 100 条の規定による受託者の任務終了に基づく権利の移転登記としてではなく、不動産登記法 63 条 2 項の法人の合併による権利の移転の登記として申請することとされました（施行通達第 2、6⑴　第 3 編第 2 章関係通達等 🔳）。

2．登記申請手続

(1)　申　請　人

新しい受託者が申請します（法 63 条 2 項）。

(2)　申請情報

申請情報として申請書に次の事項を記載します。

① **登記の目的**（令3条5号）

　登記の目的は「所有権移転」とします。

② **登記原因およびその日付**（令3条6号）

　登記の原因日付は「令和〇年〇月〇日受託者合併」で、その日付は会社合併の日となります。すなわち、新設合併の場合は新設会社がその本店所在地において設立の登記をした日であり、吸収合併の場合は合併契約書において定めた日です。

③ **申請人の表示**（令3条1号、2号）

　受託者の氏名または名称および住所を記載します。受託者が法人の場合には、その代表者の氏名も記載します。また、会社法人等番号を有する法人であるときは、その会社法人等番号も記載します。

④ **添付情報の表示**（規則34条1項6号）

　添付する情報を記載します。

⑤ **登記識別情報の通知の送付を希望する場合には、その旨を記載します。**

⑥ **登記識別情報の通知を希望しない場合には、その旨を記載します。**

⑦ **申請の年月日**（同7号）

⑧ **登記所の表示**（同8号）

⑨ **代理人の住所、氏名**（令3条3号）

　代理人によって登記を申請するときは、その代理人の氏名または名称および住所、代理人が法人であるときはその代表者の氏名、また、会社法人等番号を有する法人であるときは、その会社法人等番号も記載します。

⑩ **申請人または代理人の電話番号その他の連絡先**（規則34条1項1号）

⑪ **登録免許税が免除される根拠条文の記載**（規則189条2項）

　非課税なのでその根拠となる法令の条項を記載します。

　具体的には「登録免許税法7条1項3号により非課税」と記載します。

⑫ **不動産の表示**（令3条7号、8号）

　不動産の表示は、登記事項証明書の記載と符合するように記載します。ただし、不動産番号を記載した場合には、土地の場合は、土地の所在、地番、地目および地積の記載を省略できます。建物の場合は、建物の所在と土地の地番、家屋番号、建物の種類、構造および床面積

等の記載を省略できます（令6条1項）。

(3)　添付情報

① **登記原因証明情報**（令別表の22の項添付情報欄）

　　登記原因証明情報とは、登記の原因となった事実または法律行為およびこれに基づき現に権利変動が生じたことを証する情報をいいます。

　　合併の場合には、合併後の会社（新設会社または吸収合併存続会社）の合併の事項が記録されている登記事項証明書を提供します。ただし、会社法人等番号を提供した場合には登記事項証明書に代えることができます。

② **会社法人等番号**（令7条1項1号イ）

　　申請人が会社法人等番号を有する法人であるときは、会社法人等番号を提供します。ただし、作成後3か月以内の当該法人の代表者の資格を証する登記事項証明書または支配人等の権限を証する登記事項証明書を提供したときは、会社法人等番号の提供は要しません（規則36条1項、2項）。実際には、会社法人等番号が①と②を兼ねることになります。

　　なお、会社法人等番号を提供したときは、住所証明情報を提供する必要はありません（令9条、規則36条4項）。

③ **代理権限証明情報**

　　代理人によって登記を申請するときは、当該代理人の権限を証する情報を提供します（令7条1項2号）。たとえば、委任状などです。

(4)　登録免許税

非課税となります（登録免許税法7条1項3号）。

3. 信託目録の記録変更

　受託者が合併した場合、信託目録の記録変更は従前どおり職権でするのか、申請によってするのか疑問がありますが、法務局の取扱いとしては、申請によって記録の変更をする取扱いです（法103条1項）。

　新信託法施行前の不動産登記法101条では、「登記官は、信託財産に属する不動産について信託法第50条の規定による受託者の更迭又は任務の終了により権利の移転又は変更の登記をするときは、職権で、当該信託の変更の登記をしなければならない。」とされていました。しかし、改正後の不動産登記法101条には、合併による移転の場合の規定が除かれています。その理由は不明です。また、不動産登記法103条では、101条、102条に規定するもののほか、97条1項各号に掲げる登記事項について変更があったときは、受託者は遅滞なく、当該信託の変更登記を申請しなければならない、とされています。このようなことから、受託者が合併によって移転した場合には、職権ではなく、受託者の申請によって信託目録の記録を変更すべきと考えられています。しかし、職権によって信託目録の記録を変更する旨の規定を欠きますが、登記簿と信託目録の記録は一致するのが望ましいこと、従前の取扱いを変更する合理的な理由もないこと、また、受託者である登記名義人の氏名もしくは名称または住所についての変更登記をした場合には、職権で信託目録の記録を変更するのにもかかわらず（法101条3号）、受託者の合併によって移転した場合には職権で信託目録の記録を変更しないとする合理的な説明は困難なのではないでしょうか。したがって、受託者の合併による所有権移転の登記をした場合にも、職権で信託目録の記録を変更する取扱いにするべきではなかったのかと考えます。

申請書見本

```
　　　　　　　　　　　登　記　申　請　書

登記の目的　　所有権移転
原　　　因　　令和○年○月○日受託者合併
承継会社　（被合併会社　株式会社 A）
（受託者）　　　○市○町○丁目○番○号
　　　　　　　　株式会社　B
　　　　　　　（会社法人等番号　123456789012）
　　　　　　　　代表取締役　甲　某
```

添付情報
　　登記原因証明情報　　　会社法人等番号　　　代理権限証明情報

登記完了後に通知される登記識別情報通知書・登記完了証・還付される添付情報は代理人の住所に送付を希望します※。
令和○年○月○日　　　○地方法務局○出張所
代　理　人　　　○市○町○丁目○番○号
　　　　　　　　　　○　　○　　○　　○　　㊞
　　　　　　　　　連絡先の電話番号　　○○○ - ○○○○ - ○○○○
登録免許税　　　登録免許税法７条１項３号により非課税
不動産の表示及び信託目録の表示（省略）

※　登記識別情報の通知は、登記所の窓口または送付によって受領することができます。送付を希望する場合には、その旨と送付先を記載します。窓口で受領する場合には何も記載する必要はありません。

登記記録例　　受託者合併による移転登記の場合

権利部（甲区）　　（所有権に関する事項）			
順位番号	登記の目的	受付年月日・受付番号	権利者その他の事項
2	所有権移転	令和○年○月○日 第○号	原因　令和○年○月○日売買 所有者　○市○町○丁目○番○号 　　　　丙　某
3	所有権移転	令和○年○月○日 第○号	原因　令和○年○月○日信託 受託者　○市○町○丁目○番○号 　　　　株式会社　A
	信託	余白	信託目録第○号
4	所有権移転	令和○年○月○日 第○号	原因　令和○年○月○日受託者合併 受託者　○市○町○丁目○番○号 　　　　株式会社　B

信託目録記録例　受託者合併の場合

信　託　目　録		調製	令和○年○月○日
番　　号	受付年月日・受付番号	予　　備	
第○号	令和○年○月○日 第○号	余白	
1　委託者に関する事項	○市○町○丁目○番○号 　丙　某		
2　受託者に関する事項	○市○町○丁目○番○号 　株式会社　A		
	受託者変更 令和○年○月○日 第○号 原因　令和○年○月○日受託者合併 受託者 ○市○町○丁目○番○号 　株式会社　B		
3　受益者に関する事項等	受益者　○市○町○丁目○番○号 　乙　某		
4　信託条項	（事項省略）		

※　信託目録の変更は、申請によって行います。
※　変更した受託者を抹消する記号（下線）は記録しません。

19　受託者が２人以上いる場合の合併による変更登記

1. はじめに

　共同受託の場合には、持分の概念がありませんので、持分移転の登記ができません。したがって、登記は登記名義人変更登記によってします。

2. 登記申請手続

(1)　申　請　人

　合併により解散した会社の任務を引き継いだ法人が、単独で受託者の変更登記を申請することになります。

　なぜならば、法人が合併により解散した場合は、合併により受託者の権利義務は当然に存続法人に承継されることになりますから（信託法56条1項4号参照）、本件は、法100条の受託者の任務終了に基づく権利の移転の登記ではなく、相続等の一般承継に基づく権利の移転登記（法63条2項）として申請すべきことになります（清水301頁）。

　なお、他の残存の受託者およびその合併による新設会社または存続会社の共同申請によるべきとする考えもあります（横山519頁）。

(2)　申請情報

　申請情報として申請書に次の事項を記載します。
①　**登記の目的**（令3条5号）
　　登記の目的は「○番合有登記名義人変更」とします。
②　**登記原因およびその日付**（令3条6号）
　　登記の原因日付は「令和○年○月○日受託者株式会社 B 合併」で、その日付は会社合併の日となります。
③　**申請人の表示**（令3条1号、2号）
　　受託者の氏名または名称および住所を記載します。受託者が法人の場合には、その代表者の氏名も記載します。また、会社法人等番号を

有する法人であるときは、その会社法人等番号も記載します。

④　添付情報の表示（規則34条1項6号）

添付する情報を記載します。

⑤　登記識別情報の通知の送付を希望する場合には、その旨を記載します。

⑥　登記識別情報の通知を希望しない場合には、その旨を記載します。

⑦　申請の年月日（同7号）

⑧　登記所の表示（同8号）

⑨　代理人の住所、氏名（令3条3号）

代理人によって登記を申請するときは、その代理人の氏名または名称および住所、代理人が法人であるときはその代表者の氏名、また、会社法人等番号を有する法人であるときは、その会社法人等番号も記載します。

⑩　申請人または代理人の電話番号その他の連絡先（規則34条1項1号）

⑪　登録免許税が免除される根拠条文の記載（規則189条2項）

非課税なのでその根拠となる法令の条項を記載します。

具体的には「登録免許税法7条1項3号により非課税」と記載します。

⑫　不動産の表示（令3条7号、8号）

不動産の表示は、登記事項証明書の記載と符合するように記載します。ただし、不動産番号を記載した場合には、土地の場合は、土地の所在、地番、地目および地積の記載を省略できます。建物の場合は、建物の所在と土地の地番、家屋番号、建物の種類、構造および床面積等の記載を省略できます（令6条1項）。

(3)　添付情報

①　登記原因証明情報（令別表の22の項添付情報欄）

登記原因証明情報とは、登記の原因となった事実または法律行為およびこれに基づき現に権利変動が生じたことを証する情報をいいます。

合併の場合には、合併後の会社（新設会社または吸収合併存続会社）の合併の事項が記録されている登記事項証明書を提供します。ただし、会社法人等番号を提供した場合には登記事項証明書に代えることがで

きます。

② **会社法人等番号**（令７条１項１号イ）

申請人が会社法人等番号を有する法人であるときは、会社法人等番号を提供します。ただし、作成後３か月以内の当該法人の代表者の資格を証する登記事項証明書または支配人等の権限を証する登記事項証明書を提供したときは、会社法人等番号の提供は要しません（規則36条１項、２項）。実際には、会社法人等番号が①と②を兼ねることになります。

③ **代理権限証明情報**

代理人によって登記を申請するときは、当該代理人の権限を証する情報を提供します（令７条１項２号）。たとえば、委任状などです。

(4)　登録免許税

非課税となります（登録免許税法７条１項３号）。その場合には、申請書に免除の根拠となる法令の条項を記載します（規則189条２項）。

申請書見本

登　記　申　請　書

登記の目的　　３番合有登記名義人変更
原　　　因　　令和○年○月○日受託者株式会社Ｂ合併
変更後の事項
　　　　　　受託者
　　　　　　　　　○市○町○丁目○番○号
　　　　　　　　　株式会社　　Ａ
　　　　　　　　　○市○町○丁目○番○号
　　　　　　　　　株式会社　　Ｃ
申　　請　　人　（被合併会社　株式会社Ｂ）
　　　　　　　　　○市○町○丁目○番○号
　　　　　　　　　株式会社　　Ｃ
　　　　　　　（会社法人等番号　123456789012）
　　　　　　　　代表取締役　甲　某

添付情報
登記原因証明情報　　会社法人等番号　　代理権限証明情報

登記完了後に通知される登記完了証・還付される添付情報は代理人の住所に送付を希望します※。
令和○年○月○日　　　○地方法務局○出張所
代　理　人　　○市○町○丁目○番○号
　　　　　　　　　○　○　○　○　㊞
　　　　　　　　連絡先の電話番号　○○○ - ○○○○ - ○○○○
登録免許税　　登録免許税法7条1項3号により非課税
不動産の表示及び信託目録の表示（省略）

※　登記識別情報の通知は、登記所の窓口または送付によって受領することができます。送付を希望する場合には、その旨と送付先を記載します。窓口で受領する場合には何も記載する必要はありません。

登記記録例　　**受託者合併による変更の場合（合有の場合）**

権利部（甲区）	（所有権に関する事項）		
順位番号	登記の目的	受付年月日・受付番号	権利者その他の事項
2	所有権移転	令和○年○月○日 第○号	原因　令和○年○月○日売買 所有者　○市○町○丁目○番○号 　　　　甲　某
3	所有権移転 （合有）	令和○年○月○日 第○号	原因　令和○年○月○日信託 受託者　○市○町○丁目○番○号 　　　　株式会社　A 　　　　○市○町○丁目○番○号 　　　　株式会社　B
	信託	余白	信託目録第○号
付記1号	3番合有登記 名義人変更	令和○年○月○日 第○号	原因　令和○年○月○日受託者株 　　　式会社B合併 受託者　○市○町○丁目○番○号 　　　　株式会社　A 　　　　○市○町○丁目○番○号 　　　　株式会社　C

※　2人以上の受託者のうちいずれかについて変更があった例です。
※　変更した受託者を抹消する記号（下線）は記録しません。

信託目録記録例　受託者合併による変更の場合（合有の場合）

信　託　目　録	調製	令和○年○月○日
番　号	受付年月日・受付番号	予　備
第○号	令和○年○月○日 第○号	余白
1　委託者に関する事項	（事項省略）	
2　受託者に関する事項	○市○町○丁目○番○号 　　株式会社　Ａ ○市○町○丁目○番○号 　　株式会社　Ｂ	
	受託者変更 令和○年○月○日 第○号 原因　令和○年○月○日受託者株式会社Ｂ合併 受託者 ○市○町○丁目○番○号 　　株式会社　Ａ ○市○町○丁目○番○号 　　株式会社　Ｃ	
3　受益者に関する事項等	（事項省略）	
4　信託条項	（事項省略）	

※　2人以上の受託者のうちいずれかについて変更があった例です。

※　信託目録の変更は、申請によって行います。

※　変更した受託者を抹消する記号（下線）は記録しません。

20　受託者が２人以上のとき、その１人の会社分割による変更登記

１.はじめに

　共同受託の場合には、持分の概念がありませんので、持分移転の登記ができません。したがって、登記は登記名義人変更登記によってします。

２.登記申請手続

（1）　申　請　人

　会社分割による権利（確定前の根抵当権を除く）の移転の登記は設立会社または承継会社が登記権利者、分割会社が登記義務者となって共同で申請します（平成13年３月30日民二第867号民事局長通達『登記研究』653号）。本件は移転登記ではなく変更登記で行いますが、実体は権利移転に基づくものですから、共同申請で行うべきです。また、受託者である法人が分割した場合には会社分割のあった設立会社または承継会社が受託者としての権利義務を承継しますので（信託法56条２項後段）、受託者の任務は終了しませんので、法100条２項の適用はないと考えます。

　したがって、本件の場合は、共同受託者のうち会社分割のあった設立会社または承継会社が登記権利者、分割会社が登記義務者として申請することになるものと考えます。

　なお、本書と異なる見解として以下のものがあります。

○　分割により受託者として権利義務を承継した法人が単独で申請すると考える説（藤原462頁・信託登記の実務446頁）

（2）　申請情報

申請情報として申請書に次の事項を記載します。

① 　登記の目的（令３条５号）

　　登記の目的は「○番合有登記名義人変更」とします。

② 　登記原因およびその日付（令３条６号）

　登記の原因日付は「令和○年○月○日受託者株式会社 B 会社分割」
で、その日付は会社分割の日となります。すなわち、新設分割の場合
は設立会社がその本店所在地において設立の登記をした日であり、吸
収分割の場合は分割契約書において定められた日となります。

③　**申請人の表示**（令 3 条 1 号、2 号）
　i　権利者の表示
　　登記権利者である分割後の設立会社または承継会社の商号、本店
およびその代表者の氏名も記載します。また、会社法人等番号を有
する法人であるときは、その会社法人等番号も記載します。
　　なお、持分の記載はしません。なぜなら、共同受託者の関係は「合
有」とされているため、持分の概念が存在しないからです（昭和
38 年 5 月 17 日民甲第 1423 号民事局長回答）。
　ii　義務者の表示
　　登記義務者として、分割会社である所有権の登記名義人の商号、
本店およびその代表者の氏名を記載します。また、会社法人等番号
を有する法人であるときは、その会社法人等番号も記載します。
④　**添付情報の表示**（規則 34 条 1 項 6 号）
　添付する情報を記載します。
⑤　**登記識別情報の通知の送付を希望する場合には、その旨を記載します。**
⑥　**登記識別情報の通知を希望しない場合には、その旨を記載します。**
⑦　**申請の年月日**（同 7 号）
⑧　**登記所の表示**（同 8 号）
⑨　**代理人の住所、氏名**（令 3 条 3 号）
　代理人によって登記を申請するときは、その代理人の氏名または名
称および住所、代理人が法人であるときはその代表者の氏名、また、
会社法人等番号を有する法人であるときは、その会社法人等番号も記
載します。
⑩　**申請人または代理人の電話番号その他の連絡先**（規則 34 条 1 項 1 号）
⑪　**登録免許税が免除される根拠条文の記載**（規則 189 条 2 項）
　非課税なのでその根拠となる法令の条項を記載します。
　具体的には「登録免許税法第 7 条第 1 項第 3 号により非課税」と記

載します。

⑫　**不動産の表示**（令3条7号、8号）

　不動産の表示は、登記事項証明書の記載と符合するように記載します。ただし、不動産番号を記載した場合には、土地の場合は、土地の所在、地番、地目および地積の記載を省略できます。建物の場合は、建物の所在と土地の地番、家屋番号、建物の種類、構造および床面積等の記載を省略できます（令6条1項）。

(3)　添付情報

①　**登記原因証明情報**（令7条1項5号ロ）

　登記原因証明情報とは、登記の原因となった事実または法律行為およびこれに基づき現に権利変動が生じたことを証する情報をいいます。

　会社分割の場合には、分割契約書及び会社分割の事項が記録されている新設会社または吸収分割承継会社の登記事項証明書を提供します（平成18年3月29日民二第755号民事局長通達『登記研究』700号）。ただし、会社法人等番号を提供した場合には登記事項証明書に代えることができます。

②　**会社法人等番号**（令7条1項1号イ）

　申請人が会社法人等番号を有する法人であるときは、会社法人等番号を提供します。ただし、作成後3か月以内の当該法人の代表者の資格を証する登記事項証明書または支配人等の権限を証する登記事項証明書を提供したときは、会社法人等番号の提供は要しません（規則36条1項、2項）。実際には、会社法人等番号が①と②を兼ねることになります。

③　**代理権限証明情報**

　代理人によって登記を申請するときは、当該代理人の権限を証する情報を提供します（令7条1項2号）。たとえば、委任状などです。

(4)　登録免許税

非課税となります（登録免許税法7条1項3号）。その場合には、申請書に免除の根拠となる法令の条項を記載します（規則189条2項）。

申請書見本

登 記 申 請 書

登記の目的　　３番合有登記名義人変更
原　　　因　　令和○年○月○日受託者株式会社 B 会社分割
変更後の事項
受　託　者　　○市○町○丁目○番○号
　　　　　　　株式会社　A
　　　　　　　○市○町○丁目○番○号
　　　　　　　株式会社　C
権　利　者　　○市○町○丁目○番○号
　　　　　　　　株式会社　C
　　　　　　　（会社法人等番号　123456789012）
　　　　　　　　代表取締役　○○○○
義　務　者　　○市○町○丁目○番○号
　　　　　　　　株式会社　B
　　　　　　　（会社法人等番号　123456789023）
　　　　　　　　代表取締役　○○○○
添 付 情 報
登記原因証明情報　　会社法人等番号　　代理権限証明情報

登記完了後に通知される登記完了証・還付される添付情報は代理人
の住所に送付を希望します※。
令和○年○月○日　　○地方法務局○出張所
代　理　人　　○市○町○丁目○番○号
　　　　　　　　　○　○　○　○　㊞
　　　　　　　連絡先の電話番号　○○○ - ○○○○ - ○○○○
登録免許税　　登録免許税法７条１項３号により非課税
不動産の表示及び信託目録の表示（省略）

※　登記識別情報の通知は、登記所の窓口または送付によって受領することがで
　きます。送付を希望する場合には、その旨と送付先を記載します。窓口で受領
　する場合には何も記載する必要はありません。

登記記録例　　会社分割による受託者変更の場合（合有の場合）

順位番号	登記の目的	受付年月日・受付番号	権利者その他の事項
\[権利部（甲区）　　（所有権に関する事項）\]			
2	所有権移転	令和○年○月○日 第○号	原因　令和○年○月○日売買 所有者　○市○町○丁目○番○号 　　　　甲　某
3	所有権移転 （合有）	令和○年○月○日 第○号	原因　令和○年○月○日信託 受託者　○市○町○丁目○番○号 　　　　株式会社　Ａ 　　　　○市○町○丁目○番○号 　　　　株式会社　Ｂ
	信託	余白	信託目録第○号
付記１号	3番合有登記 名義人変更	令和○年○月○日 第○号	原因　令和○年○月○日受託者株 　　　式会社Ｂ会社分割 受託者　○市○町○丁目○番○号 　　　　株式会社　Ａ 　　　　○市○町○丁目○番○号 　　　　株式会社　Ｃ

※　２人以上の受託者のうちいずれかについて変更があった例です。

※　変更した受託者を抹消する記号（下線）は記録しません。

21 信託終了(信託財産の処分)による所有権移転登記

1. はじめに

　たとえば、不動産を信託していたが、その不動産を売却してその代金を信託財産として受益者の生活の支援をする場合などが考えられます。

　受託者が信託財産を信託の目的に従って売却処分をしたときは、買主は所有権を取得し、当該不動産は信託財産でなくなります。そのことを公示するために、所有権移転と信託の抹消登記をします。

　信託財産に属する不動産が信託財産に属さなくなった場合における信託の抹消登記の申請は、所有権移転登記の申請と同時にしなければなりません（法104条1項）。同時にしなければならないというのは同一の申請書でするということです（令5条3項）。

2. 登記申請手続

(1) 申 請 人

　当該不動産の所有権の登記名義人である受託者が登記義務者となり、買主が登記権利者となって共同で申請します。信託の抹消登記は、受託者が単独で申請することができます（法104条2項）。

(2) 申請情報

　申請情報として申請書に次の事項を記載します。

① 登記の目的（令3条5号）

　　登記の目的は「所有権移転及び信託登記抹消」とします。

② 登記原因およびその日付（令3条6号）

　　所有権移転の登記の原因日付は「令和○年○月○日売買」で、その日付は売買契約成立の日です。

　　信託登記の抹消の原因は「信託財産の処分」とし、その日付は記載しません。

③　**申請人の表示**（令３条１号、２号）

　ⅰ　権利者の表示

　　登記権利者として、当該不動産の買主の氏名または名称および住所を記載します。

　　権利者が法人の場合には、その代表者の氏名も記載します。また、会社法人等番号を有する法人であるときは、その会社法人等番号も記載します。

　ⅱ　義務者兼信託抹消登記申請人の表示

　　登記義務者兼信託抹消登記の申請人として、受託者である所有権の登記名義人の氏名または名称および住所を記載します。

　　義務者等が法人の場合には、その代表者の氏名も記載します。また、会社法人等番号を有する法人であるときは、その会社法人等番号も記載します。

④　**添付情報の表示**（規則34条１項６号）

　添付する情報を記載します。

⑤　登記識別情報の通知の送付を希望する場合には、その旨を記載します。

⑥　登記識別情報の通知を希望しない場合には、その旨を記載します。

⑦　**申請の年月日**（同７号）

⑧　**登記所の表示**（同８号）

⑨　**代理人の住所、氏名**（令３条３号）

　代理人によって登記を申請するときは、その代理人の氏名または名称および住所、代理人が法人であるときはその代表者の氏名、また、会社法人等番号を有する法人であるときは、その会社法人等番号も記載します。

⑩　**申請人または代理人の電話番号その他の連絡先**（規則34条１項１号）

⑪　**課税価格および登録免許税額の表示**（規則189条１項）

　課税価格（不動産の価額）と登録免許税額を記載します。

⑫　**不動産の表示**（令３条７号、８号）

　不動産の表示は、登記事項証明書の記載と符合するように記載します。ただし、不動産番号を記載した場合には、土地の場合は、土地の所在、地番、地目および地積の記載を省略できます。建物の場合は、

建物の所在と土地の地番、家屋番号、建物の種類、構造および床面積等の記載を省略できます（令6条1項）。

(3)　添付情報

添付情報として次の情報（書面）を提供します。

① **登記原因証明情報**（令別表の26の項添付情報欄ホ、同30の項添付情報欄イ）

　　登記原因証明情報とは、登記の原因となった事実または法律行為およびこれに基づき現に権利変動が生じたことを証する情報をいいます。本件の場合は、所有権移転登記と信託抹消登記の2つの登記原因証明情報を提供します。

　　所有権移転の登記原因証明情報としては、売買契約書（売却により所有権が移転し、信託が終了したことがわかる情報）があります。売買契約書がない場合または提供できない場合には、契約の内容を記載した書面を提供します。これを「報告形式の登記原因証明情報」といいます。

② **登記識別情報または登記済証**（法22条）

　　登記義務者が所有権の保存または移転の登記をして登記名義人となったときに通知または交付を受けた登記識別情報または登記済証を提供します。

③ **印鑑証明書**

　　登記義務者である所有権の登記名義人（受託者）の印鑑証明書を提供します。

　　登記義務者が個人の場合は、市区町村長の作成した印鑑証明書となります。登記義務者が会社等の法人の場合は、登記官の作成した当該法人の代表者の印鑑証明書となります。これらの印鑑証明書は、作成後3か月以内のものでなければなりません（令16条2項、3項）。

　　ただし、会社法人等番号を有する法人の場合において会社法人等番号を申請書に記載した場合であり、かつ、登記官が記名押印した者の印鑑に関する証明書を作成することが可能である場合には、印鑑証明書の提供は必要ありません（規則48条1号）。

④　**住所証明情報**（令別表の 30 の項添付情報欄ハ）

　　登記名義人となる者（権利者）の住所を証する市区町村長または登記官その他の公務員が職務上作成した証明書を提供します。

　　具体的には、自然人の場合は、市区町村長の作成した「住民票の写し」、「住民票記載事項証明書」または「戸籍の附票の写し」です。

　　法人の場合は、登記官が作成した法人の登記事項証明書を提供します。ただし、会社法人等番号を有する法人の場合において会社法人等番号を提供した場合には、住所証明情報を提供する必要はありません（令 9 条、規則 36 条 4 項）。

⑤　**会社法人等番号**（令 7 条 1 項 1 号イ）

　　申請人が会社法人等番号を有する法人であるときは、会社法人等番号を提供します。ただし、作成後 3 か月以内の当該法人の代表者の資格を証する登記事項証明書または支配人等の権限を証する登記事項証明書を提供したときは、会社法人等番号の提供は要しません（規則 36 条 1 項、2 項）。

⑥　**承諾書**

　　信託条項に、信託された不動産を処分するのに、受益者等の承諾を要する旨の規定がある場合には、その承諾を証する書面（印鑑証明書付き）を提供します（『登記研究』508 号質疑応答）※。

⑦　**代理権限証明情報**

　　代理人によって登記を申請するときは、当該代理人の権限を証する情報を提供します（令 7 条 1 項 2 号）。たとえば、委任状などです。

⑧　**固定資産の評価証明書**

　　法定の添付情報ではありませんが、登録免許税を計算するために必要なため、市区町村が発行している「固定資産の評価証明書」を提供しているのが実情です。

※『登記研究』508 号質疑応答
　〔要旨〕信託財産について所有権移転登記の申請をする場合、信託条項に「受託者は受益者の承諾を得て管理処分をする」旨記載されているときには、受益者の承諾書の添付を要する。

(4)　登録免許税

① 所有権移転登記

　　所有権移転登記については、不動産の価額の 1000 分の 20 となります（登録免許税法別表第 1、1、(2)ハ）。ただし、土地の売買については、租税特別措置法 72 条 1 項 1 号の軽減の規定があり、令和 8 年 3 月 31 日までは、税率は 1000 分の 15 になります。その場合には、申請書に軽減の根拠となる法令の条項を記載します（規則 189 条 3 項）。

② 信託の抹消の登記

　　不動産 1 個につき 1,000 円となります。

申請書見本

```
　　　　　　　　　　登 記 申 請 書

　登記の目的　　　所有権移転及び信託登記抹消
　原　　　因
　　　所有権移転　　　令和○年○月○日売買
　　　信託登記抹消　　信託財産の処分
　権　利　者　　　○市○町○丁目○番○号
　　　　　　　　　　甲　某
　義　務　者　　　○市○町○丁目○番○号
　(信託抹消登記申請人)　乙　某
　添付情報
　登記原因証明情報　　　登記識別情報　　　印鑑証明書
　住所証明情報　　　承諾書　　　代理権限証明情報

　登記完了後に通知される登記識別情報通知書・登記完了証・還付される添付情報は代理人の住所に送付を希望します。※1

　令和○年○月○日　　　○地方法務局○出張所
　代　理　人　　　○市○町○丁目○番○号
　　　　　　　　　　○　　○　　○　　○　　㊞
　　　　　　　　　　連絡先の電話番号　　○○○ - ○○○○ - ○○○○
　課 税 価 格　　　金○○，000 円※2
　登録免許税　　　金○，○00 円※3
```

```
　　移転分　　　金○円　租税特別措置法 72 条 1 項 1 号
　　抹消分　　　金 1,000 円
不動産の表示
　不動産番号　123456789012
　所　　在　　○市○町三丁目
　地　　番　　100 番
　地　　目　　宅地
　地　　積　　○○.○○㎡
令和○年　信託目録第○号
```

※1　登記識別情報の通知は、登記所の窓口または送付によって受領することができます。送付を希望する場合には、その旨と送付先を記載します。窓口で受領する場合には何も記載する必要はありません。

※2　固定資産の評価証明書に記載されている不動産の価格のうち、1,000 円未満の端数を切り捨てた金額を記載します。

※3　移転登記分と信託抹消登記分の金額の合計金額のうち、100 円未満の端数を切り捨てた金額を記載します。

報告形式の登記原因証明情報見本

```
　　　　　　　　　　　登記原因証明情報

1　登記申請情報の要項
　(1)　登記の目的　　　所有権移転及び信託登記抹消
　(2)　原　　　因
　　　所有権移転　　　令和○年○月○日売買
　　　信託登記抹消　　信託財産の処分
　(3)　当 事 者
　　　　権利者　　　　○市○町○丁目○番○号
　　　　　　　　　　　甲　某
　　　　義務者兼信託登記抹消申請人
　　　　　　　　　　　○市○町○丁目○番○号
　　　　　　　　　　　乙　某
　(4)　不動産の表示及び信託目録の表示　　後記のとおり
2　登記の原因となる事実又は法律行為
　(1)　受託者乙某と、委託者 A は、令和○年○月○日、受益者を B
　　　とする本件不動産を受益者のために管理、運用及び処分を目的
　　　とする信託契約を締結し、本件不動産を信託した。
　　　　当該信託契約には、受託者は、受益者の承諾を得て管理処分
　　　とする旨の条項がある。
```

(2)　乙某と甲某は、上記信託契約に基づき、令和○年○月○日、本件不動産の売買契約を締結した。
　　　なお、信託契約の規定により受益者Bの承諾を得ている。※
(3)　(1)の売買契約には、本件不動産の所有権は売買代金の支払いが完了した時に移転する旨の特約が付されている。
(4)　甲某は、乙某に対し、令和○年○月○日、売買代金を支払い、乙某は、これを受領した。
(5)　よって、本件不動産の所有権は、同日、乙某から甲某に移転し、同時に本件不動産の信託は終了した。
令和○年○月○日　○地方法務局　○出張所御中
　上記の登記原因のとおり相違ありません。

買主　○市○町○丁目○番○号
　　甲　　　　某　㊞
売主　○市○町○丁目○番○号
　　乙　　　　某　㊞

不動産の表示及び信託目録の表示（省略）

※　受益者の承諾書（印鑑証明書付き）を添付します。

登記記録例　信託財産の処分の場合

権利部（甲区）　（所有権に関する事項）			
順位番号	登記の目的	受付年月日・受付番号	権利者その他の事項
2	所有権移転	令和○年○月○日第○号	原因　令和○年○月○日売買 所有者　○市○町○丁目○番○号 　　A
3	所有権移転	令和○年○月○日第○号	原因　令和○年○月○日売買 受託者　○市○町○丁目○番○号 　　乙　某
	信託	余白抹消	信託目録第○号
4	所有権移転	令和○年○月○日第○号	原因　令和○年○月○日売買 所有者　○市○町○丁目○番○号 　　甲　某
	3番信託登記抹消	余白	原因　信託財産の処分

244

22　信託終了（信託財産引継）による所有権移転登記

1．はじめに

　所有権が信託によって移転している場合において信託の終了事由が生じた場合には、受託者は清算手続等をしなければなりませんが、この清算事務が結了するまで、信託はなお存続するものとみなされます（信託法176条）。

　信託が終了した時以後の受託者のことを清算受託者といい、①現務の結了、②信託財産に属する債権の取立ておよび信託債権に係る債務の弁済、③受益債権（残余財産の給付を内容とするものを除く）に係る債務の弁済、④残余財産の給付等の職務を行います（信託法177条）。

　清算受託者がこれらの手続きを終了すると、残余財産は信託行為で指定された残余財産受益者または帰属権利者に帰属します。これらの帰属権利者等がいない場合には、委託者またはその相続人、またはその他の一般承継人に帰属します（信託法182条2項）。

　このように信託財産が帰属権利者等に引き継がれると、信託不動産は信託財産でなくなります。そのことを第三者に対抗するためには、所有権移転登記と信託の抹消登記を申請しなければなりません。

　信託は、信託法163条に掲げる終了事由によるほか原則として委託者および受益者の合意により、いつでも終了させることができます（信託法164条1項）。信託法163条に掲げる信託の終了事由は第1編第7章（66頁以下）を参考にしてください。

　信託の抹消登記は、所有権移転登記の申請と同時にしなければなりません（法104条1項）。

2．登記申請手続

（1）　申　請　人

　所有権移転登記については、当該不動産の所有権の登記名義人である

受託者が登記義務者となり、信託財産を引き継いだ者が登記権利者となって、共同で申請します。したがって、権利者が信託財産の帰属者であるかどうかは信託目録の記録により判断することになります。

　信託の抹消登記は、受託者が単独で申請することができます（法104条2項）。

(2)　申請情報

　申請情報として申請書に次の事項を記載します。

① **登記の目的**（令3条5号）

　　登記の目的は「所有権移転及び信託登記抹消」とします。

② **登記原因およびその日付**（令3条6号）

　　所有権移転の登記の原因日付は「令和〇年〇月〇日信託財産引継」で、その日付は信託財産が帰属権利者等に引き継がれた日となります。

　　信託登記の抹消原因は「信託財産引継」とし、その日付は記載しません。ここで注意するのは、信託の終了原因を記載するのではなく、信託が終了し、信託財産から離脱した当該不動産が帰属権利者等に引き継がれた旨を記載するということです。

③ **申請人の表示**（令3条1号、2号）

　　i　権利者の表示

　　　登記権利者として、帰属権利者等の氏名または名称および住所を記載します。権利者が法人の場合には、その代表者の氏名も記載します。また、会社法人等番号を有する法人であるときは、その会社法人等番号も記載します。

　　ii　義務者兼信託の抹消登記申請人の表示

　　　登記義務者兼信託の抹消登記申請人の表示として、受託者である所有権の登記名義人の氏名または名称および住所を記載します。義務者が法人の場合には、その代表者の氏名も記載します。また、会社法人等番号を有する法人であるときは、その会社法人等番号も記載します。

④ **添付情報の表示**（規則34条1項6号）

　　添付する情報を記載します。

⑤ **登記識別情報の通知の送付を希望する場合には、その旨を記載しま**

す。

⑥ 登記識別情報の通知を希望しない場合には、その旨を記載します。

⑦ **申請の年月日**（同7号）

⑧ **登記所の表示**（同8号）

⑨ **代理人の住所、氏名**（令3条3号）

代理人によって登記を申請するときは、その代理人の氏名または名称および住所、代理人が法人であるときはその代表者の氏名、また、会社法人等番号を有する法人であるときは、その会社法人等番号も記載します。

⑩ **申請人または代理人の電話番号その他の連絡先**（規則34条1項1号）

⑪ **課税価格および登録免許税額の表示**（規則189条1項）

課税価格（不動産の価額）と登録免許税額を記載します。

⑫ **不動産の表示**（令3条7号、8号）

不動産の表示は、登記事項証明書の記載と符合するように記載します。ただし、不動産番号を記載した場合には、土地の場合は、土地の所在、地番、地目および地積の記載を省略できます。建物の場合は、建物の所在と土地の地番、家屋番号、建物の種類、構造および床面積等の記載を省略できます（令6条1項）。

(3) 添付情報

添付情報として次の情報（書面）を提供します。

① **登記原因証明情報**（令別表の26の項添付情報欄ホ、同30の項添付情報欄イ）

登記原因証明情報とは、登記の原因となった事実または法律行為およびこれに基づき現に権利変動が生じたことを証する情報をいいます。

たとえば、信託終了事由および帰属権利者が信託行為によって定められているときは、その旨を記載した、いわゆる報告形式の登記原因証明情報を提供します。

② **登記識別情報または登記済証**（法22条）

登記義務者が所有権の保存または移転の登記をして登記名義人となったときに通知または交付を受けた登記識別情報または登記済証を

提供します。

③　**印鑑証明書**

　登記義務者である所有権の登記名義人（受託者）の印鑑証明書を提供します。

　登記義務者が個人の場合は、市区町村長の作成した印鑑証明書となります。登記義務者が会社等の法人の場合は、登記官の作成した当該法人の代表者の印鑑証明書となります。これらの印鑑証明書は、作成後３か月以内のものでなければなりません（令16条２項、３項）。

　ただし、会社法人等番号を有する法人の場合において会社法人等番号を申請書に記載した場合であり、かつ、登記官が記名押印した者の印鑑に関する証明書を作成することが可能である場合には、印鑑証明書の提供は必要ありません（規則48条１号）。

④　**住所証明情報**（令別表の30の項添付情報欄ハ）

　登記名義人となる者（権利者）の住所を証する市区町村長または登記官その他の公務員が職務上作成した証明書を提供します。

　具体的には、自然人の場合は、市区町村長の作成した「住民票の写し」、「住民票記載事項証明書」または「戸籍の附票の写し」です。

　法人の場合は、登記官が作成した法人の登記事項証明書を提供します。ただし、会社法人等番号を有する法人の場合において会社法人等番号を提供した場合には、住所証明情報を提供する必要はありません（令９条、規則36条４項）。

⑤　**会社法人等番号**（令７条１項１号イ）

　申請人が会社法人等番号を有する法人であるときは、会社法人等番号を提供します。ただし、作成後３か月以内の当該法人の代表者の資格を証する登記事項証明書または支配人等の権限を証する登記事項証明書を提供したときは、会社法人等番号の提供は要しません（規則36条１項、２項）。

⑥　**代理権限証明情報**

　代理人によって登記を申請するときは、当該代理人の権限を証する情報を提供します（令７条１項２号）。たとえば、委任状などです。

⑦　**固定資産の評価証明書**

　法定の添付情報ではありませんが、登録免許税を計算するために必

要なため、市区町村が発行している「固定資産の評価証明書」を提供
しているのが実情です。

(4) 登録免許税

① 所有権移転登記

所有権移転登記については、原因が「信託財産引継」の場合には不
動産の価額の1000分20となります（登録免許税法別表第1、1、⑵、ハ）。
ただし、信託の効力が生じた時から引き続き委託者のみが信託財産の
元本の受益者である信託の信託財産を受託者から当該受益者（当該信
託の効力が生じた時から引き続き委託者である者に限る）に移す場合
における財産権の移転の登記の場合は非課税となります（登録免許税
法7条1項2号）。

なお、信託財産を受託者から受益者に移す場合であって、かつ、当
該信託の効力が生じた時から引き続き委託者のみが信託財産の元本の
受益者である場合において、当該受益者が当該信託の効力が生じた時
における委託者の相続人または合併承継人であるときは、当該信託に
よる財産権の移転の登記を相続または合併による財産権の移転の登記
とみなして、登録免許税は、不動産の価額の1000分4となります（登
録免許税法7条2項、同法別表第1、1、⑵イ）。

② 信託の抹消登記

不動産1個につき1,000円となります。

申請書見本

登　記　申　請　書

登記の目的　　所有権移転及び信託登記抹消
原　　　因
　所有権移転　　令和○年○月○日信託財産引継
　信託登記抹消　信託財産引継
権　利　者　　　○市○町○丁目○番○号
　　　　　　　　　甲　某
義務者兼信託抹消登記申請人
　　　　　　　　　○市○町○丁目○番○号
　　　　　　　　　乙　某
添付情報
　登記原因証明情報　　登記識別情報　　印鑑証明書
　住所証明情報　　代理権限証明情報

登記完了後に通知される登記識別情報通知書・登記完了証・還付される添付情報は代理人の住所に送付を希望します。※
令和○年○月○日　　○地方法務局○出張所
代　理　人　　○市○町○丁目○番○号
　　　　　　　　　○　○　○　○　㊞
　　　　　　　　　連絡先の電話番号　○○○-○○○○-○○○○
課 税 価 格　　金○○,000 円
登録免許税　　金○, ○00 円
　移転分　　金○円
　抹消分　　金○円
不動産及び信託目録の表示
　不動産番号　123456789012
　所　　　在　○市○町三丁目
　地　　　番　100 番
　地　　　目　宅地
　地　　　積　○○. ○○㎡
令和○年　信託目録第○号

※　登記識別情報の通知は、登記所の窓口または送付によって受領することができます。送付を希望する場合には、その旨と送付先を記載します。窓口で受領する場合には何も記載する必要はありません。

報告形式の登記原因証明情報見本

登記原因証明情報

1 登記申請情報の要項
　(1) 登記の目的　　所有権移転及び信託登記抹消
　(2) 原　　　因
　　　所有権移転　　令和○年○月○日信託財産引継
　　　信託登記抹消　信託財産引継
　(3) 当　事　者
　　　　　権利者　　○市○町○丁目○番○号
　　　　　　　　　　甲　某
　　　　　義務者兼信託登記抹消申請人
　　　　　　　　　　○市○町○丁目○番○号
　　　　　　　　　　乙　某
　(4) 不動産の表示及び信託目録の表示　後記のとおり
2 登記の原因となる事実又は法律行為
　(1) 本件不動産を目的とする本信託契約には、受益者甲某が満25
　　　歳に達したときは信託が終了することとされている（信託目録
　　　信託終了の事由○条）。
　　　　令和○年○月○日、受益者甲某は満25歳に達したので本信
　　　託は終了した。
　(2) 本信託契約では、信託が終了した場合の残余財産は受益者に
　　　帰属することになっている（信託目録その他の信託の条項○
　　　条）。
　(3) 甲某は、乙某から令和○年○月○日、本件不動産を引き継い
　　　だ。
　(4) よって、同日、本件不動産の所有権は甲某に移転したので本
　　　件不動産は信託財産ではなくなった。
令和○年○月○日　○地方法務局　○出張所御中
　上記の登記原因のとおり相違ありません。
　　　　　　　　　　権利者（受益者）　○市○町○丁目○番○号
　　　　　　　　　　　　　　甲　　　　　某　㊞

　　　　　　　　　　義務者（受託者）　○市○町○丁目○番○号
　　　　　　　　　　　　　　乙　　　　　某　㊞
不動産の表示及び信託目録の表示（省略）

登記記録例　信託財産の処分の場合

権利部（甲区）　　（所有権に関する事項）			
順位番号	登記の目的	受付年月日・受付番号	権利者その他の事項
2	所有権移転	令和○年○月○日 第○号	原因　令和○年○月○日売買 所有者　○市○町○丁目○番○号 　　　　何　某
3	所有権移転	令和○年○月○日 第○号	原因　令和○年○月○日信託 受託者　○市○町○丁目○番○号 　　　　乙　某
	信託	余白抹消	信託目録第○号
4	所有権移転	令和○年○月○日 第○号	原因　令和○年○月○日信託財産 　　　　引継 所有者　○市○町○丁目○番○号 　　　　甲　某
	3番信託登記抹消	余白	原因　信託財産引継

23　信託終了後に受託者が帰属権利者として残余財産を取得した場合

1. はじめに

　民事信託の場合、信託が終了した時は、残余財産を受託者に帰属させる、という内容の信託がされている事例が多いと思います。しかし、その申請手続については各法務局によって取扱いが異なります。最近、新しい先例（令和6年1月10日民二第17号第二課長通知・後掲382頁（この項では「令和6年先例」という。））が出されましたが、しかしそれによってもすべての疑問が解決したわけではありませんので、申請する際には事前に管轄法務局の登記官に相談するのが無難かと考えますが、取り敢えず標記登記についてどのような問題点があるのかを検討したいと思います。なお、本件は、次の事例を想定して議論を進めたいと思います。

〈本件信託の概要〉

　甲は自身が認知症になった場合の対策として、自身を受益者とする。長男乙を受託者とする。信託終了事由を受益者甲が死亡した場合とする。そして、信託が終了した際の残余財産の帰属権利者は信託終了時の受託者とする信託登記をしている。今度、受益者甲が死亡し、信託が終了した。

　委託者兼受益者：甲

　受　　託　　者：長男の乙

　信 託 終 了 事 由：受益者が死亡したとき

　帰 属 権 利 者：受託者乙

〈問題点〉

　この問題を考えるために次のような問題点が指摘されています。

　①　申請方法は「所有権移転登記」か「権利の変更登記」か。

　②　権利の変更登記を申請する場合、登記義務者は受益者の相続人全員か、それとも帰属権利者である受託者が受益者とみなされて、結果、受託者の単独申請か。

　③　登記原因は「信託財産引継」か「委付」か。

　④　権利の変更登記を申請する場合、帰属権利者が受託者と第三者の複数の場合の申請手続はどうするのか。その場合、信託の抹消登記

の方法は？

⑤　登録免許税法7条2項の適用はあるのか。

⑥　権利の変更登記をした場合、登記識別情報は通知されるのか。

(1)　2つの申請方法

次の2通りの申請方法が考えられています。

① 所有権移転登記説

```
登記の目的　所有権移転及び信託登記抹消
原　　　因
　所有権移転　　令和年月日信託財産引継
　信託登記抹消　信託財産引継
```

受託者が登記権利者兼登記義務者となります。

同一人物が登記権利者と登記義務者を兼ねますが、登記権利者は買主個人であり、登記義務者は信託登記の受託者であり、同一人物ではあるが立場が異なるとして共同申請という形式をとるものとする考えです。

② 権利の変更登記説

```
登記の目的　受託者の固有財産となった旨の登記及び信託登記抹消
原　　　因
　変更の登記　　令和年月日信託財産引継（または委付）
　信託登記抹消　信託財産引継（または委付）
```

登記権利者は受託者、登記義務者は受益者となります（法104条の2第2項前段）。その場合、受益者は登記識別情報の提供は必要ありません（同項後段）。

(2)　本件の検討

〈信託終了後の流れ〉

信託が終了して残余財産が帰属権利者に給付されるまでの経緯は次のようになります。

①　信託終了事由の発生（信託の終了）

②　清算の開始

③　清算受託者の選任

④　残余財産の帰属権利者への給付

　本件は、信託が終了した後に、信託財産が受託者の固有財産になった場合であるが、それに対し、権利の変更登記をする場合というのは、信託財産が何らかの理由、たとえば、受託者が信託債務などの履行に迫られ、適当な買主がいない場合にやむを得ず受託者が適正価格で買い受ける場合、いわゆる「委付」を原因として、受託者の固有財産となった結果、信託が終了した場合などを想定しているのではないかと考えられます。

〈所有権の移転があるのか？〉

　たとえば、受託者乙と帰属権利者乙が全くの同一人物、すなわち同一人格と考えれば、そこに所有権移転は発生しません。したがって、受託者乙と帰属権利者乙は別人格とみるのか、ということになりますが、全くの同一人格とは異なります。それは、たとえば乙が代表取締役をしている会社と乙個人が売買取引をするのと似ているのではないかと考えることもできます。

　ただし、会社の場合は法人格がありますが、信託財産には法人格がないため[※]、別人格とはいえません。

　なお、登録免許税は質的には所有権移転登記として、不動産の価額の1000分の20とされています（登録免許税法別表第1、1、⑵ハ）。

> ※　例外的ではありますが、受託者個人が死亡したことによりその任務が終了した場合には、信託財産は、法人とする旨の定めがあります（信託法74条1項）。ただし、新受託者が就任したときは、この法人は成立しなかったものとみなされます（同条4項）。

〈自己信託との整合性〉

　自己信託の設定時は、委託者と受託者が同一の場合なので権利の変更として申請します。しかし、信託の終了時においては、受託者と帰属権利者が同一人であっても立場が異なるので、権利の移転とするのは、整合性がとれない、という意見もあります。

〈結論〉

　以上のことを考えると、たとえ受託者乙と帰属権利者乙とは立場が異なるとしても、別人格とみることができない以上、そこに所有権移転があったとみることはできないのではないでしょうか。したがって、本件

の場合は、権利の変更登記でするのが妥当と考えます。ただし、権利の変更登記で申請する場合、帰属権利者が受託者と第三者の複数になる場合の登記手続には不明な点が残ります。令和6年先例では、権利の変更登記で申請できるとされています。

〈登記義務者について〉

　権利の変更登記で申請する場合、義務者は受益者となりますが（法104条の2第2項）、信託の終了事由が「受益者が死亡した場合」となっていて受益者が存在しない場合、だれが義務者になるのかという点については、次の2つの説があります。

　　1説：受益者の相続人全員

　　　　これは、受益者の登記義務は相続するとの考えです。

　　2説：帰属権利者は信託の清算中は受益者とみなされるので（信託法183条6項）、受託者が権利者兼義務者として申請する。

　　　　この場合、申請が受託者単独なので申請の真正が担保されるのか、という疑念が生じます。

　本件信託の終了事由は受益者の死亡とされていますので、受益者の地位および権利は消滅しますが、受益者としての登記義務については、相続すると考える余地もあります。

　もし、そのことをはっきりとさせておきたいときは、「受益者の地位と権利は相続しない。」、と信託行為に定めておくのがよいでしょう。

　しかし、受益者の登記義務は相続すると考えても、本件の場合は信託行為によって帰属権利者が指定されていること、受益者は登記名義人でないことを考えると、受益者の相続人全員を登記義務者とするまでのことはないと考えます。

　したがって、信託法では、帰属権利者は、清算中は受益者とみなされますので（信託法183条6項）、帰属権利者である受託者が権利者兼義務者として申請することは可能と考えます。

〈受益者変更登記の要否〉

　令和6年先例は、委託者兼受益者がA、受託者がBの場合でAが死亡

した場合の事例です。その場合、信託目録の記録から受託者であるＢが受益者とみなされることから受益者をＢにする旨の変更登記を申請するとともに、登記権利者を受託者Ｂ、登記義務者を受益者Ｂとして「受託者の固有財産となった旨の登記及び信託登記抹消」を申請できるとするものです。

　令和 6 年先例からは、受益者変更登記を必ず申請しなければならないのかは不明ですが、前提として受益者変更登記を申請するべきと考えます。

〈登記原因について〉

　権利の変更登記で申請する場合、登記原因については、「委付」とする説と「信託財産引継」とする説がありますが、「信託財産引継」とするのを相当と考えます。この件について横山氏は次のように説明しています。「委付とは、本来、委付条項に基づき委付行為を行った場合に用いられる用語であり、それ以外の原因により信託財産が受託者に帰属するのであれば、「信託財産の処分」、「信託財産の引継」等の原因を用いることが相当であると考える。（横山 586 頁）」。そのとおりと考えます。

〈帰属権利者が受託者と第三者の場合の申請手続はどうするのか〉

　たとえば、帰属権利者が受託者 1 人ではなく、受託者乙と第三者丙が指定されていた場合、所有権移転登記でする場合には問題ありませんが、権利の変更登記で申請すると、目的が異なるため 1 件の申請書では申請することができません。その場合、第三者丙に対しては、所有権一部移転（または何某持分全部移転）登記を申請し、受託者乙に対しては権利の変更登記を申請することになります。その場合、信託の抹消登記はどのような申請になるのか疑問の残るところです。

〈登録免許税法 7 条 2 項の適用はあるのか〉

　権利の変更登記は、実質的には所有権移転登記のため、不動産の価額の 1000 分の 20 とされています（登録免許税法別表第 1、1、(2)ハ）。

　ただし、登録免許税法 7 条 2 項の適用がある場合には、その税率は 1000 分の 4 となります（以下「本件特例」という）。

　本件特例を受ける要件として、

　　1　信託財産を受託者から受益者に移す場合であること。

　　2　当該信託の効力が生じた時から引き続き委託者のみが信託
　　　財産の元本の受益者であること。
　　3　当該受益者が当該信託の効力が生じた時における委託者の
　　　相続人であること。

　以上の要件を充たす場合には、信託による財産権の移転の登記は相続
による登記とみなすとされています。

〈令和6年先例の回答〉

　登録免許税法7条2項の適用があると回答しています。

〈国税局の回答〉

　本件と同様な事例に対して、平成30年12月18日回答の名古屋国税
局審理課長の回答がありますので、そのまま掲載します。本文は、国税
局のホームページから確認することができます。

I　事前照会の趣旨・事実関係

1　事実関係の概要

　甲は、自身が認知症及び要介護状態となった場合における財
産管理等を目的として、甲の推定相続人のうちの一人である実
子乙との間で、甲を委託者兼受益者、乙を受託者及び受益者の
死亡により信託が終了したときの残余財産帰属権利者として、
所有する建物、宅地（以下、建物と併せて「本件不動産」とい
います。）及び金銭を信託財産（以下「本件信託財産」といい
ます。）とする信託契約（以下「本件信託契約」といいます。）
を締結します（以下、本件信託契約に係る信託を「本件信託」
といいます。）を締結します（以下、本件信託契約に係る信託
を「本件信託」といいます。）。

2　本件信託契約の概要

　本件信託は、本件信託財産の管理、処分及び運用によって、
甲の生活、介護、療養及び納税等に必要な資金を給付し、甲の
幸福な生活及び福祉を確保すること並びに本件信託財産の円滑
な承継を目的としています。

　本件信託契約の定めにおいて、委託者兼受益者である甲の死

亡は、本件信託の終了事由の一つとされており、その場合、甲が有していた本件信託に関する委託者及び受益者としての地位及び権利については、以下(1)及び(2)のとおりとなります。

(1)　本件信託に係る委託者の地位は、残余財産帰属権利者として指定されている乙が取得し、委託者の権利については、相続により承継されることなく消滅します。

(2)　本件信託に係る受益者の地位及び権利は、相続により承継されることなく消滅します。

　なお、本件信託の終了に伴い、信託の清算を行う清算受託者については、信託終了時点における受託者が指定されています。また、甲の死亡により本件信託が終了した場合、本件信託財産については、残余財産帰属権利者として指定されている乙が取得し、甲死亡時点で既に乙が死亡していたときには、乙の子が取得します。

　すなわち、甲死亡時点において乙が生存している場合、乙は、本件信託契約に基づき、甲より本件信託に係る委託者の地位を取得するとともに、本件信託に係る清算受託者及び残余財産帰属権利者となります。

3　照会事項

　このような契約関係を前提として、甲の死亡により、甲の相続人である乙が本件信託財産を取得する場合、本件信託契約が終了したことに伴う本件不動産に係る所有権移転登記(以下「本件登記」といいます。)について、登録免許税法第7条《信託財産の登記等の課税の特例》第2項の規定が適用され、相続による所有権の移転の登記とみなして登録免許税が課されると解してよいか、照会します。

Ⅱ　Ⅰの事実関係に対して事前照会者の求める見解となることの理由

1　法令の規定

　登録免許税法第7条第2項(以下「本件特例」といいます。)は、「信託の信託財産を受託者から受益者に移す場合」(以下「要件

1」といいます。）であって、「当該信託の効力が生じた時から
引き続き委託者のみが信託財産の元本の受益者である場合」（以
下「要件2」といいます。）において、「当該受益者が当該信託
の効力が生じた時における委託者の相続人（…）であるとき（以
下「要件3」といいます。）と規定していることから、その適
用に当たっては、各要件を満たす必要があると考えられます。

2　あてはめ

　本件信託契約においては、甲の死亡により本件信託は終了し、
受益者の地位及び権利は消滅します。そして、乙は、委託者の
地位を取得するとともに、残余財産帰属権利者として本件信託
財産を取得します。

　このように、甲の死亡により本件信託は終了し、乙が残余財
産帰属権利者として本件信託財産を取得するので、本件登記は
上記要件1を満たさないようにも思えます。

　しかしながら、登録免許税法には「受益者」の定義がないの
で、乙が「受益者」に当たるか否かについては、信託法の定義
にて判断することとなります。

　信託法では、「受益者」とは、受益権を有する者をいい、また、
「受益権」とは、信託行為に基づいて受託者が受益者に対し負
う債務であって信託財産に属する財産の引渡しその他の信託財
産に係る給付をすべきものに係る債権及びこれを確保するため
に信託法の規定に基づいて受託者その他の者に対し一定の行為
を求めることができる権利をいう旨規定されています。

　そしてまた、信託法では、信託が終了した場合においても、
その清算が結了するまで信託はなお存続するものと擬制され、
残余財産帰属権利者は当該清算中受益者とみなされる旨が規定
されています。

　すなわち、残余財産の帰属権利者である乙は、本件信託の清
算中、受益者とみなされますので、乙は登録免許税法の「受益
者」に該当することとなります。

　よって、本件登記は、本件信託の清算受託者である乙から、
本件信託の受益者乙に対する所有権の移転登記であることか

ら、上記要件1を満たすと解するのが相当です。

　また、上記要件2は、本件特例の対象となる信託として、委託者のみが信託財産の元本の受益者となる信託であることをその要件としているところ、本件信託においては、甲が死亡するまでは、委託者甲が受益者であり、また、甲の死亡後は、甲から委託者の地位を取得した乙のみが残余財産帰属権利者（受益者）であることから、同要件についても満たしていると解するのが相当です。

　そして、乙は、本件信託契約の効力が生じた時における委託者である甲の相続人であることから、上記要件3についても満たすこととなります。

　以上のとおり、本件登記については、本件特例の趣旨にも反しておらず、本件特例に係る各要件を全て満たしているものと解されることから、その適用があるものと考えられます。

〈変更登記をした場合、登記識別情報は通知されるのか〉

　登記識別情報は通知されないものと考えます。

　法21条では、「登記官は、その登記をすることによって申請人自らが登記名義人となる場合において、当該登記を完了したときは、法務省令で定めるところにより、速やかに、当該申請人に対し、当該登記に係る登記識別情報を通知しなければならない。」とされています。しかし、受託者の固有財産となった旨の変更登記をした場合、現行の登記事項証明書の「権利者その他の事項」欄には、帰属権利者の住所氏名は記録されず、原因のみが記録されます。ただし、受託者が複数の場合には、共有者として帰属権利者の住所・持分・氏名が記録されます。また、施行通達の記録例「22 信託財産を受託者の固有財産とした場合」の記録例には所有者の住所氏名が記録されています（本書360頁）。したがって、登記識別情報が通知されるという意見もあります。

　しかし、受託者が複数の場合の記録例に住所氏名が記録されるのは、受託者が複数の場合には合有となりその持分が記録されなかったためであり、信託財産が固有財産となり、共有となった場合には、持分を記録することになるため、受託者複数の権利の変更登記の際には、住所氏名

261

および持分が記録されるのです。したがって、権利の変更登記をしても
登記名義人に変更がなく、新たに登記名義人となるのではないので登記
識別情報の通知はされないものと考えます。

　ただし、自己信託の場合には登記識別情報が通知されますので、それ
との整合性がとれないという疑問も残ります。

2．登記申請手続

　本件の場合には、①受益者の変更登記、②信託財産を受託者の固有財
産とする旨の登記を申請します。①の受益者の変更登記の申請方法につ
いては、後掲の「28　受益者の死亡による変更登記（受益者連続型信託
の場合）」を参考にしてください。以下の説明は、②の信託財産を受託
者の固有財産とする旨の登記の申請手続についてです。

（1）　申請人

　受託者の固有財産となった旨の変更登記の申請人は、登記権利者は受
託者、登記義務者は受益者とされています（法104条の2第2項）。

　また、信託登記の抹消は受託者が申請人となります（法104条2項）。

（2）　申請情報

申請情報として申請書に次の事項を記載します。

① **登記の目的**（令3条5号）

　登記の目的は「受託者の固有財産となった旨の登記及び信託登記抹
消」とします。

② **登記原因およびその日付**（令3条6号）

　変更登記の原因は「令和○年○月○日信託財産引継」で、その日付
は信託財産が帰属権利者に引き継がれた日となります。信託登記の抹
消原因は「信託財産引継」とし、その日付は記載しません。

③ **申請人の表示**（令3条1号）

　i　権利者兼信託登記抹消の申請人の表示

　　登記権利者として、帰属権利者である受託者の住所および氏名を
　記載します。

　　ⅱ　義務者の表示

　　　　登記義務者の表示として、受益者の住所および氏名を記載します。

　　　　なお、ⅰとⅱを一緒にして、権利者兼義務者として記載すること

　　も可能です。

④　**添付情報の表示**（規則 34 条 1 項 6 号）

　　添付する情報を記載します。

⑤　**還付される添付情報の送付を希望する場合には、その旨と送付先を**

　　記載します（規則 55 条 6 項）。

⑥　**申請の年月日**（規則 34 条 1 項 7 号）

⑦　**登記所の表示**（同 8 号）

⑧　**代理人の住所、氏名**（令 3 条 3 号）

　　代理人によって登記を申請するときは、その代理人の氏名または名

　称および住所、代理人が法人であるときは、その会社法人等番号も記

　載します。

⑨　**申請人または代理人の電話番号その他の連絡先**（規則 34 条 1 項 1 号）

⑩　**課税標準および登録免許税額の表示**（規則 189 条 1 項）

　　課税価格（不動産の価額）と登録免許税額を記載します。

⑪　**不動産の表示**（令 3 条 7 号、8 号）

　　不動産の表示は、登記事項証明書の記載と符合するように記載しま

　す。ただし、不動産番号を記載した場合には、土地の場合は、土地の

　所在、地番、地目および地積の記載を省略できます。建物の場合は、

　建物の所在と土地の地番、家屋番号、建物の種類、構造および床面積

　等の記載を省略できます（令 6 条 1 項）。

（3）　添付情報

添付情報として次の情報（書面）を提供します。

①　**登記原因証明情報**（令別表の 25 の項添付情報欄イ、26 の項添付情

　報欄ヘ）

　　登記原因証明情報とは登記の原因となった事実または法律行為およ

　びこれに基づき現に権利変動が生じたことを証する情報をいいます。

　　本件の場合は、受益者の死亡が信託の終了事由のため、受益者甲の

　死亡を証する情報として、甲の死亡の事実が記載されている戸籍事項

証明書と甲の住所が本籍と異なる場合には、住民票の除票の写し（本籍の記載のあるもの）または戸籍の附票の写し（戸籍の表示があるもの）を提供します。

　信託行為に受託者が帰属権利者となる旨の記載がある場合には、その旨を記載した報告形式の登記原因証明情報も必要となります。

② **印鑑証明書**（令16条2項、3項）

　登記義務者となる受益者（帰属権利者）の市区町村長の作成した印鑑証明書を提供します。この印鑑証明書は、作成後3か月以内のものでなければなりません。

③ **代理権限証明情報**（令7条1項2号）

　代理人によって登記を申請するときは、当該代理人の権限を証する情報を提供します。たとえば、委任状などです。

④ **固定資産の評価証明書**

　法定の添付情報ではありませんが、登録免許税を計算するために必要なため、市区町村が発行している「固定資産の評価証明書」を提供しているのが実情です。

（4）　登録免許税

権利の変更登記は、実質的には所有権移転登記のため、不動産の価額の1000分の20とされています（登録免許税法別表第1、1、(2)ハ）。

ただし、登録免許税法7条2項の軽減の適用がある場合には、その税率は1000分の4となります。

この軽減の特例を受けるためには、帰属権利者である受託者が委託者の相続人であることが必要ですので、それを証する情報として、受託者の戸籍事項証明書と受託者の住所が本籍と異なる場合には住民票の写し（本籍の記載があるもの）または戸籍の附票の写し（戸籍の表示があるもの）を添付します。なお、登記原因証明情報の一部として添付した委託者（受益者）の戸籍事項証明書によって受託者が相続人であることがわかる場合には、重ねて同じものを添付する必要はありません。

　信託の抹消の登記

　不動産1個につき1,000円となります（登録免許税法別表第1、1、(15)）。

申請書見本 信託財産を受託者の固有財産とした場合

登　記　申　請　書

登記の目的　　受託者の固有財産となった旨の登記及び信託登記抹消
原　　　因
　　権利の変更　　令和5年8月1日信託財産引継（または委付）[※1]
　　信託登記抹消　信託財産引継（または委付）
権利者兼義務者　　　　　○市○町○丁目○番○号
（信託抹消登記申請人）　　乙

添付情報
　　登記原因証明情報　　印鑑証明書　　代理権限証明情報

　　登記完了証・還付される添付情報は代理人の住所に送付を希望します。
令和5年8月8日　○地方法務局○出張所御中
代　理　人　　○市○町○丁目○番○号
　　　　　　　　法　令　守　㊞
　　　　　　　　連絡先の電話番号○○○‐○○○‐○○○○
課税価格　　金○○,000円[※2]
登録免許税　金○○,○00円[※3]
　　　変更分　金○円登録免許税法7条2項適用[※4]
　　　抹消分　金○円
不動産及び信託目録の表示
　　所　　在　○市○町三丁目
　　地　　番　100番
　　地　　目　宅地
　　地　　積　100.00m²
　　　令和2年信託目録番号○号

※1　原因は「委付」とする見解もあります。
※2　固定資産の評価証明書に記載されている不動産の価格のうち、1,000円未満の端数を切り捨てた金額を記載します。
※3　権利の変更登記分と信託抹消登記分の金額の合計金額のうち、100円未満の端数を切り捨てた金額を記載します。
※4　登録免許税の軽減の規定を受ける場合には、その根拠条項を記載します。

報告形式の登記原因証明情報見本　　信託財産を受託者の固有財産とした場合

登記原因証明情報

1　登記申請情報の要項
　⑴　登記の目的　受託者の固有財産となった旨の登記及び信託登記抹消
　⑵　原　　　　因
　　　変更の登記　　令和5年8月1日信託財産引継
　　　信託登記抹消　信託財産引継
　⑶　権利者兼義務者　　　　　　○市○町○丁目○番○号
　　　（信託抹消登記申請人）　　　乙
　⑷　不動産及び信託目録の表示
　　　　○市○町三丁目100番　宅地　100．00㎡
　　　　　（令和2年信託目録○号）
2　登記原因となる事実又は法律行為
　⑴　委託者甲と受託者乙は、令和2年2月2日、受益者を甲とする本件不動産を信託財産とする信託契約をし、その旨の登記をした（令和2年2月5日受付第○号登記・信託目録第○号）。
　⑵　信託契約には、受益者甲が死亡したときは、信託は終了することとなっている。
　⑶　受益者甲は令和5年7月7日死亡したので本信託は終了した。
　⑷　信託契約には、受益者死亡により信託が終了した場合には、残余財産は信託終了時の受託者に帰属させる旨の規定がある（信託目録その他の信託の条項○条）。よって、令和5年8月1日信託財産は受託者であった乙に引き継がれ、乙の固有財産となった。
令和5年8月8日　○地方法務局○出張所　御中
　上記の登記原因のとおり相違ありません。
　　　　　　　　　　　　　権利者兼義務者　　○市○町○丁目○番○号
　　　　　　　　　　　　　　　　乙　㊞

登記記録例　信託財産を受託者の固有財産とした場合
　　　　　　⑴受託者が１人の場合

権利部（甲区）	（所有権に関する事項）		
順位番号	登記の目的	受付年月日・受付番号	権利者その他の事項
2	所有権移転	令和２年２月５日 第○号	原因　令和２年２月２日信託 受託者　○市○町○丁目○番○号 　　　　乙
	信託	余白	信託目録第○号
3	受託者の固 有財産となっ た旨の登記	令和５年８月８日 第○号	原因　令和５年８月１日信託財産 引継※
	２番信託登 記抹消	余白	原因　信託財産引継※

　（平成28年6月8日法務省民二第386号民事局長通達　不動産登記記録例集第
　12　信託に関する登記　六、3、㈠受託者が一人の場合　564（『不動産登記記
　録例集』（テイハン）318頁）を参考）
※　原因は「委付」とする意見もあります。
　　順位番号３番の「権利者その他の事項」欄には、施行通達の登記の記録例「22
　信託財産を受託者の固有財産とした場合」の記録例（本書360頁）と異なり、
　原因のみを記録し、所有者の住所・氏名は記録しません。

登記記録例　信託財産を受託者の固有財産とした場合
(2)受託者複数の場合

権利部（甲区）　　（所有権に関する事項）			
順位番号	登記の目的	受付年月日・受付番号	権利者その他の事項
2	所有権移転	令和○年○月○日 第○号	原因　令和○年○月○日信託 受託者 　　○市○町○丁目○番○号 　　　何　某 　　○市○町○丁目○番○号 　　　何　某
	信託	余白	信託目録第○号
3	受託者の固有財産となった旨の登記	令和○年○月○日 第○号	原因　令和○年○月○日信託財産 　　　引継（または委付） 共有者 　　○市○町○丁目○番○号 　　持分２分の１ 　　何　某 　　○市○町○丁目○番○号 　　持分２分の１ 　　何　某
	２番信託登記抹消	余白	原因　信託財産引継（または委付）

24　信託の併合

1. はじめに

　信託の併合とは、受託者を同一とする2つ以上の信託の信託財産の全部を1つの新たな信託の信託財産とすることをいいます（信託法2条10項）。

　なお、一方の信託を他方の信託に吸収させる、いわゆる吸収型併合は認められていません（寺本345頁）。

　よくあげられる例として、会社の合併等により別々にあった年金信託を1つに統合して運用する場合などがあります。

　また、民事信託においては、「父が委託者兼受益者で長男が受託者である信託」と「母が委託者兼受益者で長男が受託者である信託」の2つの信託があったところ、父が死亡し、母が受益者となった場合に、これを1つの信託に併合する場合などが考えられます。

2. 信託の併合の手続

(1)　委託者・受託者・受益者の合意による併合

　信託の併合は、原則として従前の各信託の委託者・受託者・受益者の合意でされます（信託法151条1項）。信託の併合を行う場合には、次に掲げる事項を明らかにしなければなりません。

① 　信託の併合後の信託行為の内容（信託法151条1項1号）

② 　信託行為において定める受益権の内容に変更があるときは、その内容および変更の理由（同2号）

③ 　信託の併合に際して受益者に対し金銭その他の財産を交付するときは、当該財産の内容およびその価額とその定めの相当性に関する事項（同3号、信託法施行規則12条3号）

④ 　信託の併合に際し、受益者に対して交付する金銭その他の財産の割当てに関する事項およびその事項の定めの相当性に関する事項（信託法施行規則12条4号）

⑤　信託の併合がその効力を生ずる日（信託法 151 条 1 項 4 号）

⑥　その他法務省令（信託法施行規則 12 条）で定める事項

　ア　信託の併合をする他の信託についての次に掲げる事項その他の当
　　　該他の信託を特定するために必要な事項（信託法施行規則 12 条 1 号）

　　あ　委託者および受託者の氏名または名称および住所

　　い　信託の年月日

　　う　限定責任信託であるときは、その名称および事務処理地

　　え　信託の併合をする他の信託の信託行為の内容

　イ　信託の併合をする各信託において直前に作成された財産状況開示
　　　資料等の内容（同条 5 号）

　ウ　信託の併合をする各信託について、財産状況開示資料等を作成し
　　　た後に、重要な信託財産に属する財産の処分、重大な信託財産責任
　　　負担債務の負担その他の信託財産の状況に重要な影響を与える事象
　　　が生じたときは、その内容（同条 6 号）

　エ　信託の併合をする理由（同条 7 号）

(2)　委託者・受託者・受益者の合意以外による併合

　次の場合には、委託者・受託者・受益者の三者の合意がなくても信託の
併合ができます。ただし、受託者は、下記①の場合は委託者に、②の場合
は委託者および受益者に対し、遅滞なく、信託法 151 条 1 項各号に掲げる
事項を通知しなければなりません（同条 2 項本文）。なお、②の場合、委託
者が現存しない場合には、受益者に対し通知をすれば足ります（同条 4 項）。

①　信託の目的に反しないことが明らかであるときは、受益者と受託者
　　の合意ですることができます（信託法 151 条 2 項 1 号）。

②　信託の目的に反しないことおよび受益者の利益に適合することが明
　　らかであるときは、受託者の書面または電磁的記録によってする意思
　　表示によってすることができます（同条 2 項 2 号）。

③　信託行為に別段の定めがあれば、その定めるところによって信託の
　　併合を行うことができます（同条 3 項）。

信託の併合の手続

信託併合の内容	合意当事者	受託者からの通知
原則	委託者・受益者・受託者	不要
信託の目的に反しないことが明らかであるとき	受益者・受託者	委託者に通知する
信託の目的に反しないことおよび受益者の利益に適合することが明らかであるとき	受託者の書面または電磁的記録によってする意思表示	委託者および受益者に通知する

（3）　債権者保護の手続

　信託の併合は、債権者にも大きな影響を与えますので、信託の併合にあたっては、従前の信託の信託財産責任負担債務に係る債権を有する債権者は異議を述べることができます（信託法152条）。したがって、信託の併合をする場合には、債権者保護手続（信託法152条）をとることになります。ただし、信託の併合をしても当該債権者を害するおそれのないことが明らかであるときは、この限りではありません※。

　※　たとえば、信託の併合前の各信託における信託の内容がまったく同一である場合や受託者の固有財産が極めて潤沢であるため信託の併合によって債権者の回収可能性に悪影響を与えない場合、信託債権者がそもそも存しない場合などです（村松286頁）。

　債権者の全部または一部が異議を述べることができる場合には、受託者は、次に掲げる事項を官報に公告し、かつ、知れたる債権者に対しては、各別に催告しなければなりません（信託法152条2項）。なお、法人である受託者は、時事に関する事項を掲載する日刊新聞紙に掲載する方法または電子公告の方法による公告をもって、各別の催告に代えることができます（同条3項）。

①　信託の併合をする旨（信託法152条2項1号）

②　当該債権者が一定の期間内（1か月を下ることができない）に異議を述べることができる旨（同2号）

③　その他法務省令（信託法施行規則 13 条）で定める事項

　　ア　信託の併合をする各信託についての次に掲げる事項その他の当該
　　　信託の併合をする各信託を特定するために必要な事項（信託法施行
　　　規則 13 条 1 号）

　　　あ　委託者および受託者の氏名または名称および住所
　　　い　信託の年月日
　　　う　限定責任信託であるときは、その名称および事務処理地

　　イ　信託の併合をする各信託において直前に作成された財産状況開示
　　　資料等の内容（同条 2 号）

　　ウ　信託の併合をする各信託について、財産状況開示資料等を作成し
　　　た後に、重要な信託財産に属する財産の処分、重大な信託財産責任
　　　負担債務の負担その他の信託財産の状況に重要な影響を与える事象
　　　が生じたときは、その内容（同条 3 号）

　　エ　信託の併合が効力を生ずる日以後における信託の併合後の信託の
　　　信託財産責任負担債務の履行の見込みに関する事項（同条 4 号）

　これらの債権者が上記②の期間内に異議を述べなかったときは、当該
信託の併合について承認をしたものとみなされますが（信託法 152 条 4
項）、これらの債権者が異議を述べたときは、受託者は当該債権者に対
し、弁済し、もしくは相当の担保を提供し、または当該債権者に弁済を
受けさせることを目的として信託会社等に相当の財産を信託しなければ
ならないとされています（同条 5 項）。債権者保護手続をとった場合には、
登記申請の際にそれらを証する情報を提供しなければなりません（令別
表の 66 の 2 の項添付情報欄ハ）。

(4)　信託の併合の効果

　信託の併合があった場合、従前の信託の債権債務は新たに成立した信
託に引き継がれます。すなわち、信託の併合がされた場合、従前の信託
の信託財産責任負担債務であった債務は、信託の併合後の信託の信託財
産責任負担債務となります（信託法 153 条）。

　また、従前の信託の信託財産責任負担債務のうち受託者が信託財産に
属する財産のみをもって履行する責任を負う信託財産限定責任負担債務

であるものは、信託の併合後の信託の信託財産限定責任負担債務となります（信託法 154 条）。

　なお、信託の併合により、従前の各信託は終了し（信託法 163 条 5 号）、新たな信託が成立することになります。

3. 登記申請手続

(1)　申　請　人

　当該不動産に関する権利が属することになる信託の受託者および受益者が登記権利者となり、当該不動産に関する権利が属していた信託の受託者および受益者が登記義務者となります（法 104 条の 2 第 2 項前段）。

　信託の併合は受託者が同一の場合ですから、このような権利の変更登記は、共同申請の原則の例外として登記名義人（受託者）の単独申請とすることも考えられますが、信託の併合は公的な証明またはこれに準ずる証明情報を提供されないこと、また受益者の利益を保護し、登記の真正を担保するために、受益者を申請人として共同申請の原則を維持するのが相当と考えられたようです（清水 315 頁）。

(2)　申請情報

申請情報として申請書に次の事項を記載します。

① **登記の目的**（令 3 条 5 号）

　登記の目的は「信託併合により別信託の目的となった旨の登記、信託登記抹消及び信託」とします。

　信託の併合が行われた場合は、信託の併合を原因とする権利の変更登記と併せて当該不動産に関する権利が属していた信託についての信託の登記を抹消し、新たに当該権利が属することとなった信託についての信託の登記をすることになります。そして、これらの登記は同時にしなければなりません（法 104 条の 2 第 1 項）。

② **登記原因およびその日付**（令 3 条 6 号）

　権利の変更登記の原因は「令和○年○月○日信託併合」で、その日付は原則として従前の各信託の委託者、受託者および受益者の合意が

あった日ですが、別に併合の効力が生ずる日が定められている場合にはその日となります（信託法151条1項）。しかし、信託の目的に反しないことが明らかであるときは、委託者および受益者の合意があった日であり、信託の目的に反しないことおよび受益者の利益に適合することが明らかであるときは、受託者が意思表示した日となります。

　信託登記の抹消原因は「信託併合」とし、その日付は記載しません。

③　**申請人の表示**（令3条1号、2号）

　i　権利者の表示

　　登記権利者として、当該不動産に関する権利が属することとなった信託の受託者および受益者の氏名または名称および住所を記載します。権利者が法人の場合には、その代表者の氏名も記載します。また、会社法人等番号を有する法人であるときは、その会社法人等番号も記載します。

　ii　義務者の表示

　　登記義務者の表示として、当該不動産に関する権利が属していた信託の受託者および受益者の氏名または名称および住所を記載します。義務者が法人の場合には、その代表者の氏名も記載します。また、会社法人等番号を有する法人であるときは、その会社法人等番号も記載します。

④　**添付情報の表示**（規則34条1項6号）

　添付する情報を記載します。

⑤　**申請の年月日**（同7号）

⑥　**登記所の表示**（同8号）

⑦　**代理人の住所、氏名**（令3条3号）

　代理人によって登記を申請するときは、その代理人の氏名または名称および住所、代理人が法人であるときはその代表者の氏名、また、会社法人等番号を有する法人であるときは、その会社法人等番号も記載します。

⑧　**申請人または代理人の電話番号その他の連絡先**（規則34条1項1号）

⑨　**課税価格および登録免許税額の表示**（規則189条1項）

　課税価格（不動産の価額）と登録免許税額を記載します。

⑩　**不動産の表示**（令3条7号、8号）

　不動産の表示は、登記事項証明書の記載と符合するように記載します。ただし、不動産番号を記載した場合には、土地の場合は、土地の所在、地番、地目および地積の記載を省略できます。建物の場合は、建物の所在と土地の地番、家屋番号、建物の種類、構造および床面積等の記載を省略できます（令６条１項）。

（3）　添付情報

添付情報として次の情報（書面）を提供します。

①　登記原因証明情報（令別表の65の項添付情報欄ロ）

　登記原因証明情報とは、登記の原因となった事実または法律行為およびこれに基づき現に権利変動が生じたことを証する情報をいいます。

　信託併合の登記原因証明情報は、信託の併合をする当事者によって異なりますので、それらを証する情報を提供しなければなりません。たとえば、信託の目的に反しないことが明らかであることを証する書面としては、信託条項にその旨の定めがある場合には、それで足りると考えます。しかし、その旨の定めがない場合には、受託者および受益者の上申書を提供させるか、または報告形式の登記原因証明情報にその旨が記載されていれば、それで足りると考えます。

　信託併合に関する合意書がない場合または提供できない場合には、合意の内容を記載した、いわゆる報告形式の登記原因証明情報を提供します。

②　登記識別情報または登記済証（法22条）

　登記義務者が所有権の保存または移転の登記をして登記名義人となったときに通知または交付を受けた登記識別情報または登記済証を提供します。

　なお、受益者は、登記識別情報を提供しません（法104条の２第２項後段）。その理由は、受益者は登記識別情報を有していないので、これを提供することは不可能なこと、また、法23条１項の規定により事前通知をするにしても、この事前通知は、登記記録上の住所にあてて通知をしなければ意味がないところ、受益者については、法97条２項の規定により一定の場合には個別の受益者の登記の省略が認め

られており、登記記録に受益者の住所が記録されているとは限らない
ことなどが理由として考えられています（清水 316 頁）。

③　印鑑証明書

　　登記義務者である受託者および受益者の印鑑証明書を提供します。

　　登記義務者が個人の場合は、市区町村長の作成した印鑑証明書とな
ります。登記義務者が会社等の法人の場合は、登記官の作成した当該
法人の代表者の印鑑証明書となります。これらの印鑑証明書は、作成
後３か月以内のものでなければなりません（令 16 条２項、３項）。

　　ただし、会社法人等番号を有する法人の場合において会社法人等番
号を申請書に記載した場合であり、かつ、登記官が記名押印した者の
印鑑に関する証明書を作成することが可能である場合には、印鑑証明
書の提供は必要ありません（規則 48 条１号）。

④　会社法人等番号（令７条１項１号イ）

　　申請人が会社法人等番号を有する法人であるときは、会社法人等番
号を提供します。ただし、作成後３か月以内の当該法人の代表者の資
格を証する登記事項証明書または支配人等の権限を証する登記事項証
明書を提供したときは、会社法人等番号の提供は要しません（規則
36 条１項、２項）。

⑤　信託目録に記録すべき情報（令 15 条、令別表 65 の項添付情報欄ハ）

　　信託の登記の申請を書面申請によりするときは、申請人は信託目録
に記録すべき情報を記載した書面（当該情報が電磁的記録で作成され
ている場合は、当該添付情報を記録した磁気ディスクを含む）を提供
します。

⑥　債権者保護に関する情報（令別表の 66 の２添付情報欄ハ(1)、(2)）

　ア　信託の併合をしても従前の信託または信託法２条９項に規定する
　　　信託財産責任負担債務に係る債権を有する債権者を害するおそれの
　　　ないことが明らかであるときは、これを証する情報を提供します（令
　　　別表の 66 の２添付情報欄ハ(1)）。

　イ　上記ア以外の場合においては、受託者において信託法 152 条２項
　　　により公告および催告（信託法 152 条３項の規定により公告を官報
　　　のほか時事に関する事項を掲載する日刊新聞紙または同法 152 条３
　　　項２号に規定する電子公告によってした法人である受託者にあって

は、これらの方法による公告）をしたことならびに異議を述べた債権者があるときは、当該債権者に対し弁済もしくは相当の担保を提供しもしくは当該債権者に弁済を受けさせることを目的として相当の財産を信託したことまたは当該信託の併合をしても当該債権者を害するおそれがないことを証する情報を提供します（令別表の66の2添付情報欄ハ(2)）。

⑦　代理権限証明情報

代理人によって登記を申請するときは、当該代理人の権限を証する情報を提供します（令7条1項2号）。たとえば、委任状などです。

⑧　固定資産の評価証明書

法定の添付情報ではありませんが、登録免許税を計算するために必要なため、市区町村が発行している「固定資産の評価証明書」を提供しているのが実情です。

(4)　登録免許税

信託の併合により別信託の目的となった旨の登記は変更登記ですので不動産1個につき1,000円となります。

信託の抹消登記は、不動産1個につき1,000円となります。

信託の登記については、法務局の見解では新たな信託登記として、不動産の価額の1000分の4の額とされています（『登記研究』728号244頁、登録免許税法別表第1、1、(10)イ）。ただし、土地に関する所有権の信託の登記については、租税特別措置法72条1項2号の軽減の規定があり、令和8年3月31日までは、税率は1000分の3になります。その場合には、申請書に軽減の根拠となる法令の条項を記載します（規則189条3項）。

申請書見本

登　記　申　請　書

登記の目的　　信託併合により別信託の目的となった旨の登記、
　　　　　　　信託登記抹消及び信託
原　　　因　　権利の変更登記　令和○年○月○日信託併合
　　　　　　　信託登記の抹消　信託併合
権　利　者
　（受託者）　○市○町○丁目○番○号
　　　　　　　　　甲　某
　（受益者）　○市○町○丁目○番○号
　　　　　　　　　乙　某
義　務　者
　（受託者）　○市○町○丁目○番○号
　　　　　　　　　甲　某
　（受益者）　○市○町○丁目○番○号
　　　　　　　　　乙　某
添付情報
　　登記原因証明情報　　登記識別情報　　　印鑑証明書
　　代理権限証明情報　　信託目録に記録すべき情報
　　債権者保護に関する情報

令和○年○月○日　　　○地方法務局○出張所
代　理　人　　○市○町○丁目○番○号
　　　　　　　　　　○　○　○　○　㊞
　　　　　　　連絡先の電話番号　○○○‐○○○○‐○○○○
課税価格　　　金○○，000 円[※1]
登録免許税　　金○，○00 円[※2]
　　変更登記分　　金○，000 円
　　抹消登記分　　金○，000 円
　　信　託　分　　金○円
不動産の表示及び信託目録の表示（省略）

※1　固定資産の評価証明書に記載されている不動産の価格のうち、1,000 円未
　　満の端数を切り捨てた金額を記載します。
※2　変更登記分、信託の抹消登記分および信託登記分の金額の合計金額のうち、
　　100 円未満の端数を切り捨てた金額を記載します。

報告形式の登記原因証明情報見本

登記原因証明情報

1　登記申請情報の要項
　(1)　登記の目的　　信託併合により別信託の目的となった旨の登記、信託登記抹消及び信託
　(2)　原　　　因　　権利の変更登記　令和○年○月○日信託併合
　　　　　　　　　　　信託登記の抹消　信託併合
　(3)　当　事　者
　　　　権利者
　　　　　受託者（甲）　○市○町○丁目○番○号
　　　　　　　　　　　　甲　某
　　　　　受益者（乙）　○市○町○丁目○番○号
　　　　　　　　　　　　乙　某

　　　　義務者
　　　　　受託者（甲）　○市○町○丁目○番○号
　　　　　　　　　　　　甲　某
　　　　　受益者（丙）　○市○町○丁目○番○号
　　　　　　　　　　　　乙　某
　(4)　不動産の表示　後記のとおり
　(5)　信託目録に記録すべき情報　後記のとおり
　(6)　併合する信託
　　　Ａ信託
　　　　○市○町○丁目○番の土地（順位番号３番）
　　　　　　　　　　　　　　　　　　　（信託目録第○号）
　　　　委託者兼受益者乙某　受託者甲某
　　　Ｂ信託
　　　　○市○町○丁目○番地○
　　　　家屋番号○番　　　　　（順位番号３番）
　　　　　　　　　　　　　　　（信託目録第○号）
　　　　委託者兼受益者乙某　受託者甲某
2　登記の原因となる事実又は法律行為
　(1)　受託者甲某及び委託者兼受益者乙某は、併合する各信託の受託者であり、委託者兼受益者であるが、今度、令和○年○月○日を効力発生日として２つの信託を併合することに合意した。
　　　　なお、新たな信託の受託者は甲某であり、委託者兼受益者は乙某である。
　(2)　各信託においては、信託財産責任負担債務に係る債権を有する債権者は存在しない。また、Ａ信託とＢ信託の内容はまったく同一であり、仮に債権者がいたとしても信託の併合によって債権者を害することはない。

(3)　よって、本件の各信託は、令和○年○月○日信託併合し、信託併合前の各信託は終了した。
令和○年○月○日　○地方法務局　○出張所御中
　上記の登記原因のとおり相違ありません。

受託者　○市○町○丁目○番○号
甲　　　　　某　㊞

受益者　○市○町○丁目○番○号
乙　　　　　某　㊞

不動産の表示（省略）
信託目録に記録すべき情報（省略）

登記記録例　　信託の併合の場合

権利部（甲区）　　（所有権に関する事項）			
順位番号	登記の目的	受付年月日・受付番号	権利者その他の事項
2	所有権移転	令和○年○月○日 第○号	原因　令和○年○月○日売買 所有者　○市○町○丁目○番○号 　　　　何　某
3	所有権移転	令和○年○月○日 第○号	原因　令和○年○月○日信託 受託者　○市○町○丁目○番○号 　　　　甲　某
	<u>信託</u>	余白抹消	<u>信託目録第 10 号</u>
4	信託併合により別信託の目的となった旨の登記※	令和○年○月○日 第○号	原因　令和○年○月○日信託併合
	3番信託登記抹消	余白	原因　信託併合
	信託	余白	信託目録第 20 号

※　物件に対し複数の信託が登記されている場合には登記の目的を「何番信託の信託併合により〜」とします。

25　信託の分割

1. はじめに

　信託の分割には、「吸収信託分割」と「新規信託分割」があります。

　吸収信託分割とは、ある信託の信託財産の一部を、受託者を同一とする他の信託の信託財産として移転することをいいます（信託法 2 条 11 項前段）。たとえば、一方の年金信託を分割して他方の年金信託と併合する場合などにおいて、この制度が用いられることが考えられています（補足説明 150 頁）。

　新規信託分割とは、ある信託の信託財産の一部を、受託者を同一とする新たな信託の信託財産として移転することをいいます(同 11 項後段)。たとえば、受益者である幼少の兄弟が将来において事業を始めた場合の資産として、受託者が信託財産を管理していたところ、兄弟が成人したものの仲違いをし、もはや一つの信託財産として運用してもらうのは煩わしいと兄弟が判断する場合などにおいて、この制度を用いることが考えられています（補足説明 149 頁）。

2. 信託の分割の手続

(1)　委託者・受託者・受益者の合意による分割

　信託の分割は、原則として委託者・受託者・受益者の合意でされます（信託法 155 条 1 項、159 条 1 項）。信託の分割を行う場合には、次に掲げる事項を明らかにしなければなりません。

① 　信託の分割後の信託行為の内容（信託法 155 条 1 項 1 号、159 条 1 項 1 号）

② 　信託行為において定める受益権の内容に変更があるときは、その内容および変更の理由（各同 2 号）

③ 　信託の分割に際して受益者に対し金銭その他の財産を交付するときは、当該財産の内容およびその価額（各同 3 号）

④　信託の分割がその効力を生ずる日（各同4号）

⑤　移転する財産の内容（各同5号）

⑥　吸収信託分割においては、吸収信託分割によりその信託財産の一部を他の信託に移転する信託（分割信託）の信託財産責任負担債務でなくなり、分割信託からその信託財産の一部の移転を受ける信託（承継信託）の信託財産責任負担債務となる債務があるときは、当該債務に係る事項（同155条1項6号）

⑦　新規信託分割においては、新規信託分割により従前の信託の信託財産責任負担債務でなくなり、新たな信託の信託財産責任負担債務となる債務があるときは、当該債務に係る事項（同159条1項6号）

⑧　その他法務省令（信託法施行規則14条、16条）で定める事項

(2)　委託者・受託者・受益者の合意以外による分割

　次の場合には、委託者・受託者・受益者の三者の合意がなくても信託の分割ができます。ただし、受託者は、下記①の場合は委託者に、②の場合は委託者および受益者に対し、遅滞なく、信託法155条1項各号または159条1項各号に掲げる事項を通知しなければなりません（各同条2項本文）。なお、②の場合、委託者が現存しない場合には、受益者に対し通知をすれば足ります（各同条4項）。

①　信託の目的に反しないことが明らかであるときは、受益者と受託者の合意ですることができます（信託法155条2項1号、159条2項1号）。

②　信託の目的に反しないことおよび受益者の利益に適合することが明らかであるときは、受託者の書面または電磁的記録によってする意思表示によってすることができます（各同条2項2号）。

③　信託行為に別段の定めがあれば、その定めるところによって信託の分割を行うことができます（各同条3項）。

信託の分割の手続

信託分割の内容	合意当事者	受託者からの通知
原則	委託者・受益者・受託者	不要
信託の目的に反しないことが明らかであるとき	受益者・受託者	委託者に通知する
信託の目的に反しないことおよび受益者の利益に適合することが明らかであるとき	受託者の書面または電磁的記録によってする意思表示	委託者および受益者に通知する

(3)　債権者保護の手続

　信託の分割は、債権者にも大きな影響を与えますので、信託の分割にあたっては、債権者に異議を述べる権利が認められています（信託法156条、160条）。したがって、信託の分割をする場合には、債権者保護手続（信託法156条、160条）をとることになります。

　吸収信託分割をする場合には、分割信託または承継信託の信託財産責任負担債務に係る債権を有する債権者は、受託者に対し、吸収信託分割について異議を述べることができます。ただし、吸収信託分割をしても債権者を害するおそれのないことが明らかであるときは、この限りではありません（信託法156条1項）。

　新規信託分割をする場合には、従前の信託の信託財産責任負担債務に係る債権を有する債権者は、受託者に対し、新規信託分割について異議を述べることができます。ただし、新規信託分割をしても債権者を害するおそれのないことが明らかであるときは、この限りではありません（信託法160条1項）。

　債権者の全部または一部が異議を述べることができる場合には、受託者は、次に掲げる事項を官報に公告し、かつ、知れたる債権者に対しては、各別に催告しなければなりません（信託法156条2項、160条2項）。なお、法人である受託者は、時事に関する事項を掲載する日刊新聞紙に

掲載する方法または電子公告の方法による公告をもって、各別の催告に代えることができます（各同条３項）。

① 吸収信託分割または新規信託分割をする旨(信託法156条2項1号、160条2項1号)

② 当該債権者が一定の期間内（1か月を下ることができない）に異議を述べることができる旨（各同条2項ただし書、各同条2項2号）

③ その他法務省令（信託法施行規則15条、17条）で定める事項

　これらの債権者が上記②の期間内に異議を述べなかったときは、当該信託の分割について承認をしたものとみなされますが（信託法156条4項、160条4項）、これらの債権者が異議を述べたときは、受託者は当該債権者に対し、弁済し、もしくは相当の担保を提供し、または当該債権者に弁済を受けさせることを目的として信託会社等に相当の財産を信託しなければならないとされています（各同条5項）。ただし、信託の分割をしても当該債権者を害するおそれのないことが明らかであるときは、この限りではありません。

　よって、債権者保護手続をとった場合には、登記申請の際にそれらを証する情報を提供しなければなりません（令別表の66の2の項添付情報欄ハ）。

(4)　信託の分割の効果

　吸収信託分割の場合は、信託法155条1項6号に定める債務については、分割信託の信託財産責任負担債務でなくなり、承継信託の信託財産責任負担債務となります（信託法157条）。

　新規信託分割の場合は、信託法159条1項6号に定める債務については、従前の信託の信託財産責任負担債務でなくなり、分割後の新たな信託の信託財産責任負担債務となります（信託法161条）。

3．登記申請手続

(1)　申　請　人

当該不動産に関する権利が属することになる信託の受託者および受益

者が登記権利者となり、当該不動産に関する権利が属していた信託の受託者および受益者が登記義務者となります（法104条の２第２項前段）。

(2)　申請情報

申請情報として申請書に次の事項を記載します。

①　登記の目的（令３条５号）

登記の目的は「信託分割により別信託の目的となった旨の登記、信託登記抹消及び信託」とします。

信託の分割が行われた場合は、信託の分割を原因とする権利の変更登記と併せて当該不動産に関する権利が属していた信託についての信託の登記を抹消し、新たに当該権利が属することとなった信託についての信託の登記をすることになります。そして、これらの登記は同時にしなければなりません（法104条の２第１項）。

②　登記原因およびその日付（令３条６号）

権利の変更登記の原因は「令和○年○月○日信託分割」で、その日付は原則として従前の各信託の委託者、受託者および受益者の合意があった日ですが、別に分割の効力が生ずる日が定められている場合にはその日となります（信託法155条１項、159条１項）。しかし、信託の目的に反しないことが明らかであるときは、委託者および受益者の合意があった日であり、信託の目的に反しないことおよび受益者の利益に適合することが明らかであるときは、受託者が意思表示した日となります。

信託登記の抹消の原因は「信託分割」とし、その日付は記載しません。

③　申請人の表示（令３条１号、２号）

ⅰ　権利者の表示

登記権利者として、当該不動産に関する権利が属することとなった信託の受託者および受益者の氏名または名称および住所を記載します。権利者が法人の場合には、その代表者の氏名も記載します。また、会社法人等番号を有する法人であるときは、その会社法人等番号も記載します。

ⅱ　義務者の表示

登記義務者の表示として、当該不動産に関する権利が属していた

信託の受託者および受益者の氏名または名称および住所を記載します。義務者が法人の場合には、その代表者の氏名も記載します。また、会社法人等番号を有する法人であるときは、その会社法人等番号も記載します。

④ 添付情報の表示（規則34条1項6号）

添付する情報を記載します。

⑤ 申請の年月日（同7号）

⑥ 登記所の表示（同8号）

⑦ 代理人の住所、氏名（令3条3号）

代理人によって登記を申請するときは、その代理人の氏名または名称および住所、代理人が法人であるときはその代表者の氏名、また、会社法人等番号を有する法人であるときは、その会社法人等番号も記載します。

⑧ 申請人または代理人の電話番号その他の連絡先（規則34条1項1号）

⑨ 課税価格および登録免許税額の表示（規則189条1項）

課税価格（不動産の価額）と登録免許税額を記載します。

⑩ 不動産の表示（令3条7号、8号）

不動産の表示は、登記事項証明書の記載と符合するように記載します。ただし、不動産番号を記載した場合には、土地の場合は、土地の所在、地番、地目および地積の記載を省略できます。建物の場合は、建物の所在と土地の地番、家屋番号、建物の種類、構造および床面積等の記載を省略できます（令6条1項）。

(3) 添付情報

添付情報として次の情報（書面）を提供します。

① 登記原因証明情報（令別表の65の項添付情報欄ロ）

登記原因証明情報とは、登記の原因となった事実または法律行為およびこれに基づき現に権利変動が生じたことを証する情報をいいます。

信託分割の登記原因証明情報は、信託の分割をする当事者によって異なりますので、それらを証する情報を提供しなければなりません。たとえば、信託の目的に反しないことが明らかであることを証する書

面としては、信託条項にその旨の定めがある場合には、それで足りると考えます。しかし、その旨の定めがない場合には、受託者および受益者の上申書を提供させるか、または報告形式の登記原因証明情報にその旨が記載されていれば、それで足りると考えます。

信託分割に関する合意書がない場合または提供できない場合には、合意の内容を記載した、いわゆる報告形式の登記原因証明情報を提供します。

② 登記識別情報または登記済証（法22条）

登記義務者が所有権の保存または移転の登記をして登記名義人となったときに通知または交付を受けた登記識別情報または登記済証を提供します。

なお、受益者は、登記識別情報を提供しません（法104条の2第2項）。その理由は、受益者は登記識別情報を有していないので、これを提供することは不可能なこと、また、法23条1項の規定により事前通知をするにしても、この事前通知は、登記記録上の住所にあてて通知をしなければ意味がないところ、受益者については、法97条2項の規定により一定の場合には個別の受益者の登記の省略が認められており、登記記録に受益者の住所が記録されているとは限らないことなどが理由として考えられています（清水316頁）。

③ 印鑑証明書

登記義務者である受託者および受益者の印鑑証明書を提供します。

登記義務者が個人の場合は、市区町村長の作成した印鑑証明書となります。登記義務者が会社等の法人の場合は、登記官の作成した当該法人の代表者の印鑑証明書となります。これらの印鑑証明書は、作成後3か月以内のものでなければなりません（令16条2項、3項）。

ただし、会社法人等番号を有する法人の場合において会社法人等番号を申請書に記載した場合であり、かつ、登記官が記名押印した者の印鑑に関する証明書を作成することが可能である場合には、印鑑証明書の提供は必要ありません（規則48条1号）。

④ 会社法人等番号（令7条1項1号イ）

申請人が会社法人等番号を有する法人であるときは、会社法人等番号を提供します。ただし、作成後3か月以内の当該法人の代表者の資

格を証する登記事項証明書または支配人等の権限を証する登記事項証明書を提供したときは、会社法人等番号の提供は要しません（規則36条1項、2項）。

⑤　**信託目録に記録すべき情報**（令15条、令別表65の項添付情報欄ハ）

　信託の登記の申請を書面申請によりするときは、申請人は信託目録に記録すべき情報を記載した書面（当該情報が電磁的記録で作成されている場合は、当該添付情報を記録した磁気ディスクを含む）を提供します。

⑥　**債権者保護に関する情報**（令別表の66の2添付情報欄ハ(1)、(2)）

　ア　信託の分割をしても従前の信託または信託法2条9項に規定する信託財産責任負担債務に係る債権を有する債権者を害するおそれのないことが明らかであるときは、これを証する情報を提供します（同添付情報欄ハ(1)）。

　イ　上記ア以外の場合においては、受託者において信託法156条2項または160条2項の規定により公告および催告（信託法156条3項または160条3項の規定により公告を官報のほか時事に関する事項を掲載する日刊新聞紙または同法160条3項2号に規定する電子公告によってした法人である受託者にあっては、これらの方法による公告）をしたことならびに異議を述べた債権者があるときは、当該債権者に対し弁済もしくは相当の担保を提供しもしくは当該債権者に弁済を受けさせることを目的として相当の財産を信託したことまたは当該信託の併合をしても当該債権者を害するおそれがないことを証する情報を提供します（同添付情報欄ハ(2)）。

⑦　**代理権限証明情報**

　代理人によって登記を申請するときは、当該代理人の権限を証する情報を提供します（令7条1項2号）。たとえば、委任状などです。

⑧　**固定資産の評価証明書**

　法定の添付情報ではありませんが、登録免許税を計算するために必要なため、市区町村が発行している「固定資産の評価証明書」を提供しているのが実情です。

（4）　登録免許税

　信託の分割により別信託の目的となった旨の登記は変更登記ですので、不動産1個につき1,000円となります。

　信託の抹消登記は、不動産1個につき1,000円となります。

　信託の登記については、法務局の見解では新たな信託登記として、不動産の価額の1000分の4の額とされています（『登記研究』728号244頁、登録免許税法別表第1、1、⑽イ）。ただし、土地に関する所有権の信託の登記については、租税特別措置法72条1項2号の軽減の規定があり、令和8年3月31日までは、税率は1000分の3になります。その場合には、申請書に軽減の根拠となる法令の条項を記載します（規則189条3項）。

申請書見本

登　記　申　請　書

登記の目的　　信託分割により別信託の目的となった旨の登記、
　　　　　　　信託登記抹消及び信託
原　　　因　　権利の変更登記　令和○年○月○日信託分割
　　　　　　　信託登記抹消　　信託分割
権利者
　（受託者）　○市○町○丁目○番○号
　　　　　　　　甲　某
　（受益者）　○市○町○丁目○番○号
　　　　　　　　乙　某
義務者
　（受託者）　○市○町○丁目○番○号
　　　　　　　　甲　某
　（受益者）　○市○町○丁目○番○号
　　　　　　　　何　某

添付情報
登記原因証明情報　　登記識別情報　　印鑑証明書
　代理権限証明情報　　信託目録に記録すべき情報
　債権者保護に関する情報

令和○年○月○日　　　○地方法務局○出張所
代　理　人　　○市○町○丁目○番○号
　　　　　　　　　○　○　○　○　㊞
　　　　　　　連絡先の電話番号　○○○-○○○○-○○○○
課税価格　　金○○，000 円[*1]
登録免許税　金○，○00 円[*2]
　　変更登記分　　金 1,000 円
　　抹消登記分　　金 1,000 円
　　信　託　分　　金○円
不動産及び信託目録の表示
　不動産番号　123456789012
　所　　　在　○市○町三丁目
　地　　　番　100 番
　地　　　目　宅地
　地　　　積　○○．○○㎡
　令和○年○月○日　信託目録第 10 号

※1 固定資産の評価証明書に記載されている不動産の価格のうち、1,000円未満の端数を切り捨てた金額を記載します。

※2 変更登記分、信託の抹消登記分および信託登記分の金額の合計金額のうち、100円未満の端数を切り捨てた金額を記載します。

登記記録例 信託の分割の場合

権利部（甲区） （所有権に関する事項）			
順位番号	登記の目的	受付年月日・受付番号	権利者その他の事項
2	所有権移転	令和○年○月○日第○号	原因 令和○年○月○日売買 所有者 ○市○町○丁目○番○号 何 某
3	所有権移転	令和○年○月○日第○号	原因 令和○年○月○日信託 受託者 ○市○町○丁目○番○号 甲 某
	信託	余白抹消	信託目録第10号
4	信託分割により別信託の目的となった旨の登記※	令和○年○月○日第○号	原因 令和○年○月○日信託分割
	3番信託登記抹消	余白	原因 信託分割
	信託	余白	信託目録第20号

※ 物件に対し複数の信託が登記されている場合には登記の目的を「何番信託の信託分割により〜」とします。

26　委託者の住所変更

1. はじめに

　委託者の氏名または名称および住所は法97条1項1号に掲げられている事項であり、これらに変更があるときは、受託者は遅滞なく、信託の変更登記を申請しなければなりません（法103条1項）。

2. 登記申請手続

(1)　申請人

受託者が単独で申請します（法103条1項）。

(2)　申請情報

① **登記の目的**（令3条5号）
　　登記の目的は「委託者住所変更」とします。
② **登記原因およびその日付**（令3条6号）
　　登記の原因は「令和○年○月○日住所変更」とし、その日付は住所変更した日を記載します。
③ **変更後の事項**（令別表の25の項申請情報欄）
　　変更後の事項として、委託者の現在の住所を記載します。
④ **申請人の表示**（令3条1号、2号）
　　申請人として、受託者の氏名または名称および住所を記載します。受託者が法人の場合には、その代表者の氏名も記載します。また、会社法人等番号を有する法人であるときは、その会社法人等番号も記載します。
⑤ **添付情報の表示**（規則34条1項6号）
　　提供する情報を記載します。
⑥ **申請の年月日**（同条7号）
⑦ **登記所の表示**（同8号）

⑧　**代理人の住所、氏名**（令3条3号）

　　代理人によって登記を申請するときは、その代理人の氏名または名称および住所、代理人が法人であるときはその代表者の氏名、また、会社法人等番号を有する法人であるときは、その会社法人等番号も記載します。

⑨　**申請人または代理人の電話番号その他の連絡先**（規則34条1項1号）

⑩　**登録免許税額の表示**（規則189条1項）

　　登録免許税額を記載します。

⑪　**不動産の表示**（令3条7号、8号）

　　不動産の表示は、登記事項証明書に記載と符合するように記載します。その他に信託目録の目録番号も記載しているのが一般的です。なお、不動産番号を記載すれば、土地の場合は、土地の所在、地番、地目および地積の記載を省略できます。建物の場合は、建物の所在と土地の地番、家屋番号、建物の種類、構造および床面積等の記載を省略できます（令6条1項）。

(3)　添付情報

添付情報として次の情報（書面）を提供します。

①　**登記原因証明情報**

　　登記原因証明情報として、住所変更の経緯のわかる住民票の写し（マイナンバーの記載のないもの）または戸籍の附票の写しを提供します。

　　なお、住民票コードを提供したときは、住民票の写し等は必要ありません（令9条、規則36条4項）。ただし、その場合には住所の変更の経緯が確認できるものでなければなりません。

②　**代理権限証明情報**

　　代理人によって登記を申請するときは、当該代理人の権限を証する情報を提供します（令7条1項2号）。たとえば、委任状などです。

(4)　登録免許税

不動産1個につき1,000円となります（登録免許税法別表第1、1、⑭）。

申請書見本　委託者の住所変更

信託目録記載変更申請書

登記の目的　　委託者住所変更
原　　　因　　令和○年○月○日住所変更
変更後の事項　住所　○市○町○丁目○番○号
申　請　人　　○市○町○丁目○番○号
　（受託者）　　乙　某
添付情報
　登記原因証明情報　代理権限証明情報
令和○年○月○日申請　○地方法務局○○出張所
代　理　人　○市○町○丁目○番○号
　　　　　　　　法　令　守　㊞
　　　　　　　連絡先の電話番号○○‐○○○○‐○○○○
登録免許税　金 1,000 円
不動産の表示及び信託目録の表示（省略）

27　受益権の売買による受益者の変更

1. はじめに

　受益者の氏名または名称および住所に変更が生じた場合には、受託者は遅滞なくこれらの変更の登記をしなければなりません（法103条1項、97条1項1号）。たとえば、受益者の住所が移転した場合などがあります。しかし、この受益者の変更には、単なる氏名または名称および住所等の変更だけではなく、受益者そのものの変更も含まれると解されていますので（横山536頁）、受益者に変更がある場合には受託者は変更の登記を申請しなければなりません。もし、受託者がこれをしないときは、受益者または委託者は受託者に代位して申請することができます（法103条2項、99条）。

　受益権は、その性質が許す限り譲渡することができるとされています（信託法93条1項）。ただし、信託行為に別段の定めがあるときは、その定めによります（同93条2項）。

　受益権が譲渡されると、受託者はその旨を登記（信託目録の変更登記）申請しますが、それは第三者対抗要件のためにするのではなく、公示上の便宜にすぎないとされています。

　受益権の譲渡は、譲渡人が受託者に通知をし、または受託者が承諾をしなければ、受託者その他の第三者に対抗することができず、これらの通知および承諾は確定日付のある証書によってしなければ受託者以外の第三者に対抗することができないとされています（信託法94条）。

　なお、受益権の譲渡の対抗要件としての受託者が受益権の譲渡につき承諾した旨の証明書は、受託者自身が登記申請するために提供する必要はありません。

〈委託者変更の登記を忘れずに〉

　受益者の変更登記を申請する前に、信託契約について、委託者の地位が受益権の譲渡に伴って承継する旨の条項の有無を確認する必要があります。

　もし、委託者の地位は新受益者が承継する旨の規定がある場合には、

委託者変更による信託目録記載変更を別に申請する必要があります。

2. 登記申請手続

(1)　申　請　人

当該不動産の所有権の登記名義人である受託者が単独で申請します（法103条1項）。

(2)　申請情報

申請情報として申請書に次の事項を記載します。

① **登記の目的**（令3条5号）

登記の目的は「受益者変更」とします。

② **登記原因およびその日付**（令3条6号）

登記の原因は「令和○年○月○日売買」で、その日付は受益権売買の成立した日となります。なお、原因を「令和○年○月○日受益権売買」としている例も見受けられますが、単に「令和○年○月○日売買」とすればよいでしょう。

③ **変更後の事項**

変更後の事項として、受益権譲受人である新受益者の氏名または名称および住所を記載します。

④ **申請人の表示**（令3条1号、2号）

申請人として、受託者の氏名または名称および住所を記載します。受託者が法人の場合には、その代表者の氏名も記載します。また、会社法人等番号を有する法人であるときは、その会社法人等番号も記載します。

⑤ **添付情報の表示**（規則34条1項6号）

提供する情報を記載します。

⑥ **申請の年月日**（同7号）

⑦ **登記所の表示**（同8号）

⑧ **代理人の住所、氏名**（令3条3号）

代理人によって登記を申請するときは、その代理人の氏名または名

称および住所、代理人が法人であるときはその代表者の氏名、また、会社法人等番号を有する法人であるときは、その会社法人等番号も記載します。

⑨　**申請人または代理人の電話番号その他の連絡先**（規則34条1項1号）

⑩　**登録免許税額の表示**（規則189条1項）

登録免許税額を記載します。

⑪　**不動産の表示**（令3条7号、8号）

不動産の表示は、登記事項証明書の記載と符合するように記載します。ただし、不動産番号を記載した場合には、土地の場合は、土地の所在、地番、地目および地積の記載を省略できます。建物の場合は、建物の所在と土地の地番、家屋番号、建物の種類、構造および床面積等の記載を省略できます（令6条1項）。

(3)　添付情報

添付情報として次の情報（書面）を提供します。

①　**登記原因証明情報**（令7条1項5号ロ）

登記原因証明情報とは、登記の原因となった事実または法律行為およびこれに基づき現に権利変動が生じたことを証する情報をいいます。

受益権の売買には、受益者の譲渡証明書があります。受益者の譲渡証明書には、その真実性を担保するために譲渡人である受益者の印鑑証明書を添付するのが実務の取扱いです（『登記研究』554号99頁）。

ただし、質権（流質特約付）を設定した不動産信託の信託受益権について、代物弁済予約の予約完結権を行使されたことによる不動産信託の受益者の変更の登記をする際には、登記原因証明情報（たとえば、質権設定契約書および質権実行契約書など）を提供すれば足り、旧受益者の変更を証する証明書および印鑑証明書は不要とされています（平成21年11月24日民二第2949号第二課長回答『登記研究』758号）。したがって、従前の実務の取扱いはこの回答によって変更されたものと考えられます。

通常は、これらの書面は、いわゆる報告形式の登記原因証明情報を提供します。

② 承諾を証する情報

受益権の譲渡につき譲渡当事者以外の者の承諾を要する旨の定めが信託行為にある場合には、その承諾が譲渡の効力発生要件となるので、その者が承諾をした情報を提供しなければなりません（横山540頁）。

③ **会社法人等番号**（令７条１項１号イ）

申請人が会社法人等番号を有する法人であるときは、会社法人等番号を提供します。ただし、作成後３か月以内の当該法人の代表者の資格を証する登記事項証明書または支配人等の権限を証する登記事項証明書を提供したときは、会社法人等番号の提供は要しません（規則36条１項、２項）。

④ **代理権限証明情報**

代理人によって登記を申請するときは、当該代理人の権限を証する情報を提供します（令７条１項２号）。たとえば、委任状などです。

（4）　登録免許税

不動産１個につき 1,000 円となります（登録免許税法別表第 1、1、⒁）。

※ 旧受益者の表示変更の要否について

受益権の譲渡人である旧受益者の氏名または名称および住所に変更が生じている場合には、受益者の変更登記の前提として、これらの表示変更登記の申請をする必要があるかどうかですが、あらかじめこれらの表示変更登記の申請をすべきと考えます。なぜならば、受益者の表示に変更が生じた場合には、受託者は、遅滞なく、これらの変更の登記を申請しなければならないとされているからです（法103条１項）。その場合、変更を証する書面を提供してもこれらの表示変更登記は省略することができないと考えます。

申請書見本

信託目録記載変更申請書

登記の目的　　受益者変更
原　　　因　　令和○年○月○日売買
変更後の事項　受益者　○市○町○丁目○番○号
　　　　　　　　　　　乙　某
申　請　人　　○市○町○丁目○番○号
（受託者）　　　　　　甲　某

```
添付情報
登記原因証明情報　　代理権限証明情報
令和○年○月○日　　○地方法務局○出張所
代　理　人　　○市○町○丁目○番○号
　　　　　　　　　　○　○　○　○　㊞
　　　　　　　　　連絡先の電話番号　○○○ - ○○○○ - ○○○○
登録免許税　　金 1,000 円
不動産及び信託目録の表示
　不動産番号　123456789012
　所　　　在　○市○町三丁目
　地　　　番　100 番
　地　　　目　宅地
　地　　　積　○○. ○○㎡
令和○年　信託目録第○号
```

報告形式の登記原因証明情報見本

登記原因証明情報

1　登記申請情報の要項
　(1)　登記の目的　　受益者変更
　(2)　原　　　因　　令和○年○月○日売買
　(3)　変更後の事項
　　　受　益　者　　○市○町○丁目○番○号
　　　　　　　　　　乙　某
　(4)　申　請　人　　○市○町○丁目○番○号
　　　　　　　　　　甲　某

　(5)　不動産の表示及び信託目録の表示　後記のとおり
2　登記の原因となる事実又は法律行為
　(1)　本件信託契約には、受益者は受託者の承諾を得て受益権を譲
　　　渡できる旨の条項がある（信託目録その他の信託の条項○条）。
　　　そこで、当初委託者兼受益者である丙某は、乙某に対し令和○
　　　年○月○日、後記不動産に関する信託受益権を受託者甲某の承
　　　諾に基づき売却した。
　(2)　よって、本件受益権は、同日、丙某から乙某に移転した。

令和○年○月○日　○地方法務局　○出張所御中

上記の登記原因のとおり相違ありません。

受益権譲渡人　　○市○町○丁目○番○号
丙　　　　某　㊞※

受益権譲受人　　○市○町○丁目○番○号
乙　　　　某　㊞

受　託　者　　○市○町○丁目○番○号
甲　　　　某　㊞

不動産の表示及び信託目録の表示（省略）

※　受益権譲渡人の印鑑はいわゆる実印を押印し、印鑑証明書を添付するのが従前の実務の取扱いでした。しかし、その取扱いは変更されて、印鑑証明書の添付は不要と解する余地もありますが、実印を押印し、印鑑証明書を添付するのが無難でしょう。

信託目録記録例

信　託　目　録		調製	令和○年○月○日
番　　号	受付年月日・受付番号	予　　備	
第○号	令和○年○月○日 第○号	余白	
1　委託者に関する事項	（省略）		
2　受託者に関する事項	（省略）		
3　受益者に関する事項等	受益者　　○市○町○丁目○番○号 　　　丙　某		
	受益者変更 令和○年○月○日 第○号 原因　令和○年○月○日売買 受益者　○市○町○丁目○番○号 　　　乙　某		
4　信託条項	（省略）		

28　受益者の死亡による変更登記（受益者連続型信託の場合）

1．はじめに

　受益者が死亡した場合には、受益権は相続されるのが原則ですが、信託行為において、別段の定めをすることもできます。通常は、受益権は相続によって承継しない、と定めている場合が多いでしょう。

　また、受益者が死亡した場合には、他の者（後継受益者）が新たに受益権を取得する旨の定をしている場合もあるでしょう（信託法91条）。本件は、後継受益者の定めがある場合です。

　なお、委託者が受益者を兼ねている場合には、別個に委託者の変更登記を申請しなければなりません。

2．登記申請手続

(1)　申請人

受託者が単独で申請します（法103条1項）。

(2)　申請情報

申請情報として申請書に次の事項を記載します。
① 　登記の目的（令3条5号）
　　登記の目的は「受益者変更」とします。
② 　登記原因およびその日付（令3条6号）
　　信託法91条の定めがある場合の登記の原因は「令和○年○月○日受益者死亡」または「令和○年○月○日受益者の死亡により変更」と記載すればよいでしょう。その日付は受益者が死亡した日を記載します。

　　受益権が相続によって移転した場合には、「令和○年○月○日相続」となります。
③ 　変更後の事項（令別表の25の項申請情報欄）

変更後の事項として、新受益者の氏名および住所を記載します。

④　**申請人の表示**（令3条1号、2号）

　申請人として、受託者の氏名または名称および住所を記載します。受託者が法人の場合には、その代表者の氏名も記載します。また、会社法人等番号を有する法人であるときは、その会社法人等番号も記載します。

⑤　**添付情報の表示**（規則34条1項6号）

　提供する情報を記載します。

⑥　**申請の年月日**（同7号）

⑦　**登記所の表示**（同8号）

⑧　**代理人の住所、氏名**（令3条3号）

　代理人によって登記を申請するときは、その代理人の氏名または名称および住所、代理人が法人であるときはその代表者の氏名、また。会社法人等番号を有する法人であるときは、その会社法人等番号も記載します。

⑨　**申請人または代理人の電話番号その他の連絡先**（規則34条1項1号）

⑩　**登録免許税額の表示**（規則189条1項）

　登録免許税額を記載します。

⑪　**不動産の表示**（令3条7号）

　不動産の表示は、登記事項証明書の記載と符合するように記載します。その他に信託目録の目録番号も記載しているのが一般的です。

　なお、不動産番号を記載すれば、土地の場合は、土地の所在、地番、地目および地積の記載を省略できます。建物の場合は、建物の所在と土地の地番、家屋番号、建物の種類、構造および床面積等の記載を省略できます（令6条）。

（3）　添付情報

添付情報として次の情報（書面）を提供します。

①　**登記原因証明情報**

　登記原因証明情報としては受益者の死亡の事実が記載されている、戸籍謄本（抄本）。受益者の住所が本籍と異なる場合には、住民票の除票（本籍の記載があるもの）または戸籍の附票（戸籍の表示のある

もの）も提供します。そのほかに、信託目録に後継受益者の定めがある場合には、その旨を記載した報告形式の登記原因証明情報を提供します。

② 代理権限証明情報

(4) 登録免許税

不動産１個につき 1,000 円となります（登録免許税法別表第 1、1、⑭）。

申請書見本　　受益者の死亡による変更

信託目録記載変更申請書

登記の目的　　　受益者変更
原因　　　　　　令和○年９月９日受益者死亡※
変更後の事項　　受益者　○市○町○丁目○番○号
　　　　　　　　　　　　　甲　田　花　子
申　請　人　　　○市○町○丁目○番○号
　（受託者）　　　甲　田　春　雄
添付情報
　登記原因証明情報　代理権限証明情報
令和○年○月○日申請　○地方法務局○○出張所
代　理　人　　○市○町○丁目○番○号
　　　　　　　　法　令　守　㊞
　　　　　　　　連絡先の電話番号○○‐○○○○‐○○○○
登録免許税　金 1,000 円
不動産の表示及び信託目録の表示（省略）

※　「年月日受益者死亡による変更」としている例もあります。

報告形式の登記原因証明情報見本 受益者の死亡による変更

登記原因証明情報

1 登記申請情報の要項
 (1) 登記の目的 受益者変更
 (2) 原 因 令和○年9月9日受益者死亡
 (3) 変更後の事項
      受益者 ○市○町○丁目○番○号
         甲 田 花 子
 (4) 申 請 人 ○市○町○丁目○番○号
    (受託者) 甲 田 春 雄
 (5) 不動産及び信託目録の表示
    (省略)
2 登記原因となる事実又は法律行為
 (1) 委託者甲田二郎と受託者甲田春雄は、本件不動産を信託財産
    とする信託契約をし、その旨の登記をした(令和○年○月○日
    受付第○○号登記・信託目録第○号)。
 (2) 信託契約には、当初受益者甲田二郎が死亡したときはその者
    の有する受益権は消滅し、妻の甲田花子(第二次受益者)が新
    たな受益権を取得する旨の定めがある(信託目録その他の信託
    の条項○条)。
 (3) 当初受益者甲田二郎は令和○年9月9日死亡した。
 (4) よって、令和○年9月9日受益者が変更した。
令和○年○月○日 ○地方法務局○出張所 御中
 上記の登記原因のとおり相違ありません。
          受託者 ○市○町○丁目○番○号
             甲 田 春 雄 ㊞

※ 登記原因証明情報として受益者の死亡を証する情報(戸籍謄本等)も添付す
 べきと考えます。

29 信託条項の変更

1. はじめに

　信託行為に定められた信託の目的、信託財産の管理方法、信託の終了の事由、その他の信託の条項に変更があった場合には、受託者は遅滞なくその旨の変更登記を申請しなければなりません（法103条1項）。その場合には、変更後の信託行為の内容を明らかにしなければなりません（信託法149条1項）。

　信託の変更は原則として委託者、受託者および受益者の三者による合意によってすることができます。しかし、場合によっては、迅速に対応しなければならないこともありますので、変更の内容によってはその要件が緩和されています（信託法149条2項）。

① 信託の目的に反しないことが明らかであるとき（信託法149条2項1号）

　　受託者と受益者の合意で変更できます。その場合に受託者は、委託者が現存する場合には委託者に変更後の信託行為の内容を通知しなければなりません。

② 信託の目的に反しないことおよび受益者の利益に適合することが明らかであるとき（同条2項2号）

　　受託者の書面または電磁的記録によってする意思表示によってすることができます。その場合に受託者は、委託者および受益者に変更後の信託行為の内容を通知しなければなりません。

③ 受託者の利益を害しないことが明らかであるとき（同条3項1号）

　　委託者および受益者による受託者に対する意思表示によって変更することができます。

④ 信託の目的に反しないことおよび受託者の利益を害しないことが明らかであるとき（同条3項2号）

　　受益者が受託者に意思表示をすれば変更できます。その場合、受託者はその変更後の内容を委託者に通知しなければなりません。

⑤ 以上の規定にかかわらず、信託行為に別段の定めがあるときは、そ

の定めによります（同条4項）。

2. 登記申請手続

(1)　申　請　人

当該不動産の所有権の登記名義人である受託者が単独で申請します（法103条）。

(2)　申請情報

申請情報として申請書に次の事項を記載します。

① 　登記の目的（令3条5号）

　　登記の目的は具体的に変更する信託条項を記載します。たとえば、「信託終了の事由の変更」、「信託の目的の変更」、「信託財産の管理方法の変更」のように記載します。

② 　登記原因およびその日付（令3条6号）

　　登記の原因は「令和○年○月○日変更」で、その日付は信託条項の変更について合意または意思表示のあった日となります。

③ 　変更後の事項

　　変更後の事項を記載します。

④ 　申請人の表示（令3条1号、2号）

　　申請人として、受託者の氏名または名称および住所を記載します。受託者が法人の場合には、その代表者の氏名も記載します。また、会社法人等番号を有する法人であるときは、その会社法人等番号も記載します。

⑤ 　添付情報の表示（規則34条1項6号）

　　提供する情報を記載します。

⑥ 　申請の年月日（同7号）

⑦ 　登記所の表示（同8号）

⑧ 　代理人の住所、氏名（令3条3号）

　　代理人によって登記を申請するときは、その代理人の氏名または名称および住所、代理人が法人であるときはその代表者の氏名、また、

会社法人等番号を有する法人であるときは、その会社法人等番号も記載します。

⑨　**申請人または代理人の電話番号その他の連絡先**（規則34条1項1号）

⑩　**登録免許税額の表示**（規則189条1項）

　　登録免許税額を記載します。

⑪　**不動産の表示**（令3条7号、8号）

　　不動産の表示は、登記事項証明書の記載と符合するように記載します。ただし、不動産番号を記載した場合には、土地の場合は、土地の所在、地番、地目および地積の記載を省略できます。建物の場合は、建物の所在と土地の地番、家屋番号、建物の種類、構造および床面積等の記載を省略できます（令6条1項）。

(3)　添付情報

添付情報として次の情報（書面）を提供します。

①　**登記原因証明情報**（令7条1項5号ロ）

　　登記原因証明情報とは、登記の原因となった事実または法律行為およびこれに基づき現に権利変動が生じたことを証する情報をいいます。

　　当事者の合意書がこれにあたります。変更の当事者が誰になるかは、既提出の信託条項を確認する場合がありますので注意してください。たとえば、信託条項の変更については、委託者の承諾を要しない旨の条項があるときは受託者と受益者の合意によって変更できるものと解します。合意書を提供できない場合には、いわゆる報告形式の登記原因証明情報を提供します。

　　なお、これらの書面の作成者が法人の場合は、当該法人の資格証明書を提供するかまたは会社法人等番号を提供するものと考えます。

②　**会社法人等番号**（令7条1項1号イ）

　　申請人が会社法人等番号を有する法人であるときは、会社法人等番号を提供します。ただし、作成後3か月以内の当該法人の代表者の資格を証する登記事項証明書または支配人等の権限を証する登記事項証明書を提供したときは、会社法人等番号の提供は要しません（規則36条1項、2項）。

③ 代理権限証明情報

代理人によって登記を申請するときは、当該代理人の権限を証する情報を提供します（令7条1項2号）。たとえば、委任状などです。

(4) 登録免許税

不動産1個につき1,000円となります（登録免許税法別表第1、1、⒁）。

申請書見本

信託目録記載変更申請書

登記の目的　　信託終了事由変更
原　　　因　　令和○年○月○日変更
変更後の事項　信託の終了の事由
　　　　　　　何々
申　請　人　　○市○町○丁目○番○号
　　　　　　　　　甲　某
添付情報
　登記原因証明情報　　代理権限証明情報
令和○年○月○日　　○地方法務局○出張所
代　理　人　　○市○町○丁目○番○号
　　　　　　　○　○　○　○　㊞
　　　　　　　連絡先の電話番号　○○○ - ○○○○ - ○○○○
登録免許税　　金1,000円
不動産及び信託目録の表示
　不動産番号　123456789012
　所　　　在　○市○町三丁目
　地　　　番　100番
　地　　　目　宅地
　地　　　積　○○. ○○㎡
令和○年　信託目録第○号

報告形式の登記原因証明情報見本

登記原因証明情報

1　登記申請情報の要項
　(1)　登記の目的　　信託終了事由変更
　(2)　原　　　因　　令和○年○月○日変更
　(3)　変更後の事項　信託の終了の事由
　　　　　　　　　　　何々
　(4)　申　請　人　　○市○町○丁目○番○号
　　　　　　　　　　　甲　某
　(5)　不動産の表示及び信託目録の表示　後記のとおり
2　登記の原因となる事実又は法律行為
　(1)　信託条項の変更
　　　　本信託は、受託者を甲某、委託者兼受益者を乙某として後記
　　　不動産に対するものであるが、本信託条項の定めに基づき、甲
　　　某及び乙某によって令和○年○月○日次のとおり信託の終了の
　　　事由を変更することに合意した。
　(2)　変更後の事項
　　　　信託の終了の事由
　　　　何々
　(3)　よって、同日信託目録の信託条項は変更された。

令和○年○月○日　○地方法務局　○出張所御中
　上記の登記原因のとおり相違ありません。
　　　　　　　　　　　受　託　者　　○市○町○丁目○番○号
　　　　　　　　　　　　　　　　　　甲　　　　某　㊞

　　　　　　　　　　　受　益　者　　○市○町○丁目○番○号
　　　　　　　　　　　（委託者）　　乙　　　　某　㊞

不動産の表示及び信託目録の表示（省略）

309

信託目録記録例

信　託　目　録		調製	令和○年○月○日
番　　号	受付年月日・受付番号	予　　備	
第○号	令和○年○月○日 第○号	余白	
1　委託者に関する事項	（省略）		
2　受託者に関する事項	（省略）		
3　受益者に関する事項等	（省略）		
4　信託条項	<u>信託の終了の事由</u> （事項省略）		
	信託終了事由変更 令和○年○月○日 第○号 原因　令和○年○月○日変更 信託の終了の事由 何々		

第3編 関係法令・通達等

1 信託法（抄）

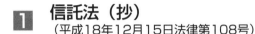

（平成18年12月15日法律第108号）

（定義）

第2条　この法律において「信託」とは、次条各号に掲げる方法のいずれか
により、特定の者が一定の目的（専らその者の利益を図る目的を除く。同
条において同じ。）に従い財産の管理又は処分及びその他の当該目的の達
成のために必要な行為をすべきものとすることをいう。

2　この法律において「信託行為」とは、次の各号に掲げる信託の区分に応
じ、当該各号に定めるものをいう。

一　次条第一号に掲げる方法による信託　同号の信託契約

二　次条第二号に掲げる方法による信託　同号の遺言

三　次条第三号に掲げる方法による信託　同号の書面又は電磁的記録（同
号に規定する電磁的記録をいう。）によってする意思表示

3　この法律において「信託財産」とは、受託者に属する財産であって、信
託により管理又は処分をすべき一切の財産をいう。

4　この法律において「委託者」とは、次条各号に掲げる方法により信託を
する者をいう。

5　この法律において「受託者」とは、信託行為の定めに従い、信託財産に
属する財産の管理又は処分及びその他の信託の目的の達成のために必要な
行為をすべき義務を負う者をいう。

6　この法律において「受益者」とは、受益権を有する者をいう。

7　この法律において「受益権」とは、信託行為に基づいて受託者が受益者
に対し負う債務であって信託財産に属する財産の引渡しその他の信託財産
に係る給付をすべきものに係る債権（以下「受益債権」という。）及びこ
れを確保するためにこの法律の規定に基づいて受託者その他の者に対し一
定の行為を求めることができる権利をいう。

8　この法律において「固有財産」とは、受託者に属する財産であって、信

託財産に属する財産でない一切の財産をいう。

9　この法律において「信託財産責任負担債務」とは、受託者が信託財産に属する財産をもって履行する責任を負う債務をいう。

10　この法律において「信託の併合」とは、受託者を同一とする二以上の信託の信託財産の全部を一の新たな信託の信託財産とすることをいう。

11　この法律において「吸収信託分割」とは、ある信託の信託財産の一部を受託者を同一とする他の信託の信託財産として移転することをいい、「新規信託分割」とは、ある信託の信託財産の一部を受託者を同一とする新たな信託の信託財産として移転することをいい、「信託の分割」とは、吸収信託分割又は新規信託分割をいう。

12　この法律において「限定責任信託」とは、受託者が当該信託のすべての信託財産責任負担債務について信託財産に属する財産のみをもってその履行の責任を負う信託をいう。

（信託の方法）

第3条　信託は、次に掲げる方法のいずれかによってする。

　一　特定の者との間で、当該特定の者に対し財産の譲渡、担保権の設定その他の財産の処分をする旨並びに当該特定の者が一定の目的に従い財産の管理又は処分及びその他の当該目的の達成のために必要な行為をすべき旨の契約（以下「信託契約」という。）を締結する方法

　二　特定の者に対し財産の譲渡、担保権の設定その他の財産の処分をする旨並びに当該特定の者が一定の目的に従い財産の管理又は処分及びその他の当該目的の達成のために必要な行為をすべき旨の遺言をする方法

　三　特定の者が一定の目的に従い自己の有する一定の財産の管理又は処分及びその他の当該目的の達成のために必要な行為を自らすべき旨の意思表示を公正証書その他の書面又は電磁的記録（電子的方式、磁気的方式その他人の知覚によっては認識することができない方式で作られる記録であって、電子計算機による情報処理の用に供されるものとして法務省令で定めるものをいう。以下同じ。）で当該目的、当該財産の特定に必要な事項その他の法務省令で定める事項を記載し又は記録したものによってする方法

（信託財産に属する財産の対抗要件）

第14条　登記又は登録をしなければ権利の得喪及び変更を第三者に対抗することができない財産については、信託の登記又は登録をしなければ、当

該財産が信託財産に属することを第三者に対抗することができない。

（信託財産の範囲）

第16条　信託行為において信託財産に属すべきものと定められた財産のほか、次に掲げる財産は、信託財産に属する。

一　信託財産に属する財産の管理、処分、滅失、損傷その他の事由により受託者が得た財産

二　次条、第18条、第19条（第84条の規定により読み替えて適用する場合を含む。以下この号において同じ。）、第226条第３項、第228条第３項及び第254条第２項の規定により信託財産に属することとなった財産（第18条第１項（同条第３項において準用する場合を含む。）の規定により信託財産に属するものとみなされた共有持分及び第19条の規定による分割によって信託財産に属することとされた財産を含む。）

（受託者の権限の範囲）

第26条　受託者は、信託財産に属する財産の管理又は処分及びその他の信託の目的の達成のために必要な行為をする権限を有する。ただし、信託行為によりその権限に制限を加えることを妨げない。

（受託者の権限違反行為の取消し）

第27条　受託者が信託財産のためにした行為がその権限に属しない場合において、次のいずれにも該当するときは、受益者は、当該行為を取り消すことができる。

一　当該行為の相手方が、当該行為の当時、当該行為が信託財産のためにされたものであることを知っていたこと。

二　当該行為の相手方が、当該行為の当時、当該行為が受託者の権限に属しないことを知っていたこと又は知らなかったことにつき重大な過失があったこと。

2　前項の規定にかかわらず、受託者が信託財産に属する財産（第14条の信託の登記又は登録をすることができるものに限る。）について権利を設定し又は移転した行為がその権限に属しない場合には、次のいずれにも該当するときに限り、受益者は、当該行為を取り消すことができる。

一　当該行為の当時、当該信託財産に属する財産について第14条の信託の登記又は登録がされていたこと。

二　当該行為の相手方が、当該行為の当時、当該行為が受託者の権限に属

しないことを知っていたこと又は知らなかったことにつき重大な過失が
あったこと。

3　二人以上の受益者のうちの一人が前二項の規定による取消権を行使した
ときは、その取消しは、他の受益者のためにも、その効力を生ずる。

4　第1項又は第2項の規定による取消権は、受益者（信託管理人が現に存
する場合にあっては、信託管理人）が取消しの原因があることを知った時
から3箇月間行使しないときは、時効によって消滅する。行為の時から1
年を経過したときも、同様とする。

（信託財産が費用等の償還等に不足している場合の措置）
第52条　受託者は、第48条第1項又は第2項の規定により信託財産から費
用等の償還又は費用の前払を受けるのに信託財産（第49条第2項の規定に
より処分することができないものを除く。第1号及び第4項において同
じ。）が不足している場合において、委託者及び受益者に対し次に掲げる
事項を通知し、第2号の相当の期間を経過しても委託者又は受益者から費
用等の償還又は費用の前払を受けなかったときは、信託を終了させること
ができる。
一　信託財産が不足しているため費用等の償還又は費用の前払を受けるこ
とができない旨
二　受託者の定める相当の期間内に委託者又は受益者から費用等の償還又
は費用の前払を受けないときは、信託を終了させる旨

2　委託者が現に存しない場合における前項の規定の適用については、同項
中「委託者及び受益者」とあり、及び「委託者又は受益者」とあるのは、「受
益者」とする。

3　受益者が現に存しない場合における第1項の規定の適用については、同
項中「委託者及び受益者」とあり、及び「委託者又は受益者」とあるのは、
「委託者」とする。

4　第48条第1項又は第2項の規定により信託財産から費用等の償還又は費
用の前払を受けるのに信託財産が不足している場合において、委託者及び
受益者が現に存しないときは、受託者は、信託を終了させることができる。

（受託者の任務の終了事由）
第56条　受託者の任務は、信託の清算が結了した場合のほか、次に掲げる
事由によって終了する。ただし、第2号又は第3号に掲げる事由による場
合にあっては、信託行為に別段の定めがあるときは、その定めるところに

　よる。
　一　受託者である個人の死亡
　二　受託者である個人が後見開始又は保佐開始の審判を受けたこと。
　三　受託者（破産手続開始の決定により解散するものを除く。）が破産手
　　続開始の決定を受けたこと。
　四　受託者である法人が合併以外の理由により解散したこと。
　五　次条の規定による受託者の辞任
　六　第58条の規定による受託者の解任
　七　信託行為において定めた事由
2　受託者である法人が合併をした場合における合併後存続する法人又は合
　併により設立する法人は、受託者の任務を引き継ぐものとする。受託者で
　ある法人が分割をした場合における分割により受託者としての権利義務を
　承継する法人も、同様とする。
3　前項の規定にかかわらず、信託行為に別段の定めがあるときは、その定
　めるところによる。
4　第１項第３号に掲げる事由が生じた場合において、同項ただし書の定め
　により受託者の任務が終了しないときは、受託者の職務は、破産者が行う。
5　受託者の任務は、受託者が再生手続開始の決定を受けたことによっては、
　終了しない。ただし、信託行為に別段の定めがあるときは、その定めると
　ころによる。
6　前項本文に規定する場合において、管財人があるときは、受託者の職務
　の遂行並びに信託財産に属する財産の管理及び処分をする権利は、管財人
　に専属する。保全管理人があるときも、同様とする。
7　前二項の規定は、受託者が更生手続開始の決定を受けた場合について準
　用する。この場合において、前項中「管財人があるとき」とあるのは、「管
　財人があるとき（会社更生法第74条第２項（金融機関等の更生手続きの特
　例等に関する法律第47条及び第213条において準用する場合を含む。）の期
　間を除く。）」と読み替えるものとする。

（受託者の辞任）
第57条　受託者は、委託者及び受益者の同意を得て、辞任することができる。
　ただし、信託行為に別段の定めがあるときは、その定めるところによる。
2　受託者は、やむを得ない事由があるときは、裁判所の許可を得て、辞任
　することができる。
3　受託者は、前項の許可の申立てをする場合には、その原因となる事実を

疎明しなければならない。

4　第２項の許可の申立てを却下する裁判には、理由を付さなければならない。

5　第２項の規定による辞任の許可の裁判に対しては、不服を申し立てることができない。

6　委託者が現に存しない場合には、第１項本文の規定は、適用しない。

（受託者の解任）
第58条　委託者及び受益者は、いつでも、その合意により、受託者を解任することができる。

2　委託者及び受益者が受託者に不利な時期に受託者を解任したときは、委託者及び受益者は、受託者の損害を賠償しなければならない。ただし、やむを得ない事由があったときは、この限りでない。

3　前二項の規定にかかわらず、信託行為に別段の定めがあるときは、その定めるところによる。

4　受託者がその任務に違反して信託財産に著しい損害を与えたことその他重要な事由があるときは、裁判所は、委託者又は受益者の申立てにより、受託者を解任することができる。

5　裁判所は、前項の規定により受託者を解任する場合には、受託者の陳述を聴かなければならない。

6　第４項の申立てについての裁判には、理由を付さなければならない。

7　第４項の規定による解任の裁判に対しては、委託者、受託者又は受益者に限り、即時抗告をすることができる。

8　委託者が現に存しない場合には、第１項及び第２項の規定は、適用しない。

（信託に関する権利義務の承継等）
第75条　第56条第１項各号に掲げる事由により受託者の任務が終了した場合において、新受託者が就任したときは、新受託者は、前受託者の任務が終了した時に、その時に存する信託に関する権利義務を前受託者から承継したものとみなす。

2　前項の規定にかかわらず、第56条第１項第５号に掲げる事由（第57条第１項の規定によるものに限る。）により受託者の任務が終了した場合（第59条第４項ただし書の場合を除く。）には、新受託者は、新受託者等が就任した時に、その時に存する信託に関する権利義務を前受託者から承継し

たものとみなす。

（３項以下省略）

（受託者の変更等の特例）

第86条

（１項から３項省略）

4　受託者が二人以上ある信託においては、第75条第１項及び第２項の規定にかかわらず、その一人の任務が第56条第１項各号に掲げる事由により終了した場合には、その任務が終了した時に存する信託に関する権利義務は他の受託者が当然に承継し、その任務は他の受託者が行う。ただし、信託行為に別段の定めがあるときは、その定めるところによる。

（受益者の死亡により他の者が新たに受益権を取得する旨の定めのある信託の特例）

第91条　受益者の死亡により、当該受益者の有する受益権が消滅し、他の者が新たな受益権を取得する旨の定め（受益者の死亡により順次他の者が受益権を取得する旨の定めを含む。）のある信託は、当該信託がされた時から30年を経過した時以後に現に存する受益者が当該定めにより受益権を取得した場合であって当該受益者が死亡するまで又は当該受益権が消滅するまでの間、その効力を有する。

（信託の終了事由）

第163条　信託は、次条の規定によるほか、次に掲げる場合に終了する。

一　信託の目的を達成したとき、又は信託の目的を達成することができなくなったとき。

二　受託者が受益権の全部を固有財産で有する状態が１年間継続したとき。

三　受託者が欠けた場合であって、新受託者が就任しない状態が１年間継続したとき。

四　受託者が第52条（第53条第２項及び第54条第４項において準用する場合を含む。）の規定により信託を終了させたとき。

五　信託の併合がされたとき。

六　第165条又は第166条の規定により信託の終了を命ずる裁判があったとき。

七　信託財産についての破産手続開始の決定があったとき。

八　委託者が破産手続開始の決定、再生手続開始の決定又は更生手続開始の決定を受けた場合において、破産法第53条第1項、民事再生法第49条第1項又は会社更生法第61条第1項（金融機関等の更生手続の特例等に関する法律第41条第1項及び第206条第1項において準用する場合を含む。）の規定による信託契約の解除がされたとき。

九　信託行為において定めた事由が生じたとき。

（委託者及び受益者の合意等による信託の終了）

第164条　委託者及び受益者は、いつでも、その合意により、信託を終了することができる。

2　委託者及び受益者が受託者に不利な時期に信託を終了したときは、委託者及び受益者は、受託者の損害を賠償しなければならない。ただし、やむを得ない事由があったときは、この限りでない。

3　前二項の規定にかかわらず、信託行為に別段の定めがあるときは、その定めるところによる。

4　委託者が現に存しない場合には、第1項及び第2項の規定は、適用しない。

（残余財産の帰属）

第182条　残余財産は、次に掲げる者に帰属する。

一　信託行為において残余財産の給付を内容とする受益債権に係る受益者（次項において「残余財産受益者」という。）となるべき者として指定された者

二　信託行為において残余財産の帰属すべき者（以下この節において「帰属権利者」という。）となるべき者として指定された者

2　信託行為に残余財産受益者若しくは帰属権利者（以下この項において「残余財産受益者等」と総称する。）の指定に関する定めがない場合又は信託行為の定めにより残余財産受益者等として指定を受けた者のすべてがその権利を放棄した場合には、信託行為に委託者又はその相続人その他の一般承継人を帰属権利者として指定する旨の定めがあったものとみなす。

3　前二項の規定により残余財産の帰属が定まらないときは、残余財産は、清算受託者に帰属する。

（帰属権利者）

第183条　信託行為の定めにより帰属権利者となるべき者として指定された

者は、当然に残余財産の給付をすべき債務に係る債権を取得する。ただし、信託行為に別段の定めがあるときは、その定めるところによる。

2　第88条第２項の規定は、前項に規定する帰属権利者となるべき者として指定された者について準用する。

3　信託行為の定めにより帰属権利者となった者は、受託者に対し、その権利を放棄する旨の意思表示をすることができる。ただし、信託行為の定めにより帰属権利者となった者が信託行為の当事者である場合は、この限りでない。

4　前項本文に規定する帰属権利者となった者は、同項の規定による意思表示をしたときは、当初から帰属権利者としての権利を取得していなかったものとみなす。ただし、第三者の権利を害することはできない。

5　第100条及び第102条の規定は、帰属権利者が有する債権で残余財産の給付をすべき債務に係るものについて準用する。

6　帰属権利者は、信託の清算中は、受益者とみなす。

2 信託法の施行に伴う関係法律の整備等に関する法律（抄）
（平成18年12月15日法律第109号）

（旧信託法の一部改正に伴う経過措置）

第２条　契約によってされた信託で信託法（平成18年法律第108号。以下「新信託法」という。）の施行の日（以下「施行日」という。）前にその効力が生じたものについては、信託財産に属する財産についての対抗要件に関する事項を除き、なお従前の例による。遺言によってされた信託で施行日前に当該遺言がされたものについても、同様とする。

（新法の適用等）

第３条　前条の規定によりなお従前の例によることとされる信託については、信託行為の定めにより、又は委託者、受託者及び受益者（第１条の規定による改正前の信託法（以下「旧信託法」という。）第８条第１項に規定する信託管理人が現に存する場合にあっては、当該信託管理人）の書面若しくは電磁的記録（新信託法第３条第３号に規定する電磁的記録をいう。）による合意によって運用される法律を新法（新信託法及びこの法律の規定による改正後の法律をいう。以下同じ。）とする旨の信託の変更をして、これを新法の規定の適用を受ける信託（以下「新法信託」という。）とすることができる。

2　委託者が現に存しない場合における前項の規定の適用については、同項中「委託者、受託者及び受益者」とあるのは、「受託者及び受益者」とする。

3　受益者が現に存しない場合（旧信託法第８条第１項に規定する信託管理人が現に存する場合を除く。）における第１項の規定の適用については、同項中「委託者、受託者及び受益者（第１条の規定による改正前の信託法（以下「旧信託法」という。）第８条第１項に規定する信託管理人が現に存する場合にあっては、当該信託管理人）」とあるのは、「委託者及び受託者」とする。

4　委託者及び受益者が現に存しない場合（旧信託法第８条第１項に規定する信託管理人が現に存する場合を除く。）には、第１項の規定は、適用しない。

（不動産登記法の一部改正に伴う経過措置）
第72条　施行日前にされた登記の申請に係る登記に関する手続については、なお従前の例による。

③ 信託法施行規則（抄）
（平成19年７月４日法務省令第41号）

（目的）
第１条　この省令は、信託法（平成18年法律第108号。以下「法」という。）の委任に基づく事項その他法の施行に必要な事項を定めることを目的とする。

（定義）
第２条　この省令において使用する用語は、法において使用する用語の例によるほか、次の各号に掲げる用語の意義は、それぞれ当該各号に定めるところによる。

　一　自己信託　法第３条第３号に掲げる方法によってされる信託をいう。

　二　電磁的記録　法第３条第３号に規定する電磁的記録をいう。

　三　電磁的方法　法第108条第３号に規定する電磁的方法をいう。

　四　財産状況開示資料等　次のイ又はロに掲げる信託の区分に応じ、当該イ又はロに定めるものをいう。

　　イ　限定責任信託以外の信託　法第37条第２項の規定により作成する同項の書類又は電磁的記録

　　ロ　限定責任信託　法第222条第４項の規定により作成する同項の書類
　　又は電磁的記録（法第252条第４項において読み替えて適用する法第
　　222条第４項の規定の適用がある場合にあっては、法第252条第１項の
　　会計監査報告を含む。）

第３条　法第３条第３号に規定する法務省令で定める事項は、次に掲げるも
　のとする。
　一　信託の目的
　二　信託をする財産を特定するために必要な事項
　三　自己信託をする者の氏名又は名称及び住所
　四　受益者の定め（受益者を定める方法の定めを含む。）
　五　信託財産に属する財産の管理又は処分の方法
　六　信託行為に条件又は期限を付すときは、条件又は期限に関する定め
　七　法第163条第９号の事由（当該事由を定めない場合にあっては、その旨）
　八　前各号に掲げるもののほか、信託の条項

４ 不動産登記法（抄）
（平成16年６月18日法律第123号）

（代理権の不消滅）
第17条　登記の申請をする者の委任による代理人の権限は、次に掲げる事
　由によっては、消滅しない。
　一　本人の死亡
　二　本人である法人の合併による消滅
　三　本人である受託者の信託に関する任務の終了
　四　法定代理人の死亡又はその代理権の消滅若しくは変更

（信託の登記の登記事項）
第97条　信託の登記の登記事項は、第59条各号に掲げるもののほか、次の
　とおりとする。
　一　委託者、受託者及び受益者の氏名又は名称及び住所
　二　受益者の指定に関する条件又は受益者を定める方法の定めがあるとき
　　は、その定め
　三　信託管理人があるときは、その氏名又は名称及び住所
　四　受益者代理人があるときは、その氏名又は名称及び住所
　五　信託法（平成18年法律第108号）第185条第３項に規定する受益証券発

行信託であるときは、その旨

六　信託法第258条第 1 項に規定する受益者の定めのない信託であるとき
は、その旨

七　公益信託ニ関スル法律（大正11年法律第62号）第 1 条に規定する公益
信託であるときは、その旨

八　信託の目的

九　信託財産の管理方法

十　信託の終了の事由

十一　その他の信託の条項

2　前項第 2 号から第 6 号までに掲げる事項のいずれかを登記したときは、
同項第 1 号の受益者（同項第 4 号に掲げる事項を登記した場合にあっては、
当該受益者代理人が代理する受益者に限る。）の氏名又は名称及び住所を
登記することを要しない。

3　登記官は、第 1 項各号に掲げる事項を明らかにするため、法務省令（※
規則176条）で定めるところにより、信託目録を作成することができる。
※編者記入

（信託の登記の申請方法等）

第98条　信託の登記の申請は、当該信託に係る権利の保存、設定、移転又
は変更の登記の申請と同時にしなければならない。

2　信託の登記は、受託者が単独で申請することができる。

3　信託法第 3 条第 3 号に掲げる方法によってされた信託による権利の変更
の登記は、受託者が単独で申請することができる。

（代位による信託の登記の申請）

第99条　受益者又は委託者は、受託者に代わって信託の登記を申請するこ
とができる。

（受託者の変更による登記等）

第100条　受託者の任務が死亡、後見開始若しくは保佐開始の審判、破産手
続開始の決定、法人の合併以外の理由による解散又は裁判所若しくは主務
官庁（その権限の委任を受けた国に所属する行政庁及びその権限に属する
事務を処理する都道府県の執行機関を含む。第102条第 2 項において同じ。）
の解任命令により終了し、新たに受託者が選任されたときは、信託財産に
属する不動産についてする受託者の変更による権利の移転の登記は、第60

条の規定にかかわらず、新たに選任された当該受託者が単独で申請することができる。

2　受託者が二人以上ある場合において、そのうち少なくとも一人の受託者の任務が前項に規定する事由により終了したときは、信託財産に属する不動産についてする当該受託者の任務の終了による権利の変更の登記は、第60条の規定にかかわらず、他の受託者が単独で申請することができる。

（職権による信託の変更の登記）

第101条　登記官は、信託財産に属する不動産について次に掲げる登記をするときは、職権で、信託の変更の登記をしなければならない。

一　信託法第75条第１項又は第２項の規定による権利の移転の登記

二　信託法第86条第４項本文の規定による権利の変更の登記

三　受託者である登記名義人の氏名若しくは名称又は住所についての変更の登記又は更正の登記

（嘱託による信託の変更の登記）

第102条　裁判所書記官は、受託者の解任の裁判があったとき、信託管理人若しくは受益者代理人の選任若しくは解任の裁判があったとき、又は信託の変更を命ずる裁判があったときは、職権で、遅滞なく、信託の変更の登記を登記所に嘱託しなければならない。

2　主務官庁は、受託者を解任したとき、信託管理人若しくは受益者代理人を選任し、若しくは解任したとき、又は信託の変更を命じたときは、遅滞なく、信託の変更の登記を登記所に嘱託しなければならない。

（信託の変更の登記の申請）

第103条　前二条に規定するもののほか、第97条第１項各号に掲げる登記事項について変更があったときは、受託者は、遅滞なく、信託の変更の登記を申請しなければならない。

2　第99条の規定は、前項の信託の変更の登記の申請について準用する。

（信託の登記の抹消）

第104条　信託財産に属する不動産に関する権利が移転、変更又は消滅により信託財産に属しないこととなった場合における信託の登記の抹消の申請は、当該権利の移転の登記若しくは変更の登記又は当該権利の登記の抹消の申請と同時にしなければならない。

2　信託の登記の抹消は、受託者が単独で申請することができる。

（権利の変更の登記等の特則）

第104条の2　信託の併合又は分割により不動産に関する権利が一の信託の
　信託財産に属する財産から他の信託の信託財産に属する財産となった場合
　における当該権利に係る当該一の信託についての信託の登記の抹消及び当
　該他の信託についての信託の登記の申請は、信託の併合又は分割による権
　利の変更の登記の申請と同時にしなければならない。信託の併合又は分割
　以外の事由により不動産に関する権利が一の信託の信託財産に属する財産
　から受託者を同一とする他の信託の信託財産に属する財産となった場合
　も、同様とする。

2　信託財産に属する不動産についてする次の表の上欄に掲げる場合におけ
　る権利の変更の登記（第98条第3項の登記を除く。）については、同表の
　中欄に掲げる者を登記権利者とし、同表の下欄に掲げる者を登記義務者と
　する。この場合において、受益者（信託管理人がある場合にあっては、信
　託管理人。以下この項において同じ。）については、第22条本文の規定は、
　適用しない。

1　不動産に関する権利が固有財産に属する財産から信託財産に属する財産となった場合	受益者	受託者
2　不動産に関する権利が信託財産に属する財産から固有財産に属する財産となった場合	受託者	受益者
3　不動産に関する権利が一の信託の信託財産に属する財産から他の信託の信託財産に属する財産となった場合	当該他の信託の受益者及び受託者	当該一の信託の受益者及び受託者

5 不動産登記令（抄）
（平成16年12月1日政令第379号）

（一の申請情報による登記の申請）
第5条
1　（省略）
2　信託の登記の申請と当該信託に係る権利の保存、設定、移転又は変更の登記の申請とは、一の申請情報によってしなければならない。
3　法第104条第1項の規定による信託の登記の抹消の申請と信託財産に属する不動産に関する権利の移転の登記若しくは変更の登記又は当該権利の登記の抹消の申請とは、一の申請情報によってしなければならない。
4　法第104条の2第1項の規定による信託の登記の抹消及び信託の登記の申請と権利の変更の登記の申請とは、一の申請情報によってしなければならない。

（登記名義人が登記識別情報を提供しなければならない登記等）
第8条　法第22条の政令で定める登記は、次のとおりとする。ただし、確定判決による登記を除く。
　一から七　（省略）
　八　信託法（平成18年法律第108号）第3条第3号に掲げる方法によってされた信託による権利の変更の登記
　九　（省略）

別表（第3条、第7条関係）

項	登　記	申請情報	添付情報
1〜64 （省略）			
65	信託の登記		イ　信託法第3条第3号に掲げる方法によってされた信託にあっては、同法第4条第3項第1号に規定する公正証書等（公正証書については、その謄本）又は同項第2号の書面若しくは電磁的記録及び同号の通知をしたことを証する情報

			ロ　イに規定する信託以外の信託にあっては、登記原因を証する情報 ハ　信託目録に記録すべき情報
66	信託財産に属する不動産についてする受託者の変更による権利の移転の登記（法第100条第1項の規定により新たに選任された受託者が単独で申請するものに限る。）		法第100条第1項に規定する事由により受託者の任務が終了したことを証する市町村長、登記官その他の公務員が職務上作成した情報及び新たに受託者が選任されたことを証する情報
66の2	信託財産に属する不動産についてする権利の変更の登記（次項及び67の項の登記を除く。）		イ　法第97条第1項第2号の定めのある信託の信託財産に属する不動産について権利の変更の登記を申請する場合において、申請人が受益者であるときは、同号の定めに係る条件又は方法により指定され、又は定められた受益者であることを証する情報 ロ　信託法第185条第3項に規定する受益証券発行信託の信託財産に属する不動産について権利の変更の登記を申請する場合において、申請人が受益者であるときは、次に掲げる情報 （1）　当該受益者が受益証券が発行されている受益権の受益者であるときは、当該受益権に係る受益証券 （2）　当該受益者が社債、株式等の振替に関する法律（平成13年法律第75号）第127条の2第1項に規定する振替受益権の受益者であるときは、当該受益者が同法第127条の27第3項の規定により交付を受けた書面又は同法第277

条の規定により交付を受けた書
面若しくは提供を受けた情報

(3)　当該受益者が信託法第185条
第２項の定めのある受益権の受
益者であるときは、同法第187条
第１項の書面又は電磁的記録

ハ　信託の併合又は分割による権利の
変更の登記を申請するときは、次に
掲げる情報

(1)　信託の併合又は分割をしても
従前の信託又は信託法第155条第
１項第６号に規定する分割信託
若しくは同号に規定する承継信
託の同法第２条第９項に規定す
る信託財産責任負担債務に係る
債権を有する債権者を害するお
それのないことが明らかである
ときは、これを証する情報

(2)　(1)に規定する場合以外の場
合においては、受託者において信
託法第152条第２項、第156条第２
項又は第160条第２項の規定よる
公告及び催告（同法第152条第３
項、第156条第３項又は第160条第
３項の規定により公告を官報のほ
か時事に関する事項を掲載する日
刊新聞紙又は同法第152条第３項
第２号に規定する電子公告によっ
てした法人である受託者にあって
は、これらの方法による公告）を
したこと並びに異議を述べた債権
者があるときは、当該債権者に対
し弁済し若しくは相当の担保を提
供し若しくは当該債権者に弁済を
受けさせることを目的として相当

			の財産を信託したこと又は当該信託の併合若しくは分割をしても当該債権者を害するおそれがないことを証する情報
66の3	信託法第3条第3号に掲げる方法によってされた信託による権利の変更の登記		信託法第4条第3項第1号に規定する公正証書等（公正証書については、その謄本）又は同項第2号の書面若しくは電磁的記録及び同号の通知をしたことを証する情報
67	信託財産に属する不動産についてする一部の受託者の任務の終了による権利の変更の登記（法第100条第2項の規定により他の受託者が単独で申請するものに限る。）		法第100条第1項に規定する事由により一部の受託者の任務が終了したことを証する市町村長、登記官その他の公務員が職務上作成した情報
68-75 （省略）			

6　不動産登記規則（抄）
（平成17年2月18日法務省令第18号）

◀

（申請書に記名押印を要しない場合）

第47条　令第16条第1項の法務省令で定める場合は、次に掲げる場合とする。

一　委任による代理人が申請書に署名した場合

二　申請人又はその代表者若しくは代理人が書名した申請書について公証人又はこれに準ずる者の認証を受けた場合

三　申請人が次に掲げる者のいずれにも該当せず、かつ、当該申請人又はその代表者若しくは代理人が申請書に署名した場合（前号に掲げる場合を除く。）

イ　所有権の登記名義人（所有権に関する仮登記の登記名義人を含む。）であって、次に掲げる登記を申請するもの

(1) ～ (3) （省略）

　　(4)　信託法（平成18年法律第108号）第3条第3号に掲げる方法に
　　　よってされた信託による権利の変更の登記
　　(5)　〜　(6)　（省略）
　ロ・ハ　（省略）
　ニ　所有権以外の権利の登記名義人であって、法第22条ただし書の規定
　　により登記識別情報を提供することなく当該登記名義人が信託法第3
　　条第3号に掲げる方法によってされた信託による権利の変更の登記を
　　申請するもの
　ホ　（省略）

（合筆の登記の制限の特例）

第105条　法第41条第6号の合筆後の土地の登記記録に登記することができ
　る権利に関する登記は、次に掲げる登記とする。
　一・二　（省略）
　三　信託の登記であって、法第97条第1項各号に掲げる登記事項が同一の
　　もの
　四　（省略）

（合筆の登記における権利部の記録方法）

第107条　登記官は、前条第1項の場合において、合筆前の甲土地及び乙土
　地が所有権の登記がある土地であるときは、乙土地の登記記録の甲区に次
　に掲げる次項を記録しなければならない。
　一〜三　（省略）
　四　信託の登記であって、法97条第1項各号に掲げる登記事項が同一のも
　　のがあるときは、当該信託の登記
2〜6　（省略）

（建物の合併の登記の制限の特例）

第131条　法第56条第5号の合併後の建物の登記記録に登記することができ
　る権利に関する登記は、次に掲げる登記とする。
　一　担保権の登記であって、登記の目的、申請の受付の年月日及び受付番
　　号並びに登記原因及びその日付が同一のもの
　二　信託の登記であって、法第97条第1項各号に掲げる登記事項が同一の
　　もの

（信託に関する登記）

第175条　登記官は、法第98条第 1 項の規定による登記の申請があった場合において、当該申請に基づく権利の保存、設定、移転又は変更の登記及び信託の登記をするときは、権利部の相当区に一の順位番号を用いて記録しなければならない。

2　登記官は、法第104条第 1 項の規定による登記の申請があった場合において、当該申請に基づく権利の移転の登記若しくは変更の登記又は権利の抹消の登記及び信託の抹消の登記をするときは、権利部の相当区に一の順位番号を用いて記録しなければならない。

3　登記官は、前二項の規定にかかわらず、法第104条の 2 第 1 項の規定による登記の申請があった場合において、当該申請に基づく権利の変更の登記及び信託の登記又は信託の抹消の登記をするときは、権利部の相当区に一の順位番号を用いて記録しなければならない。

（信託目録）

第176条　登記官は、信託の登記をするときは、法第97条第 1 項各号に掲げる登記事項を記録した信託目録を作成し、当該目録に目録番号を付した上、当該信託の登記の末尾に信託目録の目録番号を記録しなければならない。

2　第102条第 1 項後段の規定は、信託の登記がある不動産について分筆の登記又は建物の分割の登記若しくは建物の区分の登記をする場合の信託目録について準用する。この場合には、登記官は、分筆後又は分割後若しくは区分後の信託目録の目録番号を変更しなければならない。

3　登記官は、信託の変更の登記をするときは、信託目録の記録を変更しなければならない。

（登録免許税を納付する場合における申請情報等）

第189条　登記の申請においては、登録免許税額を申請情報の内容としなければならない。この場合において、登録免許税法別表第 1 第 1 号(1)から(3)まで、(5)から(7)まで、(10)、(11)及び(12)イからホまでに掲げる登記については、課税標準の金額も申請情報の内容としなければならない。

2　登録免許税法又は租税特別措置法（昭和32年法律第26号）その他の法令の規定により登録免許税を免除されている場合には、前項の規定により申請情報の内容とする事項（以下「登録免許税額等」という。）に代えて、免除の根拠となる法令の条項を申請情報の内容としなければならない。

3　登録免許税法又は租税特別措置法その他の法令の規定により登録免許税

が軽減されている場合には、登録免許税額等のほか、軽減の根拠となる法令の条項を申請情報の内容としなければならない。

4〜7　（省略）

附　　則

（信託目録）

第12条　信託目録に関する事務について第3条指定を受けていない登記所（以下「信託目録未指定登記所」という。）においては、信託目録つづり込み帳を備える。

2　信託目録未指定登記所において電子申請により信託目録に記録すべき情報が提供されたときは、登記官は、書面で信託目録を別記第5号様式により作成しなければならない。

3　前項の規定による信託目録は、第1項の信託目録つづり込み帳につづり込むものとする。

4　信託目録未指定登記所において信託の登記の申請を書面申請によりするときは、申請人は、別記第5号様式による用紙に信託目録に記録すべき情報を記載して提出しなければならない。信託目録に関する事務について第3条指定を受けた登記所において、その登記簿が附則第3条第1項の規定による改製を終えていない登記簿（電子情報処理組織による取扱いに適合しない登記簿を含む。）である不動産について、信託の登記の申請を書面申請によりするときも、同様とする。

5　前項の規定により信託目録に記録すべき情報を記載した書面が提出されたときは、当該書面は、法第97条第3項の信託目録とみなす。この場合には、当該書面は、新規則第19条の規定にかかわらず、第1項の信託目録つづり込み帳につづり込むものとする。

6　旧細則第16条ノ4第1項、第43条ノ6から第43条ノ9まで、第57条ノ10及び第57条ノ11の規定は、信託目録未指定登記所の信託目録について、なおその効力を有する。この場合において、旧細則第16条ノ4第1項中「信託原簿」とあるのは「信託目録」と、「申請書」とあるのは「申請ノ」と、旧細則第43条ノ6中「信託原簿」とあるのは「信託目録ニ記録スベキ情報ヲ記載シタル書面」と、「附録第10号様式」とあるのは「不動産登記規則（平成17年法務省令第18号）別記第5号様式」と、旧細則第43条ノ7及び第43条ノ8中「信託原簿用紙」とあるのは「信託目録ニ記録スベキ情報ヲ記載シタル書面ノ用紙」と、旧細則第43条ノ9中「第43条ノ3」とあるのは「新規則附則第9条第5項ノ規定ニ依リ仍其ノ効力ヲ有スルモノトサレタル第

43条ノ 3 」と、「信託原簿」とあるのは「信託目録ニ記録スベキ情報ヲ記載シタル書面」と、旧細則第57条ノ10及び第57条ノ11中「信託原簿」とあるのは「信託目録」とする。

第13条　この省令の施行の際、現に登記所に備え付けてある信託原簿は、法第97条第 3 項の信託目録とみなす。

別記第５号（第197条第２項第５号並びに附則第12条第２項及び第４項関係）

信　託　目　録			調製	
番　　　　号	受付年月日・受付番号		予　　　備	備
1　委託者に関する事項				
2　受託者に関する事項				
3　受益者に関する事項等				
4　信託条項				

7 不動産登記事務取扱手続準則（抄）
（平成17年2月25日法務省民二第456号通達）

（管轄転属による地番等の変更）

第9条 （省略）

2　登記官は、規則第33条の規定により共同担保目録の記号及び目録番号、信託目録の目録番号又は地役権図面の番号（以下この条において「記号等」と総称する。）を改める場合には、従前の記号等を抹消する記号を記録して、第114条、第115条第2項又は規則第86条第3項の規定により新たに付した記号等を記録しなければならない。

（信託目録の作成等）

第115条　信託目録を作成するときは、申請の受付の年月日及び受付番号を記録しなければならない。

2　信託目録の目録番号は、1年ごとに更新しなければならない。

8 登録免許税法（抄）
（昭和42年6月12日法律第35号）

（信託財産の登記等の課税の特例）

第7条　信託による財産権の移転の登記又は登録で次の各号のいずれかに該当するものについては、登録免許税を課さない。

一　委託者から受託者に信託のために財産を移す場合における財産権の移転の登記又は登録

二　信託の効力が生じた時から引き続き委託者のみが信託財産の元本の受益者である信託の信託財産を受託者から当該受益者（当該信託の効力が生じた時から引き続き委託者である者に限る。）に移す場合における財産権の移転の登記又は登録

三　受託者の変更に伴い受託者であった者から新たな受託者に信託財産を移す場合における財産権の移転の登記又は登録

2　信託の信託財産を受託者から受益者に移す場合であって、かつ、当該信託の効力が生じた時から引き続き委託者のみが信託財産の元本の受益者である場合において、当該受益者が当該信託の効力が生じた時における委託者の相続人（当該委託者が合併により消滅した場合にあっては、当該合併

335

後存続する法人又は当該合併により設立された法人）であるときは、当該信託による財産権の移転の登記又は登録を相続（当該受益者が当該存続する法人又は当該設立された法人である場合にあっては、合併）による財産権の移転の登記又は登録とみなして、この法律の規定を適用する。

［編注：条文中「あつた」、「あつて」とあるのを「あった」、「あって」としました。］

⑨ 租税特別措置法（抄）
（昭和32年３月31日法律第26号）

（土地の売買による所有権の移転登記等の税率の軽減）

第72条　個人又は法人が、平成25年４月１日から令和８年３月31日までの間に、土地に関する登記で次の各号に掲げるものを受ける場合には、当該各号に掲げる登記に係る登録免許税の税率は、登録免許税法第９条の規定にかかわらず、当該各号に掲げる登記の区分に応じ、当該各号に定める割合とする。

　一　売買による所有権の移転の登記　1000分の15

　二　所有権の信託の登記　1000分の３

２、３　（省略）

第2章
関係通達等

1 信託法等の施行に伴う不動産登記事務の取扱いについて
（平成19年9月28日民二第2048号法務局長地方法務局長あて法務省民事局長通達）

（通　達）

　信託法（平成18年法律第108号）、信託法の施行に伴う関係法律の整備等に関する法律（平成18年法律第109号）、信託法及び信託法の施行に伴う関係法律の整備等に関する法律の施行に伴う関係政令の整備に関する政令（平成19年政令第207号）及び不動産登記規則等の一部を改正する省令（平成19年法務省令第57号）が本年9月30日から施行されることとなりましたので、これに伴う不動産登記事務の取扱いについては、下記の点に留意するよう、貴管下登記官に周知方取り計らい願います。

　なお、本通達中「新信託法」とあるのは上記信託法を、「旧信託法」とあるのは信託法（大正11年法律第62号）を、「整備法」とあるのは信託法の施行に伴う関係法律の整備等に関する法律を、「整備令」とあるのは信託法及び信託法の施行に伴う関係法律の整備等に関する法律の施行に伴う関係政令の整備に関する政令を、「法」とあるのは整備法による改正後の不動産登記法（平成16年法律第123号）を、「令」とあるのは整備令による改正後の不動産登記令（平成16年政令第379号）を、「規則」とあるのは不動産登記規則等の一部を改正する省令による改正後の不動産登記規則（平成17年法務省令第18号）を、「旧法」とあるのは整備法による改正前の不動産登記法を、「旧規則」とあるのは不動産登記規則等の一部を改正する省令による改正前の不動産登記規則をいいます。

記

第1　不動産登記に関連する新信託法等の改正の概要

　新信託法は、信託に関する私法上の権利関係を通則的に規定した旧信託法を全面的に見直し、近時の社会経済情勢に的確に対応した信託法制を整備する観点から制定され、その主な改正内容は、受託者の義務、受益者の

権利等に関する規定を整備するほか、信託の併合及び分割、委託者が自ら受託者となる信託（自己信託）、受益証券発行信託、限定責任信託、受益者の定めのない信託等の新たな制度を導入するとともに、国民に理解しやすい法制とするべくその表記を現代語化するものである。

改正事項のうち不動産登記に関連するものは、次のとおりである。

1　抵当権等の設定による信託

旧信託法においては、受託者を権利者とする抵当権、地上権、賃借権等を設定するとともに、同時に当該抵当権等を信託財産に属する財産とし、受託者がその管理・処分を行うものとすることを内容とする信託（抵当権等の設定による信託）の可否が明確ではなかったが、新信託法においては、これが可能であることが明らかにされた（新信託法第３条第１号、第２号）。なお、抵当権等を信託財産とする信託においては、担保権設定者（担保権の目的の所有者）が委託者、受託者が担保権者、被担保債権の債権者が受益者となるものであり、受託者は、信託事務として、当該担保権の実行の申立てをし、売却代金の配当又は弁済金の交付を受けることができることとされた（新信託法第55条）。

2　自己信託

信託の方法として、契約又は遺言による方法のほか、委託者が信託財産に属する財産の管理・処分等を自らが受託者として行うことを書面に記載するなどしてする方法が認められ（新信託法第３条第３号）、これを「自己信託」と呼んでいる（法附則第２項見出し参照）。ただし、自己信託によってされる信託は、法定の事項を記載した公正証書又は公証人の認証を受けた書面若しくは電磁的記録によってされる場合にはその作成により効力を生ずるが、公正証書等以外の書面又は電磁的記録によってされる場合には、その効力は、確定日付のある証書により当該信託がされた旨及びその内容が受益者となるべき者として指定された第三者に通知がされることによってはじめて効力が生ずることとされた（新信託法第４条第３項）。

なお、自己信託に関する規定は、新信託法の施行の日（平成19年９月30日）から起算して１年を経過する日までの間は適用しないとされており（新信託法附則第２項）、それまでの間に自己信託の方法により信託をしても、効力は生じない。

3　信託財産と固有財産等とに属する共有物の分割

受託者に属する特定の財産について、その共有持分が信託財産と固有財産又は他の信託の信託財産とにそれぞれ属する場合には、法律の定める一定の方法により、当該財産の分割をすることができることとされた（新信託法第19条、第84条）。

4　受託者の解任

旧信託法においては、受託者の解任について、任務違背等の重要な事由があることを理由に、委託者、その相続人又は受益者の請求により、裁判所がこれを解任する方法が規定されていたが、新信託法においては、これに加え、委託者及び受益者の合意により、いつでも受託者を解任することができる（新信託法第58条第１項）こととされた。

5　信託財産管理者

受託者の任務が終了した場合において、新受託者が選任されておらず、かつ、必要があると認めるときは、新受託者が選任されるまでの間、裁判所は、利害関係人の申立てにより、信託財産管理者による管理を命ずる処分（信託財産管理命令）をすることができることとされ（新信託法第63条第１項）、この命令があった場合において、信託財産に属する権利で登記がされたものがあることを知ったときは、裁判所書記官は、職権で、遅滞なく、信託財産管理命令の登記を嘱託しなければならないとされた（新信託法第64条第５項）。信託財産管理者が選任された場合は、受託者の職務の遂行並びに信託財産に属する財産の管理及び処分をする権利は、信託財産管理者に専属することとされた（新信託法第66条第１項）。なお、信託財産管理命令を取り消す裁判があったとき、又は信託財産管理命令があった後に新受託者が選任された場合において当該新受託者が信託財産管理命令の登記の抹消の嘱託の申立てをしたときは、裁判所書記官は、職権で、遅滞なく、信託財産管理命令の登記の抹消を嘱託しなければならないとされた（新信託法第64条第６項）。

6　信託財産法人管理人

受託者である個人が死亡したことにより受託者の任務が終了（新信託法第56条第１項第１号）した場合に、信託財産は法人とされ（新信託法第74条第１項）、この場合において、必要と認めるときは、裁判所は、

利害関係人の申立てにより、信託財産法人管理人による管理を命ずる処分（信託財産法人管理命令）をすることができることとされた（同条第２項）。そして、信託財産法人管理命令があった場合において、信託財産に属する権利で登記がされたものがあることを知ったときは、裁判所書記官は、職権で、遅滞なく、信託財産法人管理命令の登記を嘱託しなければならないとされた（新信託法第74条第６項において準用する同法第64条第５項）。なお、信託財産法人管理命令を取り消す裁判があったとき、又は信託財産法人管理命令があった後に新受託者が就任した場合において当該新受託者が信託財産法人管理命令の登記の抹消の嘱託の申立てをしたときは、裁判所書記官は、職権で、遅滞なく、信託財産法人管理命令の登記の抹消を嘱託しなければならないとされた（新信託法第74条第６項で準用する新信託法第64条第６項）。

7　受託者が二人以上ある信託の特例

受託者が二人以上ある信託においては、信託財産は、常に、その合有とすることとされた（新信託法第79条）。

また、信託事務の処理については、原則として、受託者の過半数で決することとされたが（新信託法第80条第１項）、保存行為については各受託者が単独で決することができることとされ（同条第２項）、各受託者は、これらにより決定がされた場合には、当該決定に基づいて信託事務を執行することができることとされた（同条第３項）。また、信託行為に受託者の職務の分掌に関する定めがある場合には、各受託者は、その定めに従い、信託事務の処理について決し、これを執行することとされた（同条第４項）。これらの場合には、各受託者、他の受託者を代理する権限を有することとされた（同条第５項）。

8　信託管理人

旧信託法では、信託管理人は受益者が不特定又は未存在の場合に選任することができることとされていたが、新信託法では、受益者が現に存在しない場合に選任することができることとされた（新信託法第123条第１項）。信託管理人は、信託行為における信託管理人となるべき者を指定する定めに基づき選任されるほか（同項）、利害関係人の申立てによる裁判所の裁判に基づき選任されることとされた（同条第４項）。信託管理人について任務終了事由が生じたときは、新たな信託管理人が選任されることとされた（新信託法第129条第１項、第62条）。

　信託管理人の氏名又は名称及び住所は、旧法と同様に、信託の登記の登記事項とされた（法第97条第１項第３号）。

9　信託監督人

　信託監督人は、受益者が現に存する場合に置かれるものであり、受益者のために自己の名をもって単独受益者権（新信託法第92条）に関する一切の裁判上又は裁判外の行為をする権利（受託者の監視・監督権限）を有することとされた（新信託法第131条第１項、第132条）。信託監督人は、信託行為における信託監督人となるべき者を指定する定めに基づき選任されるほか（新信託法第131条第１項）、利害関係人の申立てによる裁判所の裁判に基づき選任される（同条第４項）。信託監督人について任務終了事由が生じたときは、新たな信託監督人が選任されることとされた（新信託法第135条第１項、第62条）。

10　受益者代理人

　受益者代理人は、現に存する特定の受益者のために当該受益者の権利に関する一切の裁判上又は裁判外の行為をする権限（受益者が有する登記の申請をする権限を含む。）を有することとされた（新信託法第139条）。受益者代理人が代理する受益者は、ある信託の受益者の一部であってもよい。受益者代理人は信託行為における受益者代理人となるべき者を指定する定めに基づき選任され（新信託法第138条第１項）、利害関係人の申立てによる裁判所の裁判に基づき選任されることはない。受益者代理人について任務終了事由が生じたときは、新たな受益者代理人が選任される（新信託法第142条第１項、第62条）。

　受益者代理人の氏名又は名称及び住所は、信託の登記の登記事項とされた（法第97条第１項第４号）。

11　信託の変更

　信託の変更については、旧信託法第23条の規定が見直され、委託者、受託者及び受益者の三者の合意による変更を原則とした上で、そのうちの一部の者による意思決定による変更や信託行為で定めた方法によってする変更などが認められ（新信託法第149条）、信託の変更の方法が多様化されたほか、さらに、裁判所による変更命令の対象の範囲が拡大された（新信託法第150条）。

12　信託の併合及び分割

　新信託法では、新たに、信託の併合及び分割が規定された。

　信託の併合とは、受託者を同一とする二以上の信託の信託財産の全部を一の新たな信託の信託財産とすることをいい（新信託法第２条第10項）、株式会社における新設合併と同様に、従前の各信託は終了することになるが、その財産は信託の清算を経ずに新たな信託の信託財産を構成し、従前の各信託の信託財産責任負担債務も新たな信託の信託財産責任負担債務となるものである（新信託法第153条）。信託の併合は、各信託の委託者、受託者及び受益者の合意によってすることができるほか、そのうちの一部の者の意思決定によることや信託行為で定めた方法によってすることなども認められている（新信託法第151条）。信託の併合に際しては、必要に応じ、債権者保護手続が実施される（新信託法第152条）。

　また、信託の分割とは、ある信託の信託財産の一部を受託者を同一とする他の信託の信託財産として移転すること（吸収信託分割）又はある信託の信託財産の一部を受託者を同一とする新たな信託の信託財産として移転すること（新規信託分割）をいい（新信託法第２条第11項）、吸収信託分割は株式会社における吸収分割に、新規信託分割は株式会社における新設分割に相当するものである。それらの手続等については、基本的に信託の併合の場合と同様とされた（新信託法第155条、第156条、第159条、第160条）。

13　受益証券発行信託

　受益権（新信託法第２条第７項）の有価証券化については、旧信託法には根拠規定が存在せず、貸付信託、投資信託及び特定目的信託等の特別法に定めがある場合（貸付信託法（昭和27年法律第195号）第８条、投資信託及び投資法人に関する法律（昭和26年法律第198号）第５条、第49条の５及び資産の流動化に関する法律（平成10年法律第105号）第234条）にのみ認められていたところ、新信託法では、受益権を表章する有価証券（受益証券）の発行を一般的に認めることとされ、信託行為において受益証券を発行する旨を定めた信託（受益証券発行信託）においては、受益証券を発行することができることとされ（新信託法第185条）、受益権の転々流通を確保することとされた。

14　受益者の定めのない信託

　旧信託法においては、学術、技芸、慈善、祭祀、宗教その他公益を目的とする信託（公益信託）を除き、信託行為の時点において受益者の確定可能性のない信託は無効であると解されていた。これに対し、新信託法においては、受益者の定めのない信託の制度を導入し（新信託法第11章）、公益以外の目的であっても、受益者の確定可能性のない信託をすることができることとされた。ただし、受益者の定めのない信託は、契約又は遺言の方法によってのみすることができ（新信託法第258条）、自己信託の方法によることはできないとされ、また、信託の存続期間は20年を超えることができないとされた（新信託法第259条）。

　なお、受益者の定めのない信託は、公益信託に該当するものを除き、別に法律で定める日までの間、当該信託に関する信託事務を適正に処理するに足りる財産的基礎及び人的構成を有する者として政令で定める法人以外の者を受託者とすることができず（新信託法附則第３項）、その法律で定める日については、受益者の定めのない信託のうち公益を目的とする信託に係る見直しの状況その他の事情を踏まえて定めるものとされた（新信託法附則第４項）。政令で定める法人以外の者を受託者としてされた信託は無効となり、信託の途中で受託者が政令で定める法人に該当しないこととなった場合には、受託者の任務は終了することになる。

　政令で定める法人は、国及び地方公共団体のほか、①純資産の額（貸借対照表上の資産の額から負債の額を控除して得た額をいう。）が5000万円を超える法人であって、かつ、②業務を執行する社員、理事若しくは取締役、執行役、会計参与若しくはその職務を行うべき社員又は監事若しくは監査役（いかなる名称を有する者であるかを問わず、これらの者と同等以上の支配力を有するものと認められる者を含む。）のうちに一定の犯罪歴のある者や暴力団員がいない法人であることとされた（新信託法施行令第３条）。

15　公益信託

　整備法において、旧信託法の題名が「公益信託ニ関スル法律」と改正されたが、旧信託法第66条以下に規定されていた公益信託の特則の内容が基本的に維持され、公益信託については受託者において主務官庁の許可を受けなければその効力を生じないこととされた（公益信託ニ関スル法律（大正11年法律第62号）第２条第１項）。

16　農業用動産の抵当権に関する信託の登記に係る規定の新設

上記1のとおり、新信託法においては、抵当権等の設定による信託が可能であることが明確化され、担保権を信託財産とする信託についての規定が整備されたことを受けて、農業用動産の抵当権に関しても、当該抵当権が信託の対象となることを踏まえた所要の整備が行われ、法における「信託に関する登記」と同様の規定が新設された。また、その他準用する法、令及び規則の条項ずれに伴う整理が行われた。

第2　改正に伴う不動産登記事務の取扱いについて

1　信託目録の様式の改正（規則別記5号関係）

整備法第71条により法第97条が改正され、信託の登記事項として、新たに、①受益者の指定に関する条件又は受益者を定める方法の定めがあるときは、その定め（法第97条第1項第2号）、②受益者代理人があるときは、その氏名又は名称及び住所（同項第4号）、③信託法第185条第3項に規定する受益証券発行信託であるときは、その旨（同項第5号）、④信託法第258条第1項に規定する受益者の定めのない信託であるときは、その旨（同項第6号）及び⑤公益信託ニ関スル法律第1条に規定する公益信託であるときは、その旨（同項第7号）が加えられた。

また、これらの新たに加えられた事項を含め、同項第2号から第6号までに掲げるいずれかの事項を登記した場合には、受益者の氏名又は名称及び住所（同項第1号）を登記することを要しないこととされた（同条第2項）。なお、同項第2号、第4号又は第5号に掲げる事項を登記する場合には、受益者の氏名等の登記を省略することが可能であるが、受益者が現に存在し、その氏名等を特定することができる場合には、それらの各号に定められた事項を登記するとともに、受益者の氏名等を併せて登記しても差し支えない。

さらに、同項第4号の事項を登記した場合については、登記の省略が認められるのは、当該受益者代理人が代理する受益者に限定されるため、当該受益者代理人によって代理されない受益者については、別途、その氏名等を登記する必要がある。この場合の信託目録への記録は、次のとおりとすることとされた。

＊受益者代理人によって代理される受益者と代理されない受益者が存在する場合

「　受益者　特別区東都町一丁目７番５号
　　　法務三郎
　　　受益者代理人　特別区東都町二丁目１番１号
　　　法務四郎　　　　　　　　」
＊受益者代理人が複数存在する場合
「　受益者代理人　特別区東都町二丁目１番１号
　　　法務四郎
　　　受益者代理人　特別区東都町二丁目○番○号
　　　法務五郎　　　　　　　　」
　また、これらの登記事項等の改正を受け、信託目録の様式が改正され（規則別記第５号）、旧様式中の「一　委託者の氏名及び住所」、「二　受託者の氏名及び住所」、「三　受益者の氏名及び住所」及び「四　信託管理人の氏名及び住所」の４項目が、「一　委託者に関する事項」、「二　受託者に関する事項」及び「三　受益者に関する事項等」の３項目に整理された。
　新様式においては、法第97条第１項中、第１号から第７号まではそれぞれ委託者、受託者及び受益者に関する事項に分類して記録し（同項第３号から７号までは「三　受益者に関する事項等」に記録することとされた。）、第８号から第11号までについては、従前どおり「信託条項」に記録することとされた。
　なお、信託目録未指定登記所（規則附則第12条第１項）においては、書面申請により信託目録に記録すべき情報を記載した書面が提出されたときは、当該書面は信託目録とみなされるが（同条第４項）、当該信託目録に記録すべき情報を記載した書面の様式は、新信託法施行後は、新しい信託目録の様式と同一の様式（規則別記第５号）とすることとされた（同条第５項においてなお効力を有するものとされる不動産登記法施行細則（明治32年司法省令第11号）第43条ノ６）。
　また、新信託法の施行の日前に登記の申請がされた場合には、その登記に関する手続については、なお従前の例によることとされており（整備法第72条）、旧様式により信託目録に記録すべき情報を記載した書面が提出されていても、新信託法施行後も、それをそのまま信託目録と扱い、信託目録つづり込み帳につづり込めば足りることとされた（規則附則第12条第４項後段）。
　さらに、新信託法施行後に、旧様式で作成され、信託目録つづり込み帳につづり込まれた信託目録（信託目録とみなされるものを含む。）に

345

ついて、謄本等の交付の請求があった場合にも、そのまま謄本等を作成し、交付すれば足りる。

2　合筆の登記の制限の特例

信託の登記がされている不動産について合筆の登記の申請がされた場合には、受理することができないとするのが登記実務の取扱いであったが（昭和48年８月30日付け民事三第6677号民事局長回答）、今般、新信託法の施行に伴い、規則第105条が改正され、「信託の登記であって、法第97条第１項各号に掲げる登記事項が同一のもの」である場合が追加され（規則第105条第３号）、合筆の登記の制限が緩和された。併せて、合筆の登記における権利部の記録方法に変更が加えられ、合筆後の土地の登記記録の権利部の相当区に当該信託の登記を記録することとされた（規則第107条第１項第４号）。なお、この場合、各筆の土地の所有権の全部が同一の信託に属する場合のほか、各筆の土地が共有されており、その共有持分が異なる複数の信託に属する場合も含まれることとされた。この場合には、合筆後の土地の登記記録の甲区には、各信託についての信託の登記をそれぞれ記録しなければならないこととされた。

3　建物の合併の登記の制限の特例

建物の場合についても、所有権等の登記以外の権利に関する登記がある建物の合併の登記が原則として禁止されているところ、上記２と同様に、規則第131条が改正され、「信託の登記であって、法第97条第１項各号に掲げる登記事項が同一のもの」である場合が追加され（規則第131条第２号）、新たに合併の登記の制限が緩和された。この場合の建物の合併の登記における権利部の記録方法についても、上記２の場合と同様である（規則第134条第１項において準用する第107条第１項）。

4　担保権の設定による信託

担保権の設定による信託とは、上記第１の１のとおり、債務者が自己の所有する不動産について、受託者を権利者として抵当権を設定し、その被担保債権の債権者を受益者に指定するものであり、債務者以外の者が抵当権設定者となること（物上保証）も可能である。

登記の申請時には、抵当権設定者（委託者）が登記義務者となり、抵当権者（受託者）が登記権利者となる。また、複数の債権者が有する別個独立の複数の債権（債務者が同一でない場合も含む。）を一つの抵当

権で担保することも可能である。なお、各債権者が有する債権は別個独立のものであり、一つの債権を準共有するものではないため、個別に債権額等を登記すべきこととされた。さらに、利息又は損害金の定めが異なる場合には、これも登記すべきこととされた。

5　自己信託による権利の変更の登記

（1）　登記の申請

自己信託とは、上記第１の２のとおり、信託の方法の一種であり、委託者自身が受託者となり、委託者が自己の有する一定の財産の管理・処分を自ら（受託者として）すべき旨の意思表示を書面等によりする方法である（新信託法第３条第３号）。そのため、当該信託の対象となる権利は、自己信託がされても、受託者に属するものである点は変わらず、権利の移転は伴わないが、受託者の固有財産から信託財産に属することとなる点で、権利の「変更」（法第３条）に該当し、当該権利が信託財産になった旨の権利の変更の登記をすることとされた。なお、所有権を自己信託の対象とした場合における権利の変更の登記は、付記登記によらず、主登記による。

この場合にも、信託の登記の申請は、当該権利の変更の登記の申請と同時にすべきこととされ（法第98条第１項）、これを受けて、信託の登記の申請と当該信託に係る権利の変更の登記の申請とは、一の申請情報によってしなければならないこととされた（令第５条第２項）。また、自己信託による権利の変更の登記の申請は、共同申請の例外として、受託者が単独で申請することができることとされた（法第98条第３項）。しかし、自己信託の方法によってされる信託の登記の申請に当たっては、当該申請人が申請権限を有する者であること（信託財産に属すべき不動産に関する権利の登記名義人であること）を担保するため、登記識別情報を提供しなければならないこととされた（令第８条第１項第８号）。

（2）　添付情報

登記の申請には、登記原因証明情報として、新信託法第４条第３項第１号に規定する公正証書等によって自己信託をした場合には当該公正証書等（公正証書については、その謄本）を、公正証書等以外の書面又は電磁的記録によって自己信託をした場合には当該書面又は電磁的記録及び同項第２号の通知をしたことを証する情報を添付しなければならないこととされた（令別表65の項添付情報欄イ、

同別表66の３の項添付情報欄)。

6　受託者の変更による登記

(1)　登記の申請

受託者の任務終了事由については見直しがされ、受託者である法人が合併により解散した場合については、信託行為に別段の定めがない限り（新信託法第56条第３項）、受託者の任務終了事由とならず、合併後存続する法人（吸収合併）又は合併により設立する法人（新設合併）が任務を引き継ぐこととされた（同条第２項）。そこで、法第100条第１項においては、改正前の同条において受託者の任務終了事由として掲げられていた「法人の解散」を「法人の合併以外の理由による解散」と改め、これに伴い、法人の合併による解散による権利の移転の登記は、法第100条の規定による受託者の任務終了に基づく権利の移転の登記としてではなく、法第63条第２項の法人の合併による権利の移転の登記として申請することとされた。

(2)　添付情報

令第７条の規定によるほか、別表23の項の規定による。

7　受託者の解任による付記登記の廃止

旧規則においては、登記官は、受託者の解任の登記の嘱託に基づく信託の変更の登記をするときは、職権で、当該信託に係る権利の保存、設定、移転又は変更の登記についてする付記登記によって、受託者を解任した旨及び登記の年月日を記録することを要するとされていたが、規則においては、付記登記を行う旨の取扱いは廃止することとされた（規則第177条）。

8　信託の併合又は分割

(1)　登記の申請

信託の併合又は分割が行われた場合において、信託の併合又は分割により信託財産に属する不動産に関する権利の帰属に変更が生じたときは、信託の併合又は分割は受託者が同一である信託についてされるものであるため、当該権利の登記名義人には変更がない。そこで、自己信託がされた場合と同様に、信託の併合又は分割を原因とする権利の変更の登記がされることとされた（法第104条の２第１項）。

また、この場合には、当該権利の変更の登記と併せて、当該不動

産に関する権利が属していた信託についての信託の登記を抹消し、新たに当該権利が属することとなる信託についての信託の登記をすることとなるが、これらの信託の登記の抹消の申請及び信託の登記の申請は、信託の併合又は分割を原因とする権利の変更の登記の申請と同時にすることとされた（法104条の２第１項）。

なお、信託の併合又は分割による権利の変更の登記については、当該不動産に関する権利が属していた信託の受託者及び受益者を登記義務者とし、当該不動産に関する権利が属することとなる信託の受託者及び受益者が登記権利者となる（法第104条の２第２項前段）。なお、受益者については、登記識別情報の提供を要しない（同項後段）。

(2)　添付情報

信託の併合又は分割をする場合には、債権者保護手続（新信託法第152条、第156条及び第160条）を採ることとされたことから、この場合の権利の変更の登記の申請時の添付情報として、債権者保護手続が適法に行われたこと等を証する情報を提供しなければならないこととされた（令別表66の２の項添付情報欄ハ）。

9　信託財産管理命令

上記第１の５のとおり、新信託法第64条第５項及び第６項の規定に基づき信託財産管理命令の登記の嘱託又は登記の抹消の嘱託がされる。

なお、一つの物件の共有持分が異なる複数の信託の信託財産となっている場合（物件に対し複数の信託が登記されている場合）において、そのうちの一部の信託について信託財産管理命令の登記の嘱託があった場合の登記の目的欄は、「何番信託の信託財産管理命令」とする。

信託財産管理者は、信託財産に属する財産の管理及び処分をする権利を有するため（新信託法第66条第１項）、信託財産管理者が信託財産に属する不動産に関する権利についての登記の申請をする場合がありうるが、この場合には、裁判所作成の選任を証する情報を提供することを要する。

10　信託財産法人管理命令

新信託法第74条第６項において準用する新信託法第64条第５項及び第６項の規定に基づき信託財産法人管理命令の登記の嘱託又は登記の抹消の嘱託がされる。

信託財産法人管理命令に関する登記事務の取扱いは、上記の９の信託

財産管理者の取扱いと同様である。

11　信託財産と固有財産等に属する共有物の分割

　共有物の分割は、①信託行為に定めた方法、②受託者と受益者との協議による方法、③分割をすることが信託の目的の達成のために合理的に必要と認められる場合であって、受益者の利益を害しないことが明らかであるときなどにおいて、受託者が決する方法によってすることとされたため（新信託法第19条第1項、第3項）、共有物の分割により持分の移転がされるときの登記の申請においては、登記原因証明情報として、これらの方法により共有物分割が行われたことを証する情報を提供することとされた。

　なお、この場合の登記権利者及び登記義務者の扱いについては、後記12参照。

12　信託財産に属する財産を固有財産に帰属させること等

　新信託法においては、様々な局面で、信託財産に属する財産が固有財産に帰属すること、固有財産に属する財産が信託財産に帰属すること、又は信託財産に属する財産が他の信託の信託財産に帰属することが許容されることとされた。例えば、①受益者の承認を得て、信託財産に属する財産を固有財産に帰属させることが許容され（新信託法第31条第1項第1号、同条第2項第2号）、②受託者と受益者との協議による共有物の分割により、固有財産に属する共有持分が信託財産に帰属することとなり（新信託法第19条第1項第2号）、③信託の併合又は分割により、ある信託の信託財産に属した財産が他の信託の信託財産に属することとなる場合等がある（上記8参照）。

　これらの場合には、いずれも、権利の変更の登記がされることになるが、これに併せて信託の登記や信託の登記の抹消をする必要がある。そして、これらの登記の申請は、権利の変更の登記の申請と同時に申請しなければならないとされた（法第104条の2第1項）。

　また、この場合の登記権利者及び登記義務者については、特例が設けられており、その内容は、次のとおりである（法第104条の2第2項）。

権利の変更の登記の種別	登記権利者	登記義務者
不動産に関する権利が固有財産に属する財産から信託財産に属する財産となった場合	受益者	受託者
不動産に関する権利が信託財産に属する財産から固有財産に属する財産となった場合	受託者	受益者
不動産に関する権利が一の信託の信託財産に属する財産から他の信託の信託財産に属する財産となった場合	当該他の信託の受益者及び受託者	当該一の信託の受託者及び受益者

第３　登記の記録例

　　第２に掲げる登記の記録の方法は、従前の例によるほか、別紙記録例の振り合いによる。

信託の登記に関する登記記録例

受託者：甲某
受託者：乙某（及び丙某）
その他：何某

1　不動産登記法第98条第１項の権利の移転（受託者が１人の場合）

【　権　利　部　（　甲　区　）】		（　所　有　権　に　関　す　る　事　項　）		
【順位番号】	【登記の目的】	【受付年月日・受付番号】	【原　　因】	【権利者その他の事項】
何	所有権移転	平成何年何月何日受付第何号	平成何年何月何日売買	所有者 何市何町何番地 　甲　　某
何	所有権移転	平成何年何月何日受付第何号	平成何年何月何日信託	受託者 何市何町何番地 　乙　　某
	信託			信託目録第何号

2　不動産登記法第98条第１項の権利の移転（受託者が２人以上の場合）

【　権　利　部　（　甲　区　）】（　所　有　権　に　関　す　る　事　項　）				
【順位番号】	【登記の目的】	【受付年月日・受付番号】	【原　　因】	【権利者その他の事項】
何	所有権移転	平成何年何月何日受付 第何号	平成何年何月何日 売買	所有者 　何市何町何番地 　甲　　某
何	所有権移転 （合有）	平成何年何月何日受付 第何号	平成何年何月何日 信託	受託者 　何市何町何番地 　乙　　某 　何市何町何番地 　丙　　某
	信託			信託目録第何号

3　不動産登記法第98条第１項の権利の移転（所有権以外の権利の場合）

【　権　利　部　（　乙　区　）】（　所　有　権　以　外　の　権　利　に　関　す　る　事　項　）				
【順位番号】	【登記の目的】	【受付年月日・受付番号】	【原　因】	【権利者その他の事項】
Ⅰ	地上権設定	平成何年何月何日受付 第何号	平成何年何月何日 設定	目的　鉄筋コンクリート造建物 　　　所有 存続期間　60年 地代　１平方メートル１年何円 支払期　毎年何月何日 地上権者 　何市何町何番地 　甲　　某
何付記Ⅰ号	１番地上権移転	平成何年何月何日受付 第何号	平成何年何月何日 信託	受託者 　何市何町何番地 　乙　　某
	信託			信託目録第何号

4　不動産登記法第98条第１項の権利の移転（受託者が２人以上の場合）

【　権　利　部　（　乙　区　）】（　所　有　権　以　外　の　権　利　に　関　す　る　事　項　）				
【順位番号】	【登記の目的】	【受付年月日・受付番号】	【原　因】	【権利者その他の事項】
何	抵当権設定	平成何年何月何日受付 第何号	平成何年何月何日 金銭消費貸借平成 何年何月何日設定	債権額　金600万円 利息　年8.2％ 損害金　年14.5％ 債務者 　何市何町何番地 　何　　某 抵当権者 　何市何町何番地 　甲　　某
何付記１号	１番抵当権移転 （合有）	平成何年何月何日受付 第何号	平成何年何月何日 信託	受託者 　何市何町何番地 　乙　　某 　何市何町何番地 　丙　　某
	信託			信託目録第何号

5　不動産登記法第98条第１項の権利の移転（いわゆるセキュリティ・トラスト①）

【　権　利　部　（　乙　区　）　】　（　所　有　権　以　外　の　権　利　に　関　す　る　事　項　）				
【順位番号】	【登記の目的】	【受付年月日・受付番号】	【原　　因】	【権利者その他の事項】
何	抵当権設定	平成何年何月何日受付第何号	平成何年何月何日金銭消費貸借平成何年何月何日信託	債権額　金600万円 利息　年8.2％ 損害金　年14.5％ 債務者 　何市何町何番地 　何　　某 受託者 　何市何町何番地 　乙　　某
	信託			信託目録第何号

6　不動産登記法第98条第１項の権利の移転（いわゆるセキュリティ・トラスト②）

【　権　利　部　（　乙　区　）　】　（　所　有　権　以　外　の　権　利　に　関　す　る　事　項　）				
【順位番号】	【登記の目的】	【受付年月日・受付番号】	【原　　因】	【権利者その他の事項】
何	抵当権設定	平成何年何月何日受付第何号	（あ）平成何年何月何日金銭消費貸借、（い）平成何年何月何日金銭消費貸借平成何年何月何日信託	債権額　金５億円 　内訳（あ）金３億円 　　　　（い）金２億円 損害金　年14％（年365日の日割計算） 債務者 　何市何町何番地 　甲　　某 受託者 　何市何町何番地 　乙　　某
	信託			信託目録第何号

7　不動産登記法第98条第１項の権利の移転　（仮登記の場合）

【　権　利　部　（　甲　区　）　】　（　所　有　権　に　関　す　る　事　項　）				
【順位番号】	【登記の目的】	【受付年月日・受付番号】	【原　　因】	【権利者その他の事項】
何	所有権移転	平成何年何月何日受付第何号	平成何年何月何日売買	所有者 　何市何町何番地 　甲　　某
何	所有権移転仮登記	平成何年何月何日受付第何号	平成何年何月何日信託	権利者 　何市何町何番地 　乙　　某
	信託仮登記			信託目録第何号

353

8　不動産登記法第98条第１項の権利の移転（仮登記に基づく本登記の場合）

【　権　利　部　（　甲　区　）　】　（　所　有　権　に　関　す　る　事　項　）				
【順位番号】	【登記の目的】	【受付年月日・受付番号】	【原　　因】	【権利者その他の事項】
何	所有権移転	平成何年何月何日受付 第何号	平成何年何月何日 売買	所有者 　何市何町何番地 　　甲　某
何	所有権移転仮登記	平成何年何月何日受付 第何号	平成何年何月何日 信託	権利者 　何市何町何番地 　　乙　某
	信託仮登記			信託目録第何号
	所有権移転	平成何年何月何日受付 第何号	平成何年何月何日 信託	受託者 　何市何町何番地 　　乙　某
	信託			信託目録第何号

9　不動産登記法第98条第１項の権利の移転（遺言信託の場合）

【　権　利　部　（　甲　区　）　】　（　所　有　権　に　関　す　る　事　項　）				
【順位番号】	【登記の目的】	【受付年月日・受付番号】	【原　　因】	【権利者その他の事項】
何	所有権移転	平成何年何月何日受付 第何号	平成何年何月何日 売買	所有者 　何市何町何番地 　　甲　某
何	所有権移転	平成何年何月何日受付 第何号	平成何年何月何日 遺言信託	受託者 　何市何町何番地 　　乙　某
	信託			信託目録第何号

10　信託財産の処分により不動産を取得した場合

【　権　利　部　（　甲　区　）　】　（　所　有　権　に　関　す　る　事　項　）				
【順位番号】	【登記の目的】	【受付年月日・受付番号】	【原　　因】	【権利者その他の事項】
何	所有権移転	平成何年何月何日受付 第何号	平成何年何月何日 売買	所有者 　何市何町何番地 　　何　某
何	所有権移転	平成何年何月何日受付 第何号	平成何年何月何日 売買	所有者 　何市何町何番地 　　乙　某
	信託財産の処分 による信託			信託目録第何号

11　信託財産の処分により別の目的である不動産を取得した場合（10・20参照）

【順位番号】	【登記の目的】	【受付年月日・受付番号】	【原　因】	【権利者その他の事項】
何	所有権移転	平成何年何月何日受付第何号	平成何年何月何日売買	所有者 何市何町何番地 甲　某
何	所有権移転	平成何年何月何日受付第何号	平成何年何月何日信託	受託者 何市何町何番地 乙　某
	信託			信託目録第何号
何	所有権移転	平成何年何月何日受付第何号	平成何年何月何日売買	所有者 何市何町何番地 丙　某
	何番信託登記抹消		信託財産の処分	
	信託財産の処分による信託			信託目録第何号

※　持分に対する信託の場合は「（何某）信託財産の処分による信託」とする。

12　信託財産の管理として権利を取得した場合

【　権　利　部　（　乙　区　）　】（　所　有　権　以　外　の　権　利　に　関　す　る　事　項　）

【順位番号】	【登記の目的】	【受付年月日・受付番号】	【原　因】	【権利者その他の事項】
何	抵当権設定	平成何年何月何日受付第何号	平成何年何月何日金銭消費貸借契約同日設定	債権額　金何万円 利息　年何％ 損害金　年何％ 債務者 　何市何町何番地 　何　某 抵当権者 　何市何町何番地 　乙　某
	信託財産の管理による信託			信託目録第何号

※　持分に対する信託の場合は「（何某）信託財産の管理による信託」とする。

13　信託財産の原状回復の場合（所有権の保存の登記と同時にする場合）

【　権　利　部　（　甲　区　）　】（　所　有　権　に　関　す　る　事　項　）

【順位番号】	【登記の目的】	【受付年月日・受付番号】	【原　因】	【権利者その他の事項】
何	所有権保存	平成何年何月何日受付第何号		所有者 何市何町何番地 乙　某
	信託財産の原状回復による信託			信託目録第何号

※　持分に対する信託の場合は「（何某）信託財産の原状回復による信託」とする。

14　信託財産の原状回復の場合（所有権の移転の登記と同時にする場合）

【　権　利　部　（　甲　区　）　】		（　所　有　権　に　関　す　る　事　項　）			
【順位番号】	【登記の目的】	【受付年月日・受付番号】	【原　　因】	【権利者その他の事項】	
何	所有権移転	平成何年何月何日受付第何号	平成何年何月何日信託	受託者 何市何町何番地 乙　　某	
	信託			信託目録第何号	
何	所有権移転	平成何年何月何日受付第何号	平成何年何月何日売買	所有者 何市何町何番地 何　　某	
	何番信託登記抹消		信託財産の処分		
何	所有権移転	平成何年何月何日受付第何号	平成何年何月何日売買	所有者 何市何町何番地 乙　　某	
	信託財産の原状回復による信託			信託目録第何号	

15　代位申請の場合（所有権の移転の登記と同時にする場合）

【　権　利　部　（　甲　区　）　】		（　所　有　権　に　関　す　る　事　項　）			
【順位番号】	【登記の目的】	【受付年月日・受付番号】	【原　　因】	【権利者その他の事項】	
何	所有権移転	平成何年何月何日受付第何号	平成何年何月何日売買	所有者 何市何町何番地 甲　　某	
何	所有権移転	平成何年何月何日受付第何号	平成何年何月何日信託	受託者 何市何町何番地 乙　　某	
	信託			信託目録第何号 代位申請人（受益者） 何市何町何番地 何　　某 代位原因　不動産登記法 　　　　　　第99条	

16 代位申請の場合（所有権の移転の登記と別にする場合・原状回復の場合）

【順位番号】	【登記の目的】	【受付年月日・受付番号】	【原　因】	【権利者その他の事項】
何	所有権移転	平成何年何月何日受付第何号	平成何年何月何日信託	受託者 　何市何町何番地 　　乙　某
	信託			信託目録第何号
何	所有権移転	平成何年何月何日受付第何号	平成何年何月何日売買	所有者 　何市何町何番地 　　何　某
	何番信託登記抹消		信託財産の処分	
何	所有権移転	平成何年何月何日受付第何号	平成何年何月何日売買	所有者 　何市何町何番地 　　乙　某
何	信託財産の原状回復による信託	平成何年何月何日受付第何号		信託目録第何号 代位申請人（委託者又は受益者） 　何市何町何番地 　　何　某 代位原因　不動産登記法 　　　　　第99条

表頭：【　権　利　部　（　甲　区　）　】　（　所　有　権　に　関　す　る　事　項　）

17 受託者の変更による権利の移転

【順位番号】	【登記の目的】	【受付年月日・受付番号】	【原　因】	【権利者その他の事項】
何	所有権移転	平成何年何月何日受付第何号	平成何年何月何日売買	所有者 　何市何町何番地 　　甲　某
何	所有権移転	平成何年何月何日受付第何号	平成何年何月何日信託	受託者 　何市何町何番地 　　乙　某
	信託			信託目録第何号
何	所有権移転	平成何年何月何日受付第何号	平成何年何月何日受託者変更	受託者 　何市何町何番地 　　丙　某

表頭：【　権　利　部　（　甲　区　）　】　（　所　有　権　に　関　す　る　事　項　）

18　受託者２人以上のときその１人の任務終了による受託者変更の場合

【　権　利　部　（　甲　区　）】			（　所　有　権　に　関　す　る　事　項　）		
【順位番号】	【登記の目的】	【受付年月日・受付番号】	【原　　因】		【権利者その他の事項】
1	所有権移転	平成何年何月何日受付第何号	平成何年何月何日売買		所有者 　何市何町何番地 　　甲　　某
2	所有権移転 （合有）	平成何年何月何日受付第何号	平成何年何月何日信託		受託者 　何市何町何番地 　　乙　　某 　何市何町何番地 　　丙　　某
	信託				信託目録第何号
2付記1号	2番合有登記名義人変更	平成何年何月何日受付第何号	平成何年何月何日受託者乙某任務終了		受託者 　　丙　　某

19　会社の合併又は分割による受託者変更の場合

【　権　利　部　（　甲　区　）】			（　所　有　権　に　関　す　る　事　項　）		
【順位番号】	【登記の目的】	【受付年月日・受付番号】	【原　　因】		【権利者その他の事項】
1	所有権移転	平成何年何月何日受付第何号	平成何年何月何日売買		所有者 　何市何町何番地 　　甲　　某
2	所有権移転 （合有）	平成何年何月何日受付第何号	平成何年何月何日信託		受託者 　何市何町何番地 　　乙　　某 　何市何町何番地 　　丙　　某
	信託				信託目録第何号
2付記1号	2番合有登記名義人変更	平成何年何月何日受付第何号	平成何年何月何日受託者丙某会社分割		受託者 　何市何町何番地 　　乙　　某 　何市何町何番地 　　丁　　某

※　受託者の表示を抹消する記号（下線）は記録しない。

20　信託財産の処分の場合

【　権　利　部　（　甲　区　）】		（　所　有　権　に　関　す　る　事　項　）		
【順位番号】	【登記の目的】	【受付年月日・受付番号】	【原　　因】	【権利者その他の事項】
何	所有権移転	平成何年何月何日受付 第何号	平成何年何月何日 売買	所有者 　何市何町何番地 　甲　　某
何	所有権移転	平成何年何月何日受付 第何号	平成何年何月何日 信託	受託者 　何市何町何番地 　乙　　某
	信託			信託目録第何号
何	所有権移転	平成何年何月何日受付 第何号	平成何年何月何日 売買	所有者 　何市何町何番地 　何　　某
	何番信託登記抹消		信託財産の処分	

21　信託終了の場合

【　権　利　部　（　甲　区　）】		（　所　有　権　に　関　す　る　事　項　）		
【順位番号】	【登記の目的】	【受付年月日・受付番号】	【原　　因】	【権利者その他の事項】
何	所有権移転	平成何年何月何日受付 第何号	平成何年何月何日 売買	所有者 　何市何町何番地 　甲　　某
何	所有権移転	平成何年何月何日受付 第何号	平成何年何月何日 信託	受託者 　何市何町何番地 　乙　　某
	信託			信託目録第何号
何	所有権移転	平成何年何月何日受付 第何号	平成何年何月何日 信託財産引継	所有者 　何市何町何番地 　何　　某
	何番信託登記抹消		信託財産引継	

22　信託財産を受託者の固有財産とした場合

【　権　利　部　（　甲　区　）】		（　所　有　権　に　関　す　る　事　項　）		
【順位番号】	【登記の目的】	【受付年月日・受付番号】	【原　　因】	【権利者その他の事項】
何	所有権移転	平成何年何月何日受付第何号	平成何年何月何日売買	所有者 何市何町何番地 甲　某
何	所有権移転	平成何年何月何日受付第何号	平成何年何月何日信託	受託者 何市何町何番地 乙　某
	信託			信託目録第何号
何	受託者の固有財産となった旨の登記	平成何年何月何日受付第何号	平成何年何月何日委付	所有者 何市何町何番地 乙　某
	何番信託登記抹消		委付	

23　信託財産を複数の受託者の固有財産とした場合

【　権　利　部　（　甲　区　）】		（　所　有　権　に　関　す　る　事　項　）		
【順位番号】	【登記の目的】	【受付年月日・受付番号】	【原　　因】	【権利者その他の事項】
何	所有権移転	平成何年何月何日受付第何号	平成何年何月何日売買	所有者 何市何町何番地 甲　某
何	所有権移転 （合有）	平成何年何月何日受付第何号	平成何年何月何日信託	受託者 何市何町何番地 乙　某 何市何町何番地 丙　某
	信託			信託目録第何号
何	受託者の固有財産となった旨の登記	平成何年何月何日受付第何号	平成何年何月何日委付	共有者 何市何町何番地 持分２分の１ 乙　某 何市何町何番地 ２分の１ 丙　某
	何番信託登記抹消		委付	

24　自己信託の場合

【　権　利　部　（　甲　区　）】		（　所　有　権　に　関　す　る　事　項　）		
【順位番号】	【登記の目的】	【受付年月日・受付番号】	【原　　因】	【権利者その他の事項】
何	所有権移転	平成何年何月何日受付 第何号	平成何年何月何日 売買	所有者 　何市何町何番地 　　甲　　某
何	信託財産となっ た旨の登記	平成何年何月何日受付 第何号	平成何年何月何日 自己信託	受託者 　何市何町何番地 　　甲　　某
	信託			信託目録第何号

25　自己信託の場合（持分の一部のみを信託財産とした場合）

【　権　利　部　（　甲　区　）】		（　所　有　権　に　関　す　る　事　項　）		
【順位番号】	【登記の目的】	【受付年月日・受付番号】	【原　　因】	【権利者その他の事項】
何	所有権移転	平成何年何月何日受付 第何号	平成何年何月何日 売買	所有者 　何市何町何番地 　　甲　　某
何	甲某持分２分の １が信託財産と なった旨の登記	平成何年何月何日受付 第何号	平成何年何月何日 自己信託	受託者 　何市何町何番地 　　甲　　某 　（受託者持分２分の１）
	信託			信託目録第何号

※　持分に対する信託の場合は「（何某）持分２分の１が信託財産となった旨の登記」とする。
※　「（受託者持分２分の１）」を自然文項目で記録する。

26　信託の併合又は分割の場合

【　権　利　部　（　甲　区　）】		（　所　有　権　に　関　す　る　事　項　）		
【順位番号】	【登記の目的】	【受付年月日・受付番号】	【原　　因】	【権利者その他の事項】
何	所有権移転	平成何年何月何日受付 第何号	平成何年何月何日 売買	所有者 　何市何町何番地 　　甲　　某
何	所有権移転	平成何年何月何日受付 第何号	平成何年何月何日 信託	受託者 　何市何町何番地 　　乙　　某
	信託			信託目録第何号
何	信託併合（又は 分割）により別 信託の目的と なった旨の登記	平成何年何月何日受付 第何号	平成何年何月何日 信託併合（又は信 託分割）	
	何番信託登記抹 消		信託併合（又は信 託分割）	
	信託			信託目録第何号

※　物件に対し複数の信託が登記されている場合には、「何番信託の信託併合により〜」とする。

27　信託財産管理者選任の場合

【　権　利　部　（　甲　区　）　】			（　所　有　権　に　関　す　る　事　項　）	
【順位番号】	【登記の目的】	【受付年月日・受付番号】	【原　　因】	【権利者その他の事項】
何	所有権移転	平成何年何月何日受付 第何号	平成何年何月何日 売買	所有者 　何市何町何番地 　甲　某
何	所有権移転	平成何年何月何日受付 第何号	平成何年何月何日 信託	受託者 　何市何町何番地 　乙　某
	信託			信託目録第何号
何	信託財産管理命令	平成何年何月何日受付 第何号	平成何年何月何日 何地方裁判所決定	

※　物件に対し複数の信託が登記されている場合には、「何番信託の信託財産管理命令」とする。

28　信託財産管理者選任の取消しの場合

【　権　利　部　（　甲　区　）　】			（　所　有　権　に　関　す　る　事　項　）	
【順位番号】	【登記の目的】	【受付年月日・受付番号】	【原　　因】	【権利者その他の事項】
1	所有権移転	平成何年何月何日受付 第何号	平成何年何月何日 売買	所有者 　何市何町何番地 　甲　某
2	所有権移転	平成何年何月何日受付 第何号	平成何年何月何日 信託	受託者 　何市何町何番地 　乙　某
	信託			信託目録第何号
<u>3</u>	<u>信託財産管理命令</u>	<u>平成何年何月何日受付 第何号</u>	<u>平成何年何月何日 何地方裁判所決定</u>	
4	3番信託財産管理命令抹消	平成何年何月何日受付 第何号	平成何年何月何日 何地方裁判所取消	

29　信託財産法人管理人選任の場合

【　権　利　部　（　甲　区　）　】			（　所　有　権　に　関　す　る　事　項　）	
【順位番号】	【登記の目的】	【受付年月日・受付番号】	【原　　因】	【権利者その他の事項】
何	所有権移転	平成何年何月何日受付 第何号	平成何年何月何日 売買	所有者 　何市何町何番地 　甲　某
何	所有権移転	平成何年何月何日受付 第何号	平成何年何月何日 信託	受託者 　何市何町何番地 　乙　某
	信託			信託目録第何号
何	信託財産法人管理命令	平成何年何月何日受付 第何号	平成何年何月何日 何地方裁判所決定	

※　物件に対し複数の信託が登記されている場合には、「何番信託の信託財産法人管理命令」とする。

30　信託財産法人管理者選任の取消しの場合

【　権　利　部　（　甲　区　）】		（　所　有　権　に　関　す　る　事　項　）			
【順位番号】	【登記の目的】	【受付年月日・受付番号】	【原　　因】	【権利者その他の事項】	
1	所有権移転	平成何年何月何日受付第何号	平成何年何月何日売買	所有者 　　何市何町何番地 　　甲　　某	
2	所有権移転	平成何年何月何日受付第何号	平成何年何月何日信託	受託者 　　何市何町何番地 　　乙　　某	
	信託			信託目録第何号	
<u>3</u>	信託財産法人管理命令	平成何年何月何日受付第何号	平成何年何月何日何地方裁判所決定		
4	3番信託財産法人管理命令抹消	平成何年何月何日受付第何号	平成何年何月何日何地方裁判所取消		

31　信託財産に関する保全処分があった場合

【　権　利　部　（　甲　区　）】		（　所　有　権　に　関　す　る　事　項　）			
【順位番号】	【登記の目的】	【受付年月日・受付番号】	【原　　因】	【権利者その他の事項】	
何	所有権移転	平成何年何月何日受付第何号	平成何年何月何日売買	所有者 　　何市何町何番地 　　甲　　某	
何	所有権移転	平成何年何月何日受付第何号	平成何年何月何日信託	受託者 　　何市何町何番地 　　乙　　某	
	信託			信託目録第何号	
何	保全処分	平成何年何月何日受付第何号	平成何年何月何日何地方裁判所信託財産保全の仮処分命令	禁止事項　譲渡、質権、抵当権、賃貸権の設定その他一切の処分	

32　信託財産に関する保全処分の取消しの場合

【　権　利　部　（　甲　区　）】		（　所　有　権　に　関　す　る　事　項　）		
【順位番号】	【登記の目的】	【受付年月日・受付番号】	【原　　因】	【権利者その他の事項】
1	所有権移転	平成何年何月何日受付第何号	平成何年何月何日売買	所有者 何市何町何番地 甲　　某
2	所有権移転	平成何年何月何日受付第何号	平成何年何月何日信託	受託者 何市何町何番地 乙　　某
	信託			信託目録第何号
<u>3</u>	保全処分	平成何年何月何日受付第何号	平成何年何月何日何地方裁判所信託財産保全の仮処分命令	禁止事項　譲渡、質権、抵当権、賃貸権の設定その他一切の処分
4	３番保全処分抹消	平成何年何月何日受付第何号	平成何年何月何日何地方裁判所取消	

33　共有物分割の場合①（固有財産と信託財産を信託財産とする場合）

【　権　利　部　（　甲　区　）】		（　所　有　権　に　関　す　る　事　項　）		
【順位番号】	【登記の目的】	【受付年月日・受付番号】	【原　　因】	【権利者その他の事項】
1	所有権移転	平成何年何月何日受付第何号	平成何年何月何日売買	所有者 何市何町何番地 持分２分の１ 甲　　某 何市何町何番地 持分２分の１ 乙　　某
2	甲某持分２分の１移転	平成何年何月何日受付第何号	平成何年何月何日信託	受託者 何市何町何番地 乙　　某 （受託者持分２分の１）
	信託			信託目録第何号
3	乙某持分２分の１（順位１番で登記した持分）が信託財産となった旨の登記	平成何年何月何日受付第何号	平成何年何月何日共有物分割	受託者 何市何町何番地 乙　　某 （受託者持分２分の１）
	信託			信託目録第何号

※　「（受託者持分２分の１）」を自然文項目で記録する。

34　共有物分割の場合②（固有財産と信託財産を固有財産とする場合）

【　権　利　部　（　甲　区　）　】		（　所　有　権　に　関　す　る　事　項　）		
【順位番号】	【登記の目的】	【受付年月日・受付番号】	【原　　因】	【権利者その他の事項】
1	所有権移転	平成何年何月何日受付第何号	平成何年何月何日売買	所有者 何市何町何番地 持分２分の１ 　甲　　某 何市何町何番地 持分２分の１ 　乙　　某 順位１番の登記を転写 平成何年何月何日受付 第何号
2	甲某持分２分の１移転	平成何年何月何日受付第何号	平成何年何月何日信託	受託者 何市何町何番地 　乙　　某 （受託者持分２分の１） 順位２番の登記を転写 平成何年何月何日受付 第何号
	信託			信託目録第何号 順位２番の登記を転写 平成何年何月何日受付 第何号
2付記１号	２番信託登記変更			信託目録第何号 平成何年何月何日付記
3	受託者乙某（順位２番で登記した持分）の固有財産となった旨の登記	平成何年何月何日受付第何号	平成何年何月何日共有物分割	所有者 何市何町何番地 持分２分の１ 　乙　　某
	２番信託登記抹消		共有物分割	

※　①の土地から②の土地を分筆したもの（不動産登記規則第176条第３項において準用する同規則第102条第１項後段参照）
※　「（受託者持分２分の１）」を自然文項目で記録する。

35　共有物分割の場合③（信託財産と他の信託財産の場合）

【　権　利　部　（　甲　区　）】		（　所　有　権　に　関　す　る　事　項　）		
【順位番号】	【登記の目的】	【受付年月日・受付番号】	【原　　因】	【権利者その他の事項】
1	所有権移転	平成何年何月何日受付第何号	平成何年何月何日売買	所有者 何市何町何番地 持分２分の１ 甲　　某 何市何町何番地 持分２分の１ 何　　某
2	甲某持分２分の１移転	平成何年何月何日受付第何号	平成何年何月何日信託	受託者 何市何町何番地 乙　　某 （受託者持分２分の１）
	信託			信託目録第何号
3	何某持分２分の１移転	平成何年何月何日受付第何号	平成何年何月何日信託	受託者 何市何町何番地 乙　　某 （受託者持分２分の１）
	信託			信託目録第何号
4	受託者乙某持分２分の１（順位２番で登記した持分）が他の信託財産となった旨の登記	平成何年何月何日受付第何号	平成何年何月何日共有物分割	受託者 何市何町何番地 乙　　某 （受託者持分２分の１）
	２番信託登記抹消		共有物分割	
	信託			信託目録第何号

※　「（受託者持分２分の１）」を自然文項目で記録する。

36 共有物分割の場合④（固有財産と信託財産を信託財産とする場合）

【 権 利 部 （ 甲 区 ）】	（ 所 有 権 に 関 す る 事 項 ）			
【順位番号】	【登記の目的】	【受付年月日・受付番号】	【原 因】	【権利者その他の事項】
1	所有権移転	平成何年何月何日受付 第何号	平成何年何月何日 売買	所有者 何市何町何番地 持分２分の１ 甲 某 何市何町何番地 持分２分の１ 乙 某
2	甲某持分２分の １移転（合有）	平成何年何月何日受付 第何号	平成何年何月何日 信託	受託者 何市何町何番地 乙 某 何市何町何番地 丙 某 （受託者乙某、丙某持分 ２分の１）
	信託			信託目録第何号
3	乙某持分２分の １（順位１番で 登記した持分） が信託財産と なった旨の登記 （合有）	平成何年何月何日受付 第何号	平成何年何月何日 共有物分割	受託者 何市何町何番地 乙 某 何市何町何番地 丙 某 （受託者乙某、丙某持分 ２分の１）
	信託			信託目録第何号

※ 「（受託者持分２分の１）」を自然文項目で記録する。

37 共有物分割の場合⑤（固有財産と信託財産を信託財産とする場合）

【権利部（甲区）】（所有権に関する事項）				
【順位番号】	【登記の目的】	【受付年月日・受付番号】	【原因】	【権利者その他の事項】
1	所有権移転	平成何年何月何日受付第何号	平成何年何月何日売買	所有者 何市何町何番地 持分２分の１ 甲　某 何市何町何番地 持分２分の１ 乙　某
2	甲某持分２分の１移転（合有）	平成何年何月何日受付第何号	平成何年何月何日信託	受託者 何市何町何番地 乙　某 何市何町何番地 丙　某 （受託者乙某、丙某持分２分の１）
	信託			信託目録第何号
3	受託者乙某、丙某持分２分の１（順位２番で登記した持分）の固有財産となった旨の登記	平成何年何月何日受付第何号	平成何年何月何日共有物分割	所有者 何市何町何番地 持分２分の１ 乙　某
	２番信託登記抹消		共有物分割	

※　「（受託者持分２分の１）」を自然文項目で記録する。

38　共有物分割の場合⑥（信託財産と他の信託財産の場合）

【　権　利　部　（　甲　区　）　】		（　所　有　権　に　関　す　る　事　項　）		
【順位番号】	【登記の目的】	【受付年月日・受付番号】	【原　　因】	【権利者その他の事項】
1	所有権移転	平成何年何月何日受付第何号	平成何年何月何日売買	所有者 何市何町何番地 持分２分の１ 甲　　某 何市何町何番地 持分２分の１ 何　　某
2	甲某持分２分の１移転（合有）	平成何年何月何日受付第何号	平成何年何月何日信託	受託者 何市何町何番地 乙　　某 何市何町何番地 丙　　某 （受託者乙某、丙某持分２分の１）
	信託			信託目録第何号
3	何某持分２分の１移転	平成何年何月何日受付第何号	平成何年何月何日信託	受託者 何市何町何番地 乙　　某 （受託者持分２分の１）
	信託			信託目録第何号
4	受託者乙某、丙某持分２分の１（順位２番で登記した持分）が他の信託財産となった旨の登記	平成何年何月何日受付第何号	平成何年何月何日共有物分割	受託者 何市何町何番地 乙　　某 （受託者持分２分の１）
	２番信託登記抹消		共有物分割	
	信託			信託目録第何号

※　「（受託者持分２分の１）」を自然文項目で記録する。

39　共有物分割の場合⑦（信託財産と他の信託財産の場合）

【　権　利　部　（　甲　区　）　】		（　所　有　権　に　関　す　る　事　項　）		
【順位番号】	【登記の目的】	【受付年月日・受付番号】	【原　　因】	【権利者その他の事項】
1	所有権移転	平成何年何月何日受付第何号	平成何年何月何日売買	所有者 何市何町何番地 持分２分の１ 甲　某 何市何町何番地 持分２分の１ 何　某
2	甲某持分２分の１移転（合有）	平成何年何月何日受付第何号	平成何年何月何日信託	受託者 何市何町何番地 乙　某 何市何町何番地 丙　某 （受託者乙某、丙某持分２分の１）
	信託			信託目録第何号
3	何某持分２分の１移転	平成何年何月何日受付第何号	平成何年何月何日信託	受託者 何市何町何番地 乙　某 （受託者持分２分の１）
	信託			信託目録第何号
4	受託者乙某持分２分の１（順位３番で登記した持分）が他の信託財産となった旨の登記（合有）	平成何年何月何日受付第何号	平成何年何月何日共有物分割	受託者 何市何町何番地 乙　某 何市何町何番地 丙　某 （受託者乙某、丙某持分２分の１）
	３番信託登記抹消		共有物分割	
	信託			信託目録第何号

※　「（受託者持分２分の１）」を自然文項目で記録する。

40　所有権全体に対する信託の登記が記録されている物件同士の合併の場合

【　権　利　部　（　甲　区　）】		（　所　有　権　に　関　す　る　事　項　）			
【順位番号】	【登記の目的】	【受付年月日・受付番号】	【原　　因】	【権利者その他の事項】	
2	所有権移転	平成何年何月何日受付第何号	平成何年何月何日売買	所有者　何市何町何番地　甲　某	
3	所有権移転	平成何年何月何日受付第何号	平成何年何月何日信託	受託者　何市何町何番地　乙　某	
	信託			信託目録第何号	
4	合併による所有権登記	平成何年何月何日受付第何号		受託者　何市何町何番地　乙　某	
	信託			信託目録第何号	

※　順位番号３番と４番の信託目録番号は異なる番号が入る。

41　複数の「持分に関する信託の登記」が記載されている物件同士の合併の場合

【　権　利　部　（　甲　区　）】		（　所　有　権　に　関　す　る　事　項　）			
【順位番号】	【登記の目的】	【受付年月日・受付番号】	【原　　因】	【権利者その他の事項】	
1	所有権保存	平成何年何月何日受付第何号	平成何年何月何日売買	共有者　何市何町何番地　持分２分の１　甲　某　何市何町何番地　持分２分の１　何　某	
2	甲某持分２分の１移転	平成何年何月何日受付第何号	平成何年何月何日信託	受託者　何市何町何番地　乙　某　（受託者持分２分の１）	
	信託			信託目録第何号	
3	何某持分２分の１移転	平成何年何月何日受付第何号	平成何年何月何日信託	受託者　何市何町何番地　丙　某　（受託者持分２分の１）	
	信託			信託目録第何号	
4　（あ）	合併による所有権登記	平成何年何月何日受付第何号		受託者　何市何町何番地　乙　某　（受託者持分２分の１）	
	信託			信託目録第何号	
4　（い）	合併による所有権登記	平成何年何月何日受付第何号		受託者　何市何町何番地　丙　某　（受託者持分２分の１）	
	信託			信託目録第何号	

※　順位番号２番と４番（あ）及び３番と４番（い）の信託目録番号は異なる番号が入る。
※　情報部の状態を「無効」にした上で処理する必要がある。

42 「持分に関する信託の登記」が１つ記録されている物件同士の合併の場合

【　権　利　部　（　甲　区　）】		（　所　有　権　に　関　す　る　事　項　）			
【順位番号】	【登記の目的】	【受付年月日・受付番号】	【原　　因】	【権利者その他の事項】
1	所有権保存	平成何年何月何日受付第何号	平成何年何月何日売買	共有者 何市何町何番地 持分２分の１ 甲　　某 何市何町何番地 持分２分の１ 何　　某
2	甲某持分２分の１移転	平成何年何月何日受付第何号	平成何年何月何日信託	受託者 何市何町何番地 乙　　某 （受託者持分２分の１）
	信託			信託目録第何号
3	合併による所有権登記	平成何年何月何日受付第何号		共有者 何市何町何番地 何　　某 受託者 何市何町何番地 乙　　某 （受託者持分２分の１）
	信託			信託目録第何号

※　順位番号２番と３番の信託目録番号は異なる番号が入る。
※　情報部の状態を「無効」にした上で処理する必要がある。

（編注）　第２、６、(2)の「別表23の項」は「別表の22の項」の誤りと思われます。
　　　なお、登記の記録例は、平成21年２月20日民二第500号民事局長通達によって変更されました。

2 信託受益権の分割譲渡に係る受益者の変更登記について
（平成４年１月30日民三第470号第三課長回答）

（照会）

　日本国有鉄道清算事業団の信託受益権の分割譲渡によるなど、信託原簿の記載事項である受益者の氏名に変更が生じる場合、信託原簿記載事項の変更手続に当たっては、受託者のみの申請により行えるものと解されます。

　また、その申請に際しては「記載原因を証する書面」の添付を要することとされていますが、この書面としては「信託受益権譲渡契約書」をもって足りると解されますが、貴見を得たくご照会申し上げます。

以　　上

信託受益権売買契約書（編者省略）

（回答）

　客年12月20日付け書面をもって照会のあった標記の件については、前段、後段とも貴見のとおりと考えます。

3 信託による所有権移転の登記のある不動産に対して破産登記等の嘱託の受理の可否について
（昭和61年４月30日民三第2777号第三課長回答）

（照会）

　信託による所有権移転の登記がある不動産について信託の登記後の日付をもって委託者に対して破産宣告がなされている場合には、破産の登記の嘱託は受理すべきでないと考えますが、いささか疑義がありますので、何分の御指示をお願いいたします。

　また、上記の信託の登記前に発生した被保全権利につき委託者に対して仮差押命令がなされている場合の仮差押の登記の嘱託は受理できないものと考えますが併せて御指示お願いいたします。

（回答）

　客年12月21日付け不登第565号をもって照会のあった標記の件については、いずれも貴見のとおりと考えます。

4　信託登記において権利能力のない自治会名義で受益者となることの可否について
（昭和59年３月２日民三第1131号民事局長回答）

標記について、貴職あて岐阜地方法務局長から別添のとおり照会がなされましたので、左記当職意見を付して進達いたします。

記

（照会）

権利能力のない社団が、受益者として指定されたときの受益権は、その社団の構成員に総有的に帰属すべきものと解すべきであり、したがって、受益者の登記は、その実質権利者たる構成員全員の名義又はその代表者名義をもってする必要があるので、別添岐阜局意見甲説を相当と考える。

権利能力のない自治会（町内会）の財産を公示する方法として自治会の代表者個人名義で登録されている不動産（公民館の建物及び敷地）について市町村を受託者とし当該自治会を受益者とする信託財産の登記をする場合、権利能力のない自治会名義で受益者となることの可否について左記のとおり意見があり、当職は甲説を相当と考えますが、なお疑義がありますので何分の御指示をお願いします。

　　参照　自治実務セミナー 11巻７号59頁
　　　　　行政管理セミナー「町内会財産の所有と管理」

記

甲説　信託終了により不動産の所有権が受益者に帰属する旨の信託法第61条の規定及び受益者又は委託者は受託者に代位して信託の登記を申請できる旨の不動産登記法第110条の規定等から、受益者は権利能力を有する必要があるものと解すべきであり、権利能力を有しない自治会名義（「○○町内会」等）では登記法上受益者となり得ない。

乙説　受益者については、不動産登記法第108条の規定により信託登記の申請人ではないので抵当権の債務者と同様、権利能力を有しない自治会でも差し支えない。

　　参照　昭和31年６月13日民事甲第1317号民事局長回答

（回答）

　昭和57年7月26日付け登第537号をもって照会のあった標記の件については、貴見のとおりと考えます。

⑤　信託の終了に基づく信託登記の取扱いについて
（昭和41年12月13日民甲第3615号民事局長電報回答）

（照会）

　委付による信託終了を原因として、信託財産を受託者の固有財産とする変更登記及び信託登記の抹消登記の申請があり、これが取扱いについて次のとおりでさしつかえないか至急御回示請う。

　1　登記原因の日付は信託法22条1項ただし書による裁判所の許可決定の日以前でもさしつかえない。

　2　所有権の変更の登記については、登録税法2条1項3号により登録税を徴収する。

　3　信託登記後になされている第三者の所有権移転請求権仮登記等の権利者の承諾書の添付を要する。

　4　本件登記後、前項の仮登記に基づく本登記を申請する場合の登記義務者は固有財産とした所有権登記名義人である。

（回答）

　11月7日付け電照の件、1項、2項、4項貴見のとおり。3項添付を要しない。

⑥　信託の登記ある不動産についての抵当権設定登記申請の受理について
（昭和41年5月16日民甲第1179号民事局長回答）

（照会）

　別紙信託原簿写記載の信託条項に基づく所有権移転による信託の登記がある不動産について、第三者の債務を担保するため、受託者を設定者とする抵当権設定登記の申請があった場合、委託者及び受益者の承諾があればこれを受理してさしつかえないと考えますが、いささか疑義もありますので、何分の御指示をお願いします。

別紙　信託原簿（抄）
一から四（編者省略）

五　信託条項

第１条　信託財産は之を賃貸し若しくは運用し又は処分するを以って目的とする。

前項の運用又は処分に依り得たる金銭は左に投資する。

有価証券の収得又は預金

第２条　委託者兼受益者は何時にても受託者に対し信託財産の状況に付き説明を求めることが出来る。

第３条　信託財産に関する租税公課其の他の費用は本信託財産より支払うものとする。

第４条　本信託の目的を達せざる間は本契約を解除せぬものとする。

第５条　信託終了の場合には最終計算をなし委託者兼受益者に対し遅滞なく報告するものとする。

第６条　特約

1　信託財産は適当なる方法を以って処分するものとする。

2　受益者に対する通知及び受益者の受取方法は別に定める。

3　信託財産の運用及び処分方法は受託者に於いて自由に定め実行し得るものとする。

4　本信託の処理に付き受託者は実費の外何等請求を為さぬ。

5　受託者は重大なる過失ある場合の外本信託財産の管理上為したる行為に付損害賠償の責任を負わぬ。

6　信託及所有権移転登記並びに信託終了の場合に於いて信託登記抹消及所有権移転登記手続を為すに必要なる一切の費用は委託者の負担とする。

（回答）

昭和40年12月９日付登発第418号をもって照会のあった標記の件については、受理しないのを相当と考える。

7　共有持分について信託登記がなされている場合の他の共有持分全部の放棄による登記手続について
（昭和33年４月11日民甲第765号民事局長心得電報回答）

標記の件に関し別紙甲号のとおり福井地方法務局長から照会があり、別紙乙号のとおり回答したので、この旨貴管下登記官吏に周知方しかるべく取り計らわれたい。

（照会）

（別紙甲号）

　甲、乙両名の共有地がある。甲が自己の持分につき、信託行為により、受託者丙のために持分移転並びに信託登記を完了した。

　その後他の共有者乙が持分を放棄した場合における当該持分の帰属並びにその登記手続について、左記のとおりの三説が考えられ、そのうち甲説を相当と考えますが、いささか疑義があり、決しかねますので、電信をもって何分の御指示をお願いいたします。

記

甲説

　（イ）　受託者丙のため「乙の持分放棄による持分移転の登記」を乙、丙が共同して申請する。

　（ロ）　受託者丙が、持分移転登記を受けた後、信託財産に属した旨の登記をする。

乙説

　　乙、丙が共同して、受託者丙のため「持分放棄による持分移転及び信託登記」を申請する。

丙説

　　乙、甲（委託者）が共同して、甲のため「持分放棄による持分移転登記」を申請する。

（回答）

（別紙乙号）

　本年3月4日付日記第774号で問合せの件、甲説（イ）による登記及びその登記の申請と同一書面で受託者丙から信託の登記を申請すべきである（信託法第14条、不動産登記法第104条ノ3第1項、第104条ノ5参照）。

8 信託財産に対する差押登記について
（昭和31年12月18日民甲第2836号民事局長通達）

　標記の件について、別紙甲号のとおり浦和地方法務局長から照会があったので、別紙乙号のとおり回答したから、この旨貴管下登記官吏に周知方しかるべく取り計らわれたい。

（照会）

（別紙甲号）

　標記の件について、目下さしかかった左記の事件がありますので、何分の御垂示をお願いいたします。

記

1　信託財産に対する固定資産税の滞納処分のため、その財産に対する差押登記は、当該租税債務の発生期及び発生原因を表示した差押調書ある場合に限り、信託法第16条にいう信託事務処理につき生じたる権利と解し、受託者の信託事務不履行による強制徴収と解して受理さしつかえないでしょうか。

（回答）

（別紙乙号）

　本年10月29日付日記第4786号で照会のあった標記の件については、所問の差押登記の嘱託書にも、登記原因として、当該信託財産に対する固定資産税の滞納処分による差押であることを明らかにした上で、当該差押の登記の嘱託を受理してさしつかえないものと考える。

⑨ 信託財産の差押登記について
（昭和30年12月23日民甲第2725号民事局長通達）

　標記の件に関し、別紙甲号のとおり東京法務局長から照会があったので、別紙乙号のとおり回答したから、この旨貴管下登記官吏に周知方しかるべく取り計らわれたい。

（照会）

（別紙甲号）

　信託財産について受託者に対する国税滞納処分による差押登記嘱託は受理できないものと考えますが、いかがでしょうか、至急何分の御回示賜りたくお伺いします。

（回答）

（別紙乙号）

　昭和30年12月８日付登第236号で照会のあった標記の件、信託の登記のあるものについては、貴見のとおりと考える。

10 弁護士法第23条の２に基づく照会（質権の実行による信託受益権の移転に伴う受益者の変更の登記手続）について
（平成22年11月24日民二第2949号第二課長回答）

（照会要旨）

　流質特約に基づく信託受益権の任意売却及び代物弁済の事案において、信託受益者変更登記をする際に、受益者変更について旧受益者が承諾していることを証する書面（旧受益者の捺印が必要）及び登記申請時から３か月以内に取得された旧受益者の印鑑登録証明書を提出する必要は無いとの理解ですが、その理解で正しいでしょうか。

（回答）

　平成21年９月１日付け照会番号21－1367をもって照会のありました標記の件については、登記原因証明情報として、質権設定契約書、質権実行通知書等が提供されている場合には、別途、旧受益者が承諾をしていることを証する書面等の提供は要しないものと考えます。

　※解説は『登記研究』758号にあります。

11 根抵当権設定仮登記及び信託仮登記の受否について
（平成24年４月26日民二第1084号第二課長回答）

（通知）

　標記について、別紙甲号のとおり東京法務局民事行政部長から当職宛て照会があり、別紙乙号のとおり回答しましたので、この旨貴管下登記官に周知取り計らい願います。

（別紙甲号）

　標記について、別添のとおり登記申請があり、当職としては、これを登記して差し支えないと考えますが、いささか疑義がありますので、照会します。

（別紙乙号）

　本年４月19日付け2.不登1.第140号で照会のありました標記の件については、貴見のとおりと考えます。

　なお、根抵当権の信託に係る記録例は、別紙のとおりと考えます。

【仮登記の場合】

権　利　部　（　乙　区　）（　所　有　権　以　外　の　権　利　に　関　す　る　事　項　）			
順位番号	登記の目的	受付年月日・受付番号	権利者その他の事項
何	根抵当権設定仮登記	平成何年何月何日 第何号	原因　平成何年何月何日信託 極度額　金何万円 債権の範囲　売買取引　手形債 　　権　小切手債権 確定期日　平成何年何月何日 債務者　何市何町何番地 　　何某 権利者　何市何町何番地 　　何某
	信託仮登記	余白	信託目録第何号
	余白	余白	余白
	余白	余白	余白

【本登記の場合】

権　利　部　（　乙　区　）（　所　有　権　以　外　の　権　利　に　関　す　る　事　項　）			
順位番号	登記の目的	受付年月日・受付番号	権利者その他の事項
何	根抵当権設定	平成何年何月何日 第何号	原因　平成何年何月何日信託 極度額　金何万円 債権の範囲　売買取引　手形債 　　権　小切手債権 確定期日　平成何年何月何日 債務者　何市何町何番地 　　何某 受託者　何市何町何番地 　　何某
	信託	余白	信託目録第何号

＊解説は『登記研究』776号にあります。

12 信託を登記原因とする停止条件付所有権の移転の仮登記のみの申請の可否について
（平成30年８月３日民二第298号第二課長通知）

（通知）

　標記について、別紙甲号のとおり東京法務局民事行政部長から当職宛てに照会があり、別紙乙号のとおり回答しましたので、この旨貴管下登記官に周知方お取り計らい願います。

（別紙甲号）

　今般、信託の仮登記の申請と同時にされずに、信託を登記原因とする停止条件付所有権の移転の仮登記の申請（以下「本件申請」という。）のみがされました。

　信託契約を締結する方法によってされる信託は、信託法（平成18年法律第108号）第４条第１項により、当該契約の締結によってその効力を生ずるとされ、同条第４項により、これらの規定にかかわらず、信託は、信託行為に停止条件又は始期が付されているときは、当該停止条件の成就又は当該始期の到来によってその効力を生ずるとされていることから、信託を登記原因とする停止条件付所有権の移転の仮登記の申請及び信託の仮登記の申請が同時にされた場合には、他に却下事由が存在しない限り、その申請に基づく登記をすることができると考えられます。他方、信託の登記の申請は、不動産登記法（平成16年法律第123号）第98条第１項により、当該信託に係る権利の保存、設定、移転又は変更の登記の申請と同時にしなければならないとされ、信託の仮登記の場合も同様であると考えられることから、信託の仮登記と同時に申請されていない本件申請については、同法第25条第５号により却下すべきであると考えますが、いささか疑義がありますので照会します。

（別紙乙号）

　本年７月27日付け２不登12第140号をもって照会のありました標記の件については、貴見のとおり取り扱われて差し支えありません。

　※解説は『登記研究』858号にあります。

13　複数の委託者のうちの一部の者を受託者とする信託の登記について
（平成30年12月18日民二第760号第二課長通知）

（通知）

標記について、別紙甲号のとおり東京法務局民事行政部長から当職宛てに照会があり、別紙乙号のとおり回答しましたので、この旨貴管下登記官に周知方お取り計らい願います。

（別紙甲号）

委託者を甲及び乙、受託者を乙、受益者を甲及び乙、信託財産を甲及び乙が共有する不動産とし、当該不動産の全体を一体として管理又は処分等をすべき旨の信託契約をしたとして、甲及び乙を所有権の登記名義人とする当該不動産について、当該信託を登記原因とし、共有者全員持分全部移転及び信託を登記の目的とする登記の申請がされました。

この信託は、受託者以外の者（甲）が有する財産の管理又は処分等がその内容に含まれていることから、いわゆる自己信託（信託法（平成18年法律第108号）第３条第３号）には直ちに該当せず、信託契約（同条第１号）によるものとして、共有者全員持分全部移転及び信託の登記の方法により登記をすることが相当であると考えられるため、他に却下事由がない限り、当該申請に基づく登記をすることができると考えますが、いささか疑義がありますので照会します。

（別紙乙号）

本日12日付け２不登１第49号をもって照会のありました標記の件については、貴見のとおり取り扱われて差し支えありません。

※解説は『登記研究』859号にあります。

14　信託財産を受託者の固有財産とする旨の登記の可否について
（令和６年１月10日民二第17号第二課長通知）

（照会）

下記事例において、委託者兼受益者Ａが死亡したため、受託者Ｂから、受益者をＢとする旨のＢ作成の報告的登記原因証明情報が提供された上で、受益者の変更登記の申請がされるとともに、登記権利者を受託者Ｂ、登記義務

者を受益者Ｂとする不動産登記法（平成16年法律第123号）第104条の２第２項の不動産に関する権利が信託財産に属する財産から固有財産に属する財産となった旨の登記の申請がされたところ、信託目録の記録からＢが受益者とみなされることが明らかであるため、当該受益者の変更登記の申請は受理することができ、また、当該受益者の変更登記によって登記記録上の受託者及び受益者がいずれもＢとなることから、信託財産を受託者の固有財産とする旨の登記の申請についても受理することができるものと考えますが、いささか疑義がありますので照会します。併せて、信託財産を受託者の固有財産とする旨の登記申請に係る登録免許税については、登録免許税法（昭和42年法律第35号）第７条第２項が適用されると考えますが、この点についても御教示願います。

記

　信託財産は不動産のみであり、以下のとおり、登記名義人を受託者Ｂとする所有権の登記がされている。

　委託者　　　Ａ

　受託者　　　Ｂ（ＢはＡの相続人の一人である。）

　受益者　　　Ａ

　信託目録に次の記録がある。

　ア　委託者Ａが死亡した場合には、信託が終了する。

　イ　委託者の死亡により信託が終了した場合の清算受託者及び残余財産帰属権利者は、信託が終了時点における受託者とし、その者に給付引渡すものとする。

（回答）

　令和５年12月22日付け２不登１第16号をもって照会のあった標記の件については、貴見のとおりと考えます。

国税庁文書回答

信託契約の終了に伴い受益者が受ける所有権の移転登記に係る登録免許税法第7条第2項の適用関係について
（平成29年6月22日回答　回答者：東京国税局審理課長）

別紙1　事前照会の趣旨及び事実関係

1　甲は、その有する不動産の管理、運用及び処分を目的として、甲の唯一の相続人（養子）である乙（以下「乙」といいます。）が代表取締役を務めるX社との間で、甲を委託者兼受益者、X社を受託者とし、建物、宅地（以下、建物と併せて「本件不動産」といいます。）及び金銭を信託財産とする信託契約（以下「本件信託契約」といいます。）を締結しました（以下、本件信託契約に係る信託を「本件信託」といいます。）。

2　本件信託契約の概要は以下のとおりです。

(1)　甲が死亡した場合、本件信託に係る受益権（以下「本件受益権」といいます。）は、乙及び甲の妹である丙（以下「丙」といいます。）がそれぞれ2分の1の割合で取得します。

　　ただし、乙又は丙が死亡している場合は、生存する一方の者が本件受益権を取得します。

(2)　委託者（甲）の死亡により委託者の権利は消滅しますが、委託者の地位は上記(1)により受益権を取得する者に移転します。

(3)　乙及び丙が本件受益権を取得後、いずれかが本件信託の終了前に死亡した場合には、生存する一方の者が死亡した者に係る本件受益権を取得するとともに、上記(2)と同様に、委託者の地位もその一方の者に移転します。

(4)　本件信託が終了した場合（注）には、受託者は、本件不動産を含む本件信託の信託財産をその終了時の受益者に引き渡します。

　　（注）　本件信託は、X社及び乙（乙が死亡等している場合は丙）の合意により本件信託契約を解約した場合及び信託法第163条《信託の終了事由》に定める事由により終了します。

3　ところで、このような契約関係を前提として、次のケースⅠないしⅢの
　事実関係の下、本件受益権を取得した乙が、本件信託契約が終了したこと
　により受ける本件不動産に係る所有権の移転登記については、いずれも登
　録免許税法第7条《信託財産の登記等の課税の特例》第2項の規定（以下
　「本件特例」といいます。）が適用され、相続による所有権の移転の登記と
　みなして登録免許税が課されると解してよいか、照会します。
　(1)　ケースⅠ
　　　甲の死亡により、乙が本件受益権を（甲の死亡前に丙が死亡していた
　　ため）単独で取得した場合において、本件信託契約が終了し、乙に本件
　　信託の信託財産である本件不動産の所有権が移転したとき
　(2)　ケースⅡ
　　　甲の死亡により、乙及び丙が本件受益権をそれぞれ2分の1の割合で
　　取得した場合において、本件信託契約が終了し、乙及び丙に本件信託の
　　信託財産である本件不動産の所有権がそれぞれ2分の1の割合で移転し
　　たとき
　(3)　ケースⅢ
　　　甲の死亡により、乙及び丙が本件受益権をそれぞれ2分の1の割合で
　　取得した後、丙が死亡したことにより、乙が本件受益権に係る単独の受
　　益者となった場合において、本件信託契約が終了し、乙に本件信託の信
　　託財産である本件不動産の所有権が移転したとき

別紙2　照会者の求める見解となることの理由

1　登録免許税法第7条第2項は、「信託の信託財産を受託者から受益者に
　移す場合」（以下「要件①」といいます。）であって、「当該信託の効力が
　生じた時から引き続き委託者のみが信託財産の元本の受益者である場合」
　（以下「要件②」といいます。）において、「当該受益者が当該信託の効力
　が生じた時における委託者の相続人（……）であるとき」（以下「要件③」
　といいます。）と規定していることから、本件特例の適用に当たっては、
　これらの要件を満たす必要があると考えられます。
2　そして、今回照会したいずれのケースにおいても、本件信託の信託財産
　である本件不動産を受託者から受益者に移す場合を照会の対象としている
　ことから、要件①を満たすところ、次のとおり、乙が受ける本件不動産に
　係る所有権の移転登記については、要件②及び③をも満たすことから、本
　件特例が適用され、相続による所有権の移転登記とみなして登録免許税が
　課されると解されます。

(1)　ケースⅠについて

　このケースでは、本件信託の効力が生じた時から甲が死亡するまでの間は、本件信託の委託者である甲のみが信託財産の元本の受益者であるところ、甲の死亡後においても、本件信託の委託者となった乙のみが信託財産の元本の受益者であることから、要件②を満たすと解されます。

　また、乙は、本件信託の効力が生じた時における委託者である甲の相続人に該当することから、要件③を満たすこととなります。

(2)　ケースⅡについて

　このケースでは、本件信託の効力が生じた時から甲が死亡するまでの間は、本件信託の委託者である甲のみが信託財産の元本の受益者である点はケースⅠ（上記(1)）と同様です。

　そして、甲の死亡後には、乙及び丙が受益者となりますが委託者の地位についても受益権とともに移転し、また、本件信託の終了時における信託財産はその時の受益者にそれぞれの受益権の割合に応じて帰属することからすれば、本件信託の委託者となった乙及び丙のみが信託財産の元本の受益者であることに変わりはなく、要件②を満たすと解されます。

　また、乙は、本件信託の効力が生じた時における委託者である甲の相続人に該当することから、要件③を満たすこととなります。

　なお、丙は、甲の相続人に該当しないことから、要件③を満たさず、丙が受ける本件不動産に係る所有権の移転登記については、本件特例は適用されません。

(3)　ケースⅢについて

　このケースでは、本件信託の委託者兼受益者は、本件信託の効力が生じた時における委託者である甲から、甲の死亡により乙及び丙となり、その後、丙の死亡により乙へと順次異動しているところ、ケースⅡ（上記(2)）と同様、甲の死亡後においても、本件信託の委託者となった乙及び丙のみが信託財産の元本の受益者であることに変わりはなく、要件②を満たすと解されます。

　ところで、このケースでは、乙は、本件受益権を、本件信託の効力が生じた時における委託者である甲の死亡時と、その後の丙の死亡時にそれぞれ取得しているところ、丙は、その効力が生じた時における委託者である甲の相続人ではありません。

　しかしながら、登録免許税法第７条第２項には、同条第１項第２号の規定における「信託の効力が生じた時から引き続き委託者である者に限る」のように、信託の効力が生じた時からその信託の信託財産を受益者

に移すまでの間の受益者を限定する規定は設けられていないことからすれば、同条第2項の規定は、信託財産の移転を受ける受益者が「信託の効力が生じた時における委託者の相続人」であることを要件としているのであって、信託の効力が生じた時から引き続き委託者の相続人が信託財産の元本の受益者であることまでを要件としているものではないと解するのが相当です。

　そうすると、このケースにおいても、乙は、本件信託の効力が生じた時における委託者である甲の相続人に該当することから、要件③を満たすこととなります。

〔3訂版〕　　　　　　　　　　　　　平成20年 8 月20日　　初版発行
わかりやすい信託登記の手続　　　令和 6 年 6 月20日　　3訂初版

検印省略

日本法令®

〒 101-0032
東京都千代田区岩本町 1 丁目 2 番 19 号
https://www.horei.co.jp/

編　著　日　本　法　令
　　　　不動産登記研究会
発行者　青　木　鉱　太
編集者　岩　倉　春　光
印刷所　日 本 ハ イ コ ム
製本所　国　　宝　　社

（営　業）　TEL　03 - 6858 - 6967　　E メール　syuppan@horei.co.jp
（通　販）　TEL　03 - 6858 - 6966　　E メール　book.order@horei.co.jp
（編　集）　FAX　03 - 6858 - 6957　　E メール　tankoubon@horei.co.jp
（オンラインショップ）　https://www.horei.co.jp/iec/
（お 詫 び と 訂 正）　https://www.horei.co.jp/book/owabi.shtml
（書籍の追加情報）　https://www.horei.co.jp/book/osirasebook.shtml

※万一、本書の内容に誤記等が判明した場合には、上記「お詫びと訂正」に最新情報を掲載
　しております。ホームページに掲載されていない内容につきましては、FAXまたはEメー
　ルで編集までお問合せください。